高职高专汽车类“十三五”规划教材

汽车维修企业管理

主　编　夏长明　宋晓丽

副主编　张泽雄　夏国勇　朱国梁

参　编　罗文准　郭艳红　杨庭霞

主　审　蔡兴旺

机 械 工 业 出 版 社

本书依据目前国内汽车维修企业经营管理的实际模式，分别介绍了汽车综合维修企业、汽车专项维修企业、汽车特约维修企业以及汽车快修连锁企业的相关管理内容。

本书将不同经营模式的管理任务以“概述、情境设计、任务实施、模拟演练”四个教学模块进行分类。以概述明确各项管理的定义、目标及意义；用情境设计引出课程任务；在任务实施中突出各项管理的重点；通过模拟演练加深学生对理论知识的理解，提高其技能，利于实施理实一体化教学。

本书主要作为高职高专汽车类专业的教材，也可供汽车维修企业的管理人员、汽车运行管理人员以及汽车后市场的从业人员学习参考。

本书配有电子课件，凡使用本书作为教材的教师可登录机械工业出版社教育服务网 www.cmpedu.com 下载。咨询邮箱：cmpgaozhi@sina.com。咨询电话：010-88379375。

图书在版编目(CIP)数据

汽车维修企业管理/夏长明，宋晓丽主编. —北京：机械工业出版社，2015.9(2018.8 重印)
高职高专汽车类“十三五”规划教材
ISBN 978-7-111-51483-1

Ⅰ.①汽… Ⅱ.①夏…②宋… Ⅲ.①汽车-修理厂-工业企业管理-高等职业教育-教材 Ⅳ.①F407.471.6

中国版本图书馆 CIP 数据核字(2015)第 206445 号

机械工业出版社(北京市百万庄大街 22 号 邮政编码 100037)
策划编辑：葛晓慧 责任编辑：葛晓慧 蓝伙金 於 薇
责任校对：肖 琳 封面设计：陈 沛
责任印制：常天培
北京机工印刷厂印刷
2018 年 8 月第 1 版第 3 次印刷
184mm×260mm · 15.25 印张 · 373 千字
标准书号：ISBN 978-7-111-51483-1
定价：38.00 元

前　言

随着中国汽车保有量的快速增长，汽车维修行业也显示出惊人的发展态势。这不仅对汽车维修人才的需求非常迫切，对现代汽车维修企业管理人才的需求也非常巨大。随着我国汽车维修企业数量的猛增和经营模式的多样化，对从业人员的要求将会越来越严格，汽车维修企业管理的难度也将越来越大，其管理的重要性也将更加突出。各项管理将成为汽车维修企业发展成败的关键，也将成为汽车维修企业转型过渡的基础，也必将成为汽车维修企业管事管人的核心。

本书依据目前国内汽车维修企业经营管理的实际模式，着重介绍汽车综合维修企业、汽车专项维修企业、汽车特约维修企业以及汽车快修连锁企业的管理知识和技能。本书内容紧扣各经营模式的管理特点，分别介绍汽车综合维修企业的车间生产、客户维护、技术培训、人力资源、汽车配件及财务等方面的管理内容；汽车专项维修企业的汽车进出厂登记、汽车检验记录及技术档案、汽车维修技术标准及质量、汽车维修物资及仪器设备等方面的管理内容；汽车特约维修企业的前台接待、透明车间、精品销售、交车、日常制度、文档资料、部门之间协调、客户投诉等方面的管理内容；汽车快修连锁企业的市场策划、物流、库存、价格、品牌等方面的管理内容。力争做到各经营模式的管理内容既不重复，又可相互交叉补充，以突出各经营模式的管理重点，又避免管理内容的缺失。

本书紧紧围绕“根据岗位设课程、根据实践抓教学”的职业教育规律，将不同经营模式的管理任务以“项目概述、情境设计、任务实施、模拟演练”四个教学模块进行分类。以概述明确各项管理的定义、目标及意义；用情境设计引出课程任务；在任务实施中突出各项管理的重点；通过模拟演练加深学生对理论知识的理解，并提高其技能。本书最显著的特点是在各学习任务中安排了“模拟演练”这一实践环节，从而将传统的汽车维修企业管理以“理论为重”的编写模式转变为以“理论与实践并重”的编写模式，从而使难以传授且略显枯燥的纯理论教学模式转变为生动活泼的理论与实践一体化教学模式。但愿本书的编写模式能成为一次有益而大胆的尝试，供同行参考及斧正。

本书由广州珠江职业技术学院汽车专业群负责人夏长明，专业教师罗文准、郭艳红、杨庭霞；广州市增城振华汽车维修服务中心技术总管朱国梁；东莞市同庆汽车贸易有限公司副总经理张泽雄；湖南湘潭宝泽宝马汽车销售服务有限公司内训师夏国勇；内蒙古呼伦贝尔市交通运输管理局高级工程师宋晓丽等“校、企、政”人员联合编写。编写分工为：夏长明、宋晓丽编写项目一；夏长明、朱国梁编写项目二、四；夏国勇、夏长明、张泽雄编写项目三；罗文准、郭艳红、杨庭霞参与了部分项目的编写。全书由夏长明统稿，蔡兴旺教授主审。

由于编者水平所限，书中难免有纰漏甚至错误之处，敬请广大读者给予批评指正。

编　者

目 录

绪　论

一、汽车维修企业发展历程

新中国成立之初，政府有关部门帮助私营汽车维修企业克服困难恢复生产。同时，我国汽车预防维修体系也开始形成。

1954 年首次颁布的《汽车运输企业技术标准与技术经济定额》是我国第一部有关运输技术管理的法规性文件。该标准规定，汽车维护分为例保、一保和二保，共三级，维护工艺中不含修理内容；修理分三类，即小修、中修和大修。

1957 年，形成了一个多层次的汽车维修网络，但汽车维修业仍处于手工操作、作坊式生产的落后状态，不仅生产效率低，而且维修质量差，加之路况不好，汽车大修后只能以 40～50km/h 速度行驶。

1956 年 10 月，第一汽车制造厂建成投产。在随后的 20 年间，南京汽车制造厂、济南汽车制造厂、北京第二汽车制造厂、四川汽车制造厂、陕西汽车制造厂和二汽相继建成投产，我国汽车制造业和交通运输业得到空前的发展。同时，汽车维修业的面貌也有了较大的变化。各汽车维修企业大力开展技术革新、技术改造以及文明生产活动，建立健全各项规章制度和技术标准，加强质量管理，充实人员和设备。

交通部于 1964 年在原“红皮书”的基础上，吸收国内外积累的经验，重新编写并颁发了《汽车运输企业技术管理规定》和《汽车运用技术规范》这两本“红皮书”。

1965 年，交通部第四次颁发了《汽车修理规程》和《汽车运用规程》。

20 世纪 60 年代末，交通部提出了“严格管理、合理使用、强调保养、计划修理”的十六字方针。

20 世纪 70 年代，交通部根据汽车维修技术进步的需要，提出了汽车维修作业机械化、检验仪表化的发展方针。

1979 年，我国的汽车大修能力已达到 10 万余辆。除了部分交通部门独家经营的为社会车辆维修服务的企业外，大部分维修企业都依附在运输企业和车辆较多的单位中，主要是为自用车辆提供维修服务。

随着党的十一届三中全会提出“改革开放”的方针，汽车维修市场也逐渐开放。

1990 年，交通部发布了《汽车运输业车辆技术管理规定》，确立了“定期检测、强制维护、视情修理”三原则。

交通部又相继制定了1991年28号令《汽车维修质量管理办法》、29号令《汽车综合性能检测站管理办法》、《汽车维护工艺规范》（JT/T 201—1995）、1998年2号令《道路运输车辆维护管理规定》等法律法规。

中华人民共和国国家标准《汽车维修业开业条件》（GB/T 16739. 2—2014）于2004年修订并开始实施。

《机动车维修管理规定》于2005年6月3日经第11次部务会议通过，并于2005年8月1日起施行。

改革开放30年以来，我国汽车维修行业已逐渐发展成为新兴朝阳行业，已由道路运输业附属部分转化为社会主义市场经济的重要组成部分，已由纯劳动技术性行业转化为具有专业技术性、劳动密集型、作业分散性、市场调节性、服务延伸性五大特性，为道路运输业、汽车产业和广大社会消费者提供全方位服务的产业，其市场发展潜力巨大。

汽车维修行业的维修经营模式和服务方式越发多元化，从过去的大而全、单一的维修模式，发展为目前的汽车特约维修、5S（4S、3S、2S）店、综合类、快修、连锁、一站式服务等多种经营模式并存的局面。从维修服务网点布局分析，绝大部分一类企业和部分优秀的二类企业已转型为4S店，分布于大中型城市内；二类企业和大部分三类企业分布在公路沿线（服务区）和城乡结合部。

二、汽车维修企业管理的重要性

企业是从事商品生产和商品经营（流通或服务）等经济活动，满足社会需求、获取盈利的基本经济组织。

在社会主义市场经济条件下，企业也是“具有法人资格、享有民事权利并承担民事义务，依法自主经营、自负盈亏、自我发展、自我约束”的独立经济核算单位。

企业管理是企业管理者对企业中的人、财、物、信息和时空实施统一管辖和治理的全过程。

汽车维修业是由汽车维护和修理点组成的、为汽车正常使用服务的、相对独立的行业。它通过对汽车的维护和修理来维持和恢复汽车的技术状况，以延长汽车的使用寿命，是汽车及相关领域中的重要组成部分。

汽车维修企业是指符合中华人民共和国汽车维修业开业条件，从事汽车维护、修理或相关服务等经济活动，为满足汽车用户需要并获取盈利，进行自主经营、独立核算，具有法人资格的基本经济组织。而汽车维修企业管理就是指以合理的服务流程、严格的技术标准和规范的维修作业，使客户感到最满意的运作过程。

近几年，中国汽车行业的发展是惊人的。据公安部交通管理局统计：2008年我国汽车的保有量为4975万辆，2009年为6300万辆，2010年为7000万辆……截至2013年12月底，中国汽车保有量已达到13 700万辆。

《汽车社会蓝皮书》（2011）提出，中国汽车保有量不断攀升，预计最晚到2012年第一季度，中国私人汽车拥有量将达到8650万辆。届时，中国百户家庭的汽车拥有量将达到20辆，中国将全面进入汽车社会。

随着中国汽车保有量快速增长的趋势，汽车维修行业也出现了惊人的发展态势。以中国汽车维修业最大汽车经销商庞大汽车集团为例，截止到2010年，其经营的汽车专卖店就有

699 家。其中 4S 店 397 家，包括乘用车 340 家、商用车 57 家；非 4S 专卖店 302 家。如此巨大的汽车经销规模，不仅对汽车维修人才的需求非常迫切，对现代汽车维修企业管理人才的需求也非常巨大。可以肯定地说，整个汽车行业对于人才的需求均处于一种供不应求的状态。

企业发展成功与否，除了企业家要有先进的企业生产经营理念和战略眼光外，同时还要有一个组织机构健全的、具备执行力和现代企业管理经验的团队。现代汽车维修企业属于服务性行业，按照我国汽车行业发展的趋势，汽车维修企业正朝着综合正规化、专项专业化、集团品牌化和快速连锁化经营模式转变。

随着我国汽车维修企业数量的猛增和经营模式的多样化，对从业人员的要求将会越来越严格，对汽车维修企业管理的难度也将越来越大，其管理的重要性也更加突出，具体体现在：

1）管理将成为汽车维修企业发展成败的关键。企业规模越大、人员越多、生产工艺和技术越复杂，就越需要企业管理，正所谓“三分技术、七分管理”。“懂管理的技术人员”和“懂技术的管理人员”将成为汽车维修企业健康、有序、快速发展的关键。

2）管理将成为汽车维修企业转型过渡的基础。为了使国营和集体股份制汽车维修企业逐渐向民营汽车维修企业转型，大型综合汽车维修逐渐向专项维修、特约维修和快修连锁过渡，我们既要学习外国的成功经验，也要结合中国的国情，将民营企业的经营理念与国有企业的规章制度相结合，逐步形成现代汽车维修企业管理的基础。

3）管理将成为汽车维修企业管事管人的核心。汽车维修企业管理的核心是管人和管事，管事靠技术、管人靠艺术。企业管理者不仅要敢管、敢理，也要善管、善理，这取决于企业管理者的经营理念、职业素质和管理能力，这也是汽车技术服务类专业开设“汽车维修企业管理”课程的目的所在。

三、汽车维修企业分类

1. 按国家标准分类

按中华人民共和国《汽车维修业开业条件》（GB/T 16739.1—2014 和 GB/T 16739.2—2014）之规定，汽车维修企业可分为汽车整车维修企业、汽车综合小修业户和汽车专项维修业户三种类型。

1）汽车整车维修企业　该类企业是指有能力对所维修车型的整车、各个总成及主要零部件进行各级维护、修理及更换，使汽车的技术状况和运行性能完全（或接近完全）恢复到原车的技术要求，并符合相应国家标准和行业标准规定的汽车维修企业。按规模大小可分为一类汽车整车维修企业和二类汽车整车维修企业。

2）汽车综合小修业户　该类企业是指从事汽车故障诊断和通过修理或更换个别零件，消除车辆在运行过程或维护过程中发生或发现的故障或隐患，恢复汽车工作能力的维修业户（属于三类汽车维修企业）。

3）汽车专项维修业户　该类企业是指从事汽车发动机维修、车身维修、电气系统维修、自动变速器维修、轮胎动平衡及修补、四轮定位检测调整、汽车润滑与养护、喷油泵和喷油器维修、曲轴修磨、气缸镗磨、散热器维修、空调维修、汽车美容装潢、汽车玻璃安装及修复等专项维修作业的业户（属于三类汽车维修企业）。

2. 按经济类型分类

按企业的经济类型，可将汽车维修企业分为以下几种：

1）国营汽车维修企业　目前在国内虽然寥寥无几，但是规模都很大。如北京市汽车修理公司，规模非常大，年收入接近 80 亿，年维修达到 70 万辆。

2）集体股份制汽车维修企业　在国内比较多，目前正处于向合资经营、独资私营、加盟连锁过渡的阶段。

3）合资经营汽车维修企业　在国内不是很多，有的为台资合营，有的为外资合营。随着中国于 2012 年第一季度正式进入“汽车社会”以来，国外一些品牌汽车维修企业正加紧来华投资。

4）独资私营汽车维修企业　在国内如雨后春笋般地崛起，个体老板投资、聘请管理及维修人员来经营，目前已成为国内汽车维修企业的主流。

5）加盟连锁汽车维修企业　在国内比较多，且正在蓬勃发展，但形成规模的相对较少。

3. 按经营管理分类

按目前国内汽车维修企业实际经营模式和管理方法来看，我们可将汽车维修企业分为以下几种类型。

（1）汽车综合维修企业　该类维修企业不仅从事汽车大修和总成修理，还可从事汽车一级维护、二级维护、汽车综合小修和汽车专项修理等作业。从其生产能力、业务范围、作业深度及技术等级来看，可将此类汽车维修企业称为汽车综合维修企业。按《汽车维修业开业条件》（GB/T 16739. 1—2014 和 GB/T 16739. 2—2014）之规定，该类维修企业属于汽车整车维修一、二类维修企业的范畴。

（2）汽车专项维修企业　该类维修企业专门从事汽车发动机维修、车身维修、电气系统维修、自动变速器维修、轮胎动平衡及修补、四轮定位检测调整、汽车润滑与养护、喷油泵和喷油器维修、曲轴修磨、气缸镗磨、散热器维修、空调维修、汽车美容装潢、汽车玻璃安装及修复等专项维修作业。按《汽车维修业开业条件》（GB/T 16739—2014）之规定，该类维修企业属于汽车三类维修企业范畴。随着汽车技术的突飞猛进和车辆使用可靠性的大幅增加，汽车专项维修将成为汽车维修的主要业务，汽车专项维修企业也将迎来更好更快的发展机遇。

（3）汽车特约维修企业　该类维修企业是指依赖某一汽车品牌或借助某一汽车集团的多个品牌所开设的 5S 店或 4S 店、3S 店或 2S 店，该类企业多采取品牌经营、集团管理的战略，从而成为具有规模的汽车维修企业。汽车 5S 店（整车销售 Sale、售后服务 Service、零配件供应 Spare part、信息反馈 Survey、二手车交易及增值服务 Service）、汽车 4S 店（整车销售 Sale 售后服务 Service、零配件供应 Spare part、信息反馈 Survey）、汽车 3S 店（售后服务 Service、零配件供应 Spare part、信息反馈 Survey）、汽车 2S 店（售后服务 Service、零配件供应 Spare part）等品牌经营店，均属汽车特约维修企业的范畴。目前，该类维修企业已成为经济发达地区的主流汽车维修企业之一。

（4）汽车快修连锁企业　该类维修企业采用连锁经营的模式，在我国已经运行了十多年，且发展势头良好。目前，除了美国 AC 德科、德国博世、日本黄帽子等国际知名品牌的连锁快修企业外，还有如百援、众义达、快车手、新焦点、新奇特、小拇指等颇有名气的众多国内汽车快修连锁企业。但该类汽车维修企业在管理上已经形成经营优势的还比较少。究其原因，主要是连锁的模式太多，这类企业多以汽车美容店、汽车养护店、汽车轮胎店的形式存在，且不同的连锁方式还没有形成很大的规模，尤其是汽车快修连锁企业就更少了。但随着中国汽车保有量的激增、汽车技术的大幅提高、人们生活节奏的加快以及“以养代修”“汽车免拆深度养护”等理念的深入，汽车快修连锁企业将迎来新一轮的发展机遇，也必将成为汽车维修（侧重维护）企业的主流。

练习思考

1. 简述当前汽车维修企业管理的重要性。
2. 列表回顾我国汽车维修企业发展的历程。
3. 简述我国汽车维修企业的分类。
4. 论述汽车专项维修及快修连锁必将成为汽车维修企业主流类型的必然性。

项目一

汽车综合维修企业管理

学习目标

◇ 知道汽车车间生产、客户维护、技术培训、人力资源、汽车配件以及财务等管理的概念

◇ 熟悉汽车车间生产、客户维护、技术培训、人力资源、汽车配件以及财务等管理的目标

◇ 理解汽车车间生产、客户维护、技术培训、人力资源、汽车配件以及财务等管理的重要性

◇ 掌握实施汽车车间生产、客户维护、技术培训、人力资源、汽车配件以及财务等管理任务的要领

业务流程

车辆进厂→驾驶员报修、车辆技术档案→车辆交接、维修检测→确定附加作业项目→按规定签订维修合同→维修作业、全过程检验→竣工检验→签发合格证→填写车辆技术档案→费用结算、开具发票→车辆出厂（如图1-1所示）。

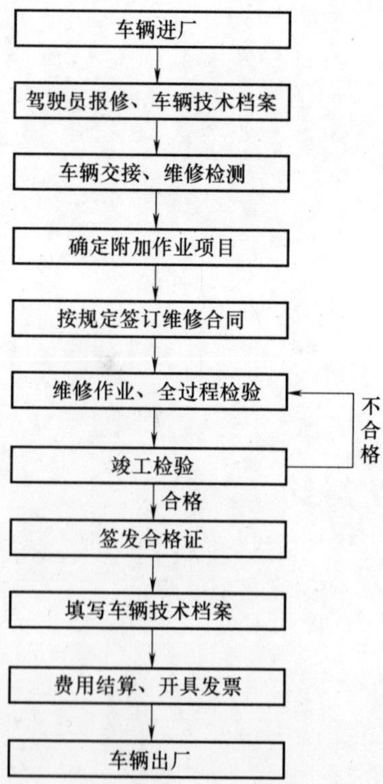

图1-1　汽车综合维修企业管理业务流程图

项目概述

汽车综合维修企业主要是指有能力对所维修车型的整车、各个总成及主要零部件进行各级维护、修理及更换，使汽车的技术状况和运行性能完全（或接近完全）恢复到原车的技术要求，并符合相应国家标准和行业标准规定的汽车维修企业。按规模大小分为一类汽车整车维修企业和二类汽车整车维修企业（其区别在于，一类汽车整车维修企业必须配备综合性能检测线，而二类汽车整车维修企业不需要配备综合性能检测线）。

汽车综合维修企业的优点是面积大、设备多、维修人员经验丰富，且有一批公司客户，与保险公司有较好的合作关系，收费标准较低，有较强的价格优势；但同

时也存在管理项目繁多、人浮于事、服务意识较差、管理机制不够灵活、作业效率低、工时长、客户休息环境差、等待时间长等缺点。目前，该经营模式已逐渐向4S店、3S店等特约维修方向发展。

汽车综合维修企业管理任务主要包括：维修接待、车间生产、客户维护、技术培训、人力资源、汽车配件、设备工具、财务以及信息化管理等内容。本部分将着重介绍车间生产、客户维护、技术培训、人力资源、汽车配件、财务等管理方面的内容。

特别提醒：各个经营模式之间相同或相近的管理内容不再重复（其内容可按需相互参考），以重点突出不同经营模式的管理特点。

任务一　车间生产管理

一、车间生产管理概述

1. 车间生产管理的定义

汽车综合维修企业的车间生产管理是指对维修车间的生产计划、生产调度、生产进度、生产统计、生产安全等内容进行系统设计、运行和控制的全过程。

2. 车间生产管理的目标

通过对汽车综合维修企业的车间进行生产管理，可有效利用企业的人力、物力、财力及技术资源，以适应市场和环境的变化，从而实现企业经营的目标。简言之，就是实现高效、低耗、灵活、准时地维修车辆，从而为客户提供优质的服务并使客户满意的生产管理目标。

3. 车间生产管理的意义

加强生产管理，合理组织生产过程，正确确定维修车间的生产任务，做好维修车间日常生产活动的协调和控制，搞好维修车间生产现场的管理。这不仅可以保证生产的顺利进行，而且对合理利用企业资源、提高企业经济效益具有重要的意义。

二、车间生产管理情境设计

汽车综合维修企业生产车间管理的主要任务是生产计划、生产调度、生产进度、生产统计、生产安全等内容，其管理的场景图片、工作情境以及相关知识，见表1-1。

三、车间生产管理任务实施

汽车综合维修企业车间生产管理的主要任务是车间生产计划的制订、生产进度的控制、生产资料的管理以及安全生产管理等内容。其中，生产计划、生产调度、生产进度、生产统计是汽车维修生产的基础性管理任务，对做好车间生产管理具有关键作用，以下将着重讲述。

1. 生产计划

生产计划是运用脑力制定政策、方针、方案、程序及细则的过程。其目的是为了实现未来目标的详细规划，显然是一种创新的思维活动。科学地控制生产管理，对每个项目都应进

表 1-1　汽车综合维修企业生产车间管理的情境设计

<table>
<tr><th>场景图片</th><th>工作情境</th><th>相关知识</th></tr>
<tr><td>
</td><td>情境 1：修理工小王面对客户的质疑和不满，不但不予解释和安慰，反而拿起扳手呵斥并追赶客户，将“客户是上帝，质量是生命”忘得一干二净。由此可见，企业对一线维修员工进行生产管理十分有必要</td><td>维修生产管理原则：
1）以客户满意为导向
2）以维修质量为导向
3）以企业效益为导向</td></tr>
<tr><td>
</td><td>情境 2：维修接待员老马一见到客户小沈来维修车辆，既不看人家手里拿着的保修单，也不问车辆的技术状况，更不向车间维修主管报告，直接就让人家大修。还信誓旦旦地说，他们这里修车“省钱省时省力”
小沈对这种不管不问、胡乱应付、随意处置的做法大为恼火，并当场斥责这一无知、无理、无良员工，表示要找车间主管甚至经理讨要说法</td><td>对生产管理的要求：
1）连续性。各个环节和作业之间不发生任何不合理的中断现象
2）平行性。各个环节和作业之间尽可能平行地进行
3）协调性。又称比例性，指在各个作业环节之间，在生产能力上保持适当的比例关系
4）均衡性。又叫节奏性，指各个环节作业之间不出现前松后紧、时松时紧、你松我紧等不正常的现象
很显然，以上的要求是相互联系的：没有生产能力的协调性，就不能保持生产的连续性；没有生产的连续性，就达不到生产的均衡性；而没有生产的均衡性，就破坏了生产的平行性</td></tr>
<tr><td>
</td><td>情境 3：车间调度老涂接到维修派工任务后，不仅没有向车主询问车况，也没有与车间维修主管沟通，反而找来一名车间修理工一起忽悠车主，还胡说“发动机也坏了”
车主依稀记得，每次维修车辆前都应该对车辆进行问询、检验，甚至上检测线进行故障诊断，而该企业工作人员的做法完全没有职业道德，他认为该企业无诚信可言。对此，他向该企业领导强烈建议，要加强内部管理，尤其应对车间调度等重要岗位人员加强教育和管理，否则企业发展将受到严重影响</td><td>对调度人员的要求：调度人员良好的工作作风有助于增强调度工作的权威，以保证调度工作的顺利进行和管理目标的实现
1）工作上要从严从细，坚持“严、细、快”的作风，处理问题要多谋善断，善于用科学的方法解决问题
2）应经常深入实际、了解生产情况、勤于思考、虚心学习、掌握规律，做到指挥生产心中有数、杜绝瞎指挥
3）有较强的组织观念和纪律观念，严格遵守厂规和工作规程，工作不拖拉、不推诿、有条理
4）实事求是，反映情况和问题要符合实际
5）办事严肃认真、及时牢靠，做到“事事有着落、项项有回音、条条有记录”</td></tr>
</table>

行科学统筹，比如用工序流程图（又称网络图、箭头图、统筹图，如图 1-2 所示）来控制汽车维修生产的内容和进度等。

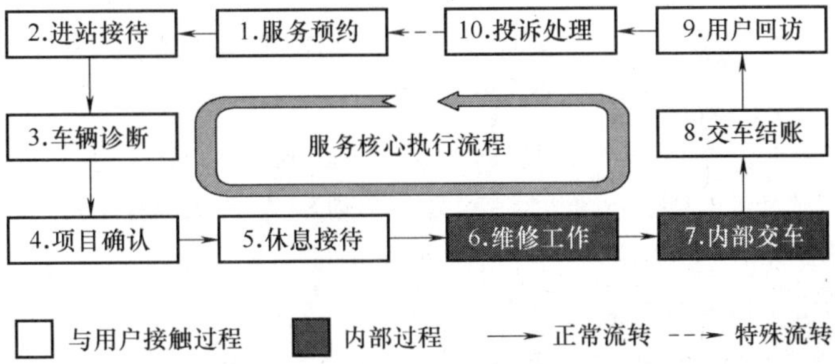

图 1-2　汽车维修工序流程图

（1）维修生产计划的作用　车辆维修生产计划能从时间上保证客户的维修车辆按期出厂，为客户节约时间，为企业增加信誉。科学合理的维修生产计划还可以提高人员、设备、场地、资金等的利用率，减少浪费，做到过程连续、生产均衡，从而保证质量。

（2）维修生产计划的分类

1）按计划所辖的范围，可以分为厂或车间的维修生产计划、单车或单台总成的维修生产计划等。

2）按计划长短，可以分为年度、季度、月度、周或日的维修生产计划。表 1-2 为各种生产计划之间的关系。

提示： 一般生产计划还可以分为长期、中期、短期或阶段性等几种，也有以大日程、中日程、小日程来区分生产计划的。

表 1-2　各种生产计划之间的关系

类别			车型和维修项目	计划时间	备注
长期	大日程	长期生产计划表		2～3 年	采用滚动计划的方式
		年度生产计划表		年度	
中期		年度或半年度生产计划表		季度或半年	
	中日程	月份生产计划表		月	
短期	小日程	周或旬生产计划表		周或 10 日	
		日生产计划表		1 日或 3 日	

（3）维修生产计划的编制

1）编制生产计划的步骤：

① 制订计划的第一步就是要搞清楚自己的目标。

提示： 汽车维修企业的目标就是满足客户的需求，而利润只是满足客户需求的副产品而已。

② 计划就是根据自己的目标而确定的行动路线与步骤。

2）编制生产计划的依据。根据客户资料统计出来的维修量和预计的维修增量、季节性的维修需求、阶段性的活动安排、突发性的事件处理等对不同维修工种的工作量的需求以及对企业的场地、人力、设备、设施和各工种的实际生产能力的需求，来编制生产计划。

2. 生产调度

调度作为动词，系指在各种活动中安排、处置事务的意思。具体来说，就是根据某一预定目标，在组织实施的过程中，按照预想的计划来随时掌握动态变化，集中控制关键和主要环节，协调平衡相关各方达到衔接一致，以实现预期目标的过程。根据职能范围和调度对象，调度大致可以分为两类：综合调度和专业调度。其中，综合调度具有对企业或部门的整个生产活动进行全方位调控的职能；而专业调度仅对少量单一或专业技术性极强的要素具有调控的职能，如动力调度、供销调度等。

提示：专业调度一般在综合调度的领导下开展工作。

（1）生产调度的作用　生产调度在企业生产运作中具有组织、指挥、控制、协调四大作用。

1）组织作用。调度管理的组织作用就是把生产经营活动的各种要素、各个环节以及各个方面尽可能地从空间上和时间上有机地组织起来，以发挥最大的管理作用。

2）指挥作用。调度管理的指挥作用就是调度系统地在生产经营活动中及时有效地处理各种问题，领导和调度各级各类人员按照生产经营目标进行协调配合。其主要内容如下：

① 按照特定目标和计划，在实施当中将其转化为具体计划、命令、指令。调度在随时随地收集信息和掌握进度与情况的基础上，对调度系统网络进行分层分级的权威指挥。

② 在组织实施生产经营活动中进行有效交流。调度在工作中为了充分地发挥命令和指令的作用、进行信息传递和思想沟通并让对方理解意图、接受活动内容，会通过坐台调度和现场巡检、利用通信设备和直接交流，对布置和检查的工作经过分析、加工、理解和判断，做出正确的反应与回答，使调度与被调度人员保持和处于和谐的人际关系交流之中，相互尊重、相互理解、密切合作。

③ 善于运用多种方式调度指挥。坐台调度和现场调度使用最多、最方便的方式是口语。因此，要有良好的口语表达能力，注意用词应恰当、言简意明、事由原委清楚。为了保证执行起来不走样，还要求调度人员具有一定的书面表达能力，下达通知、填写调度卡、发布命令等都应亲自动笔。

3）控制作用。调度管理的控制作用就是按照既定目标和标准对生产经营活动进行监督检查，在此过程中掌握信息、发现偏差、找出原因、采取措施，用以调整纠正，以保证实现预期目标。其主要的控制内容有：综合性控制、系统性控制、专项性控制和环境条件控制。

4）协调作用。调度管理的协调作用就是维护生产经营系统的动态平衡，保证生产经营系统内部各个环节的畅通，保证所有生产经营的组成部分同步运行。协调有内部协调和外部协调之分，内部协调又有纵横协调之分。

（2）生产调度的任务　汽车维修企业生产调度的基本任务是根据生产作业计划安排，调度车辆进厂报修，并根据车主的报修情况凭报修单对待修车辆进行实际检测与诊断，以确定该车辆所需要的实际维修项目，并做好记录和登记，然后调度维修人员实施车辆维修。

（3）生产调度的方式　目前，国内汽车维修企业所采用的生产调度方式通常有派工单传票制度和派工单公示制度两种形式。

1）派工单传票制度：

① 生产调度人员通过派工单的方式，将维修项目及维修要求下达给车间及承修班组（或者将派工单悬挂于待修车辆上随车移动）。

② 由承修班组根据派工单所列的作业内容与作业要求进行维修。

③ 专职检验人员也凭派工单进行检验。

2）派工单公示制度：

① 维修审检在接到派工单时，将派工单上所列的作业内容与作业要求集中公示于维修车间内的公示牌上的修车进度表中。

② 公布当前所有在厂维修车辆的汽车编号、维修类别、派工单号、主要作业项目以及附件作业项目、要求完工日期、主修人以及当前所存在的问题等。生产调度人员所使用的派工单见表1-3。

表1-3　×××汽车维修厂人员派工单

（NO：20140308003）

进厂时间：××××-××-××12：20

<table>
<tr><td>客户名称</td><td colspan="3">×××××管理中心车队</td><td colspan="2">联系电话</td><td colspan="3"></td></tr>
<tr><td>车牌号</td><td colspan="3"></td><td colspan="2">车型</td><td colspan="3">丰田卡罗拉</td></tr>
<tr><td>车型类别</td><td>经济型轿车</td><td>颜色</td><td colspan="4">银灰色</td><td>VIN号</td><td></td></tr>
<tr><td>发动机号</td><td></td><td>底盘号</td><td colspan="4"></td><td>作业分类</td><td>中修</td></tr>
<tr><td>备注</td><td colspan="8"></td></tr>
<tr><td>员工姓名</td><td></td><td>人员工种</td><td colspan="4">机修</td><td>班组</td><td></td></tr>
<tr><td colspan="2">维修项目</td><td colspan="3">项目工种</td><td colspan="2">工时</td><td colspan="2">派工时间</td></tr>
<tr><td colspan="2">维修转向横拉杆球头</td><td colspan="3">机修</td><td colspan="2">5.00</td><td colspan="2">2014-03-08 13：10</td></tr>
<tr><td colspan="2">水箱焊接补漏</td><td colspan="3">焊工</td><td colspan="2">2.00</td><td colspan="2">2014-03-08 13：10</td></tr>
</table>

派工人：________　检验人：________

注意：在派工单上应填明承修班组、主要作业项目和作业要求、定额工时及要求完工时间等。特约维修服务站一般不使用派工单，而使用委托书，在向各维修班组下达维修任务时，还应向承修班组交代具体的承修要求和注意事项等。

3. 生产进度

汽车维修进度的快慢由维修汽车所用的时间来进行控制；而维修汽车所用时间的长短，一般用工时定额来进行控制。工时定额是指在一定的生产、技术、组织条件下，为生产一定量的合格产品或形成一定量的工作所规定的劳动消耗量的标准，是计算劳动生产率的基础。

维修汽车的时间控制用工时的“实际/定额之比”来衡量维修效率。在汽车维修企业的管理中，工时定额的管理用生产过程的反馈来分析和控制，其中一个便是“时间控制”，这个比值一般在0.9～1.05之间即视为合理，过大与过小都说明工时定额或生产管理出了问题。汽车维修工时定额与生产进度之间的有关内容如下：

（1）制订维修工时定额的基本原则

1）客观现实性（有两个指标：绝大多数和短时间内）。

2）合理性（在不同的车型和工种之间保持平衡）。

3）发展性（即对可以预见的新技术、新工艺、新结构等要有长远考虑）。

4）特殊性（对特别脏、苦、危的岗位要有不同的定额条件）。

（2）制定维修工时定额的基本方法

1）经验估计法（根据实践经验并考虑所使用的设备、工具、原材料等其他条件，直接估算制定工时定额的方法）。

2）统计分析法（根据过去生产相类似的产品或工作中实际消耗工时的统计资料，在整理分析的基础上，结合当前的技术、管理等生产条件的变化来制定工时定额的方法）。

3）技术测定法（根据合理的技术组织条件和工艺技术方法，对组成工时定额的各部分时间进行实地观测和分析计算来制定工时定额的方法）。

4）类比法（将过去生产相类似产品的工时定额与以往已经制定定额的产品进行对比后，给出新产品工时定额的一种方法）。

4. 生产统计

生产统计有两项主要工作，即生产进度检查和生产进度统计。

（1）生产进度检查　在检查生产进度以及执行现场生产调度时，应侧重以下三个方面：

1）按生产作业计划，抓好竣工车辆的收尾工作。

2）抓住生产工艺流程中明显影响生产作业计划的薄弱环节与关键环节（如生产效率较低、质量不稳定等）。

3）进行先进生产劳动组织和计划管理的试点。

（2）生产进度统计

生产进度统计的基本要求是准确、及时、全面、系统。生产进度统计属于生产管理层，其工作职能应该是生产检查职责大于生产统计职责，是连接车间决策层和车间操作层的“生产关节点”。

5. 生产劳动管理

汽车综合维修企业的维修作业方法一般有：综合作业法和专业分工法两种。其生产劳动管理的原则为：以客户满意为导向、以维修质量为导向和以企业效益为导向。图1-3为汽车综合维修企业汽车维修服务的标准流程，图1-4和图1-5分别为汽车综合维修企业传统式生产管理模式下的组织结构和团队式生产管理模式。

6. 生产安全管理

生产安全管理是指在生产过程中，通过各项规章制度、操作规程及安全措施来保障人身和设备安全的过程。

（1）对汽车维修车间的一般要求

1）汽车维修企业建筑应布局合理，维修车间与员工宿舍间应有一定的安全距离，并在建设时应留下消防通道。

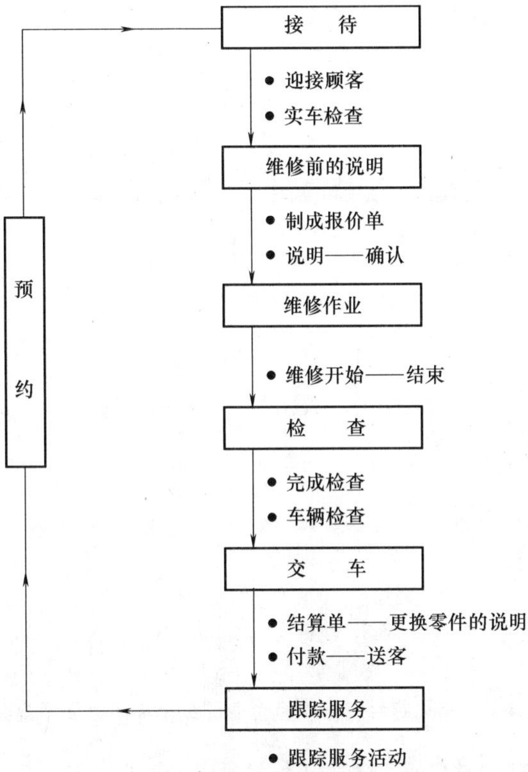

图 1-3　汽车维修服务标准流程（核心流程）

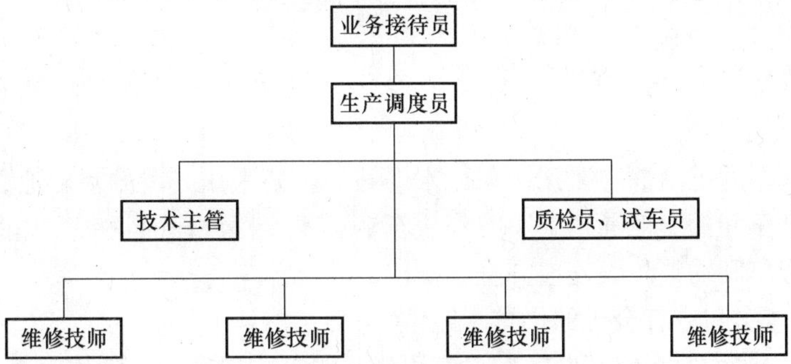

图 1-4　传统管理模式下的组织结构

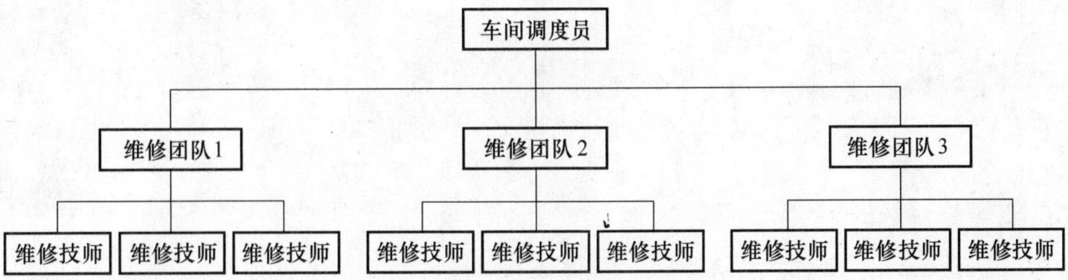

图 1-5　团队式管理模式示意图

2）汽车维修车间的平面应布局合理，维修工位和车辆通道应合理搭配（如图1-6所示），维修车辆应进出方便。

3）对安全设施进行验收合格后，方可投入使用。

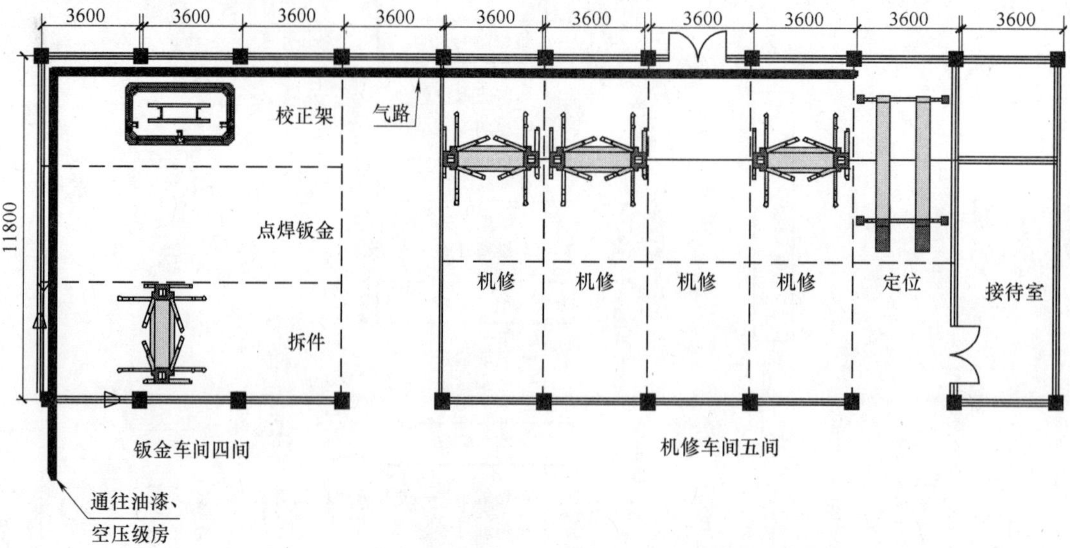

图1-6　常见综合汽车维修企业的维修车间平面示意图

4）每个维修工位要有足够的面积和高度，一般轿车维修工位的面积不小于$(4\times7)m^2$，高度不小于4m。

5）汽车维修车间的通风应良好。如有需要，机修车间应配备专业的汽车尾气排放设备，喷漆车间应有专用的通风装置。

6）汽车维修车间采光应良好、灯光应齐全，以达到一定亮度，避免出现死角（如图1-7a、b所示）。

7）汽车维修车间的地面应采用水泥或水磨石，不要采用光滑的瓷砖地面。

8）汽车维修车间的车辆通道上不要停放车辆，不要摆放任何物品（如图1-7c所示）。

9）汽车维修车间的消防设施应齐全良好。

10）汽车维修车间应有合理的供排水系统。

11）对于面积较大的维修车间还应设有可供人员逃生的紧急疏散安全通道。

a)　　b)　　c)

图1-7　大多数综合汽车维修企业的生产车间布置

（2）汽车维修生产中的不安全因素及安全措施

1）与维修人员有关的不安全因素及安全措施。

① 维修企业的特种作业人员必须按国家有关规定接受专门的安全作业培训，取得特种作业操作资格证书后方可上岗作业。

② 维修企业应当教育和督促全体人员严格执行本单位的安全生产规章制度和安全操作规程，并如实告知全体员工作业场所和工作岗位中存在的危险因素、防范措施以及事故应急措施。

③ 维修企业与维修人员签订的劳动合同中应当写明有关保障从业人员劳动安全和防止职业危害的事项，以及依法为从业人员办理工伤社会保险的事项。

④ 维修人员应了解其作业场所和工作岗位存在的危险因素、防范措施以及事故应急措施，并及时对维修企业的安全生产工作提出建议。

⑤ 维修人员在维修作业过程中，应严格遵守本企业的安全生产规章制度和操作规程，服从管理，正确使用劳动防护用品。

⑥ 维修人员应接受安全生产教育和培训，掌握安全生产知识，提高安全意识，增强事故预防和应急处理能力。

⑦ 维修人员发现事故隐患或不安全因素，应及时向现场管理人员汇报，接到报告的人员应及时处理。

⑧ 企业管理人员不得违章指挥，不得违反安全生产法律、法规，不得侵犯汽车维修人员合法利益。

2）与维修设备有关的不安全因素及安全措施。

① 维修企业必须经常对安全设备进行维护，并定期检测，保证设备正常运行。

② 对危及生产安全的工具、设备应当及时淘汰。

③ 选购设备时，应优先考虑其是否配置有自动控制安全保护装置，如汽车举升机的自锁防坠落装置、轮胎平衡机的安全防护罩等。

④ 维修车间的设备应布置有序，各设备使用时不得有干涉现象。

⑤ 各设备的总用电量应小于维修车间的设计用电容量，以防发生火灾。

3）与维修操作过程有关的不安全因素及安全措施。

① 维修人员要熟知并严格遵守维修手册中规定的安全注意事项和操作规程。

② 当进行车辆检修时，应拔下点火钥匙，以防他人起动车辆。

③ 检修电喷发动机的供油系统时，必须先对油路进行泄压处理，以防汽油飞溅到漏电的高压线或高温物体上引起燃烧。

④ 发动机温度高时，不可拧开冷却液加液盖，以防有压力的高温冷却液烫伤人。

⑤ 制动系统放气时，应在放气螺栓上接上专用的储液瓶，以防制动液飞溅损伤眼睛或飞溅到轮胎、油漆上造成损失。制动系统维修后应进行制动系统放气处理，当制动踏板高度合适后方可挂档行驶。

⑥ 检修安全气囊时必须断开蓄电池负极搭铁线；拆装安全气囊时必须轻拿轻放。

⑦ 检修汽车电路时不可乱拉电线。对于经常烧断熔丝的故障，应查明故障原因，不可换上大容量的熔丝或以铜丝代替熔丝。

⑧ 在烤房烤漆时，汽车烤漆的时间一般为 30～40 分钟，温度一般为 60～70℃，以防止

因时间过长或温度过高而引起车用计算机损坏或线路老化。

⑨ 对车身进行电焊作业时，应断开蓄电池负极搭铁线，以防损坏车用计算机。

4）与维修车辆试车或移动有关的不安全因素及安全措施。

① 对维修车辆试车或移动应有专门的规定，从制度上消除不安全因素。

② 维修车辆试车或移动应由安全意识和驾驶技术好的人员担任，不允许未经批准的人员随意移动车辆或试车。

③ 维修车间进行规划设计时应考虑车辆的专用通道、车辆的移动路线并设置必要的限速牌、转弯处的反光镜等交通设施。

5）与危险品有关的不安全因素及安全措施。

① 汽车维修企业的危险品主要有：汽油、柴油、燃油添加剂、机油、齿轮油、制动液、油漆、稀料、乙炔气体等。

② 危险品应存放于专用的危险品库中，且应有专人负责管理；危险品库内应有消防器材。

③ 危险品在运输、使用、存放时应注意密封良好、轻拿轻放，避免强光照射，避免高温，远离火源。

④ 每次用不完的危险品应及时回收，不得临时存放于车间中。

四、车间生产管理模拟演练

案例导入 小夏刚从一家汽车4S店的车间主管岗位，调到一家大型集体所有制汽车综合维修企业拟任车间维修主管。一开始还以为轻车熟路，但不久后就发现，这里的车间管理难度远远大于汽车4S店。于是小夏便主动找到经理，要求先做一段时间的车间主管助理，向老前辈学习学习，适应一段时间，然后再担任车间维修主管这一职务。

1. 汽车维修车间生产管理模拟演练设计

1）目标：通过模拟演练，让业务接待、生产调度、车间主管、修理工（汽车维修技术人员）、质检员等相关人员，熟悉汽车综合维修企业生产车间的生产计划、生产调度、生产进度、生产统计、生产劳动、生产安全等各项管理内容。

2）道具：维修车辆、对讲机、接车单、派工单、质检单、出门放行条等。

3）主要人物涉及：业务接待、生产调度、车间主管、修理工、质检员等。

2. 演练的主要步骤及侧重点

1）相关人员应事先熟悉汽车综合维修企业维修车间生产管理的各项规章制度、操作规程以及主要管理内容。

2）将学生按业务接待、生产调度、车间主管、修理工、质检员等岗位分成若干小组，实际演练汽车综合维修企业生产车间的生产计划、生产调度、生产进度、生产统计、生产劳动、生产安全等各项管理内容。

提示： 由授课教师担任总导演，以便于演练任务的顺利实施。

3. 汽车维修车间生产管理流程练习

图 1-8 为汽车综合维修企业的生产管理流程，教师在组织学生进行维修车间生产管理的模拟演练时，可重点参考图中的维修派工、维修作业、车间派工单、完工检测等车间生产管理环节。

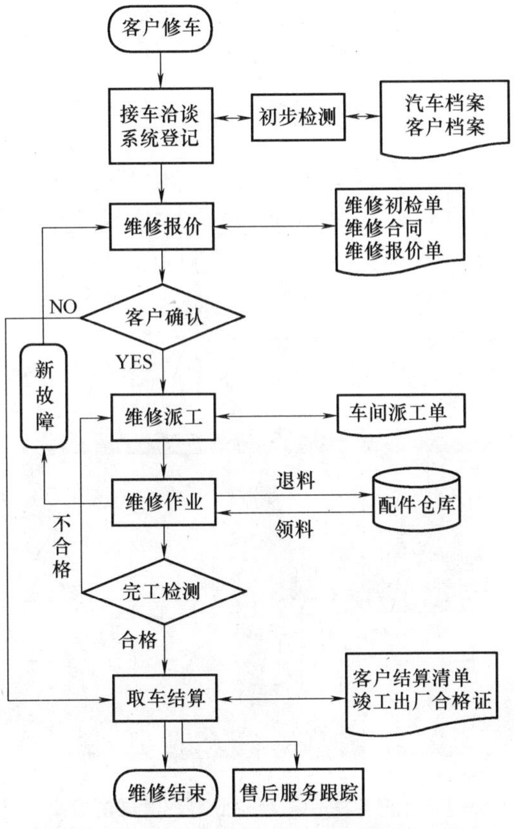

图 1-8　汽车综合维修企业维修车间生产管理流程

4. 汽车维修车间生产管理模拟演练评估

汽车维修车间生产管理模拟演练的效果，可根据学生对生产车间的生产计划、生产调度、生产进度、生产统计、生产劳动、生产安全等管理内容和管理环节的熟练程度进行评估。

任务二　客户维护管理

一、客户维护管理概述

1. 客户维护管理的定义

客户就是指具有消费能力或消费潜力的人，是服务的接受者或使用者。客户这一称呼一般在汽车销售环节被称为顾客，而现代汽车售后服务企业往往称其为客户。从称谓上“客户”显得更为亲切些。客户维护管理是指在客户维修车辆的过程中，企业为客户提供各种便利，以帮助客户降低服务成本，赢得客户的信任，从而提高客户满意度的全部过程。

2. 客户维护管理的目标

客户维护管理的最终目标是大力提升客户对汽车维修服务水平的满意程度。若要为客户提供满意的服务，则首先必须了解客户的类型，只有在对客户加以区分之后，才能因人而异地提供针对性的服务，也才能使客户满意。通常，汽车维修企业将客户分为两类：一类是外部客户，即除企业以外的人员；另一类是内部客户，即企业内部的工作人员。

3. 客户维护管理的意义

客户维护管理是汽车售后服务企业生存和发展的基础，市场竞争的实质就是争夺客户。汽车维修企业要有效地进行客户维护管理，首先要树立“客户就是上帝”的经营理念，企业的一切政策和行为都必须以客户的利益和要求为导向，并贯穿到企业经营的全过程中去。因此，客户维护管理对汽车售后服务企业的生存和发展具有重要的意义（如图 1-9 所示）。

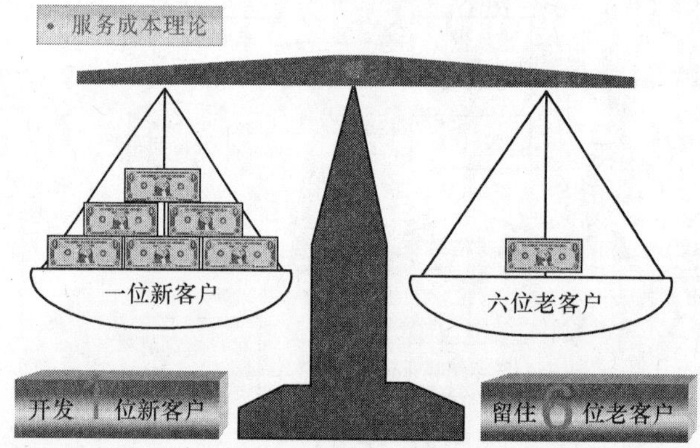

图 1-9　汽车综合维修企业客户管理的意义

具体体现在：

（1）工资是客户给的　汽车售后服务企业要得到社会的承认、顺利地开展工作，就要确保有必要的经费。发给员工的工资和企业获得的利润，均为客户维修汽车所获得的，因此才说工资是客户给的。

（2）工作时间都是属于客户的　企业的维修工作就是将企业的“技术”转换成“时间”来向客户出售。也就是说，向客户收取的维修费用都是以每一项作业所花费的时间为基础。因此，工作的时候不能浪费客户的时间，要遵守预定完工时间。

（3）失去客户等于失业　汽车售后服务企业因拥有客户而得以生存。如果客户对企业失去信赖，就会到其他的维修企业去，自家的经营就会滑坡。

二、客户维护管理情境设计

现代汽车综合维修企业客户维护管理的主要任务是客户关怀和提高客户满意度，其管理的场景图片、工作情境以及相关知识见表 1-4。

表 1-4 汽车综合维修企业客户维护管理的情境设计

场景图片	工作情境	相关知识
	情境1：客户王先生找到业务接待员小张，要求在下午4点前交车，并希望在维修费用方面享受8折优惠 小张一直面带微笑，全神贯注地聆听着王先生的诉求，并解释说自己只有打8.5折的权限，表示将全力请示上级主管，尽量满足客户要求。对此，王先生说“不用了，看到你这么热情坦诚，8.5折就8.5折吧”	客户价值的含义：客户价值是指客户购买某一种产品和服务所期望获得的所有利益，客户总成本是指客户为获得某一产品所花费的时间、精力以及支付的货币等。客户价值包括四种含义： 1）价值就是低廉的价格 2）价值就是自己在产品或服务中所需要的东西 3）价值就是自己的付出所能获得的回报 4）价值就是自己的全部付出所能得到的全部
	情境2：业务接待小梅仪表端庄，始终面带微笑，流露出专业、热情和坦诚。无论是对老客户还是新客户，都能够以优雅大方的姿态进行迎来送往 小梅的形象、热情和专业给广大客户留下了深刻的印象。客户们普遍认为，汽车维修企业的业务接待是企业的窗口，能够从一个侧面反映出企业的维修质量、服务理念和管理水平。可以说，汽车维修企业业务接待的好坏，将直接关系到客户对维修服务的满意程度	客户满意分析：ISO9000：2000《质量管理体系——基础和术语》中对客户满意的定义是：客户满意是客户对其要求已被满足的程度的感受。学者诺曼（Earl Navman）引用赫兹伯格的理论来解释客户内心的期望。他将影响客户内心期望的因素分为保健因素和满意因素。其中，客户满意因素最为重要，它包括： 1）品质。含人员素质、设备工具、维修技术、服务标准化、管理体制、厂房设施等因素 2）价值。含价格合理、品牌价值、物有所值、服务差异、附加价值等因素 3）服务。包括：信任要素和便利性 ① 信任要素：含厂房规划、专业作业、价格透明、兑现承诺、客户参与、专业化等因素 ②便利性：含地点、时间、付款、信息查询、商品选购、功能等因素
	情境3：小龙是一名90后，追求时尚是这一新生代的共同特点。前不久，他的“现代酷派轿跑”右前翼子板被人恶意刷划并被放了气。由于爱车心切，小龙到附近的一家大型汽车综合维修企业请求援助。看到车间主管亲自接待自己，还有茶水奉上，小龙当即决定在此厂修理爱车	客户满意与客户关怀：“客户不是一切，但没有客户一切都是空谈!”客户关怀的基本原则如下： 1）客户满意最重要 2）关怀要出自于内心 3）把客户当成自己，换位思考 4）主动式的关怀，在客户困难时伸出援助之手 5）帮助客户降低服务成本，赢得客户的信任 6）不要表现出明显的商业性 7）在客户满意和公司利益之间寻找最佳平衡点

三、客户维护管理任务实施

汽车售后服务是汽车产业链中的关键环节，而汽车维修又是汽车售后服务链上的关键环节。汽车维修企业为了使客户（车主）能完全满意自己的产品或服务，必须要综合而客观地测定客户（车主）的满意程度，所以客户（车主）满意程度的高低即是企业生死存亡的关键。这就要求维修企业应作为一个整体来改善产品、服务及企业的文化。因此，汽车维修企业实施客户维护管理的主要任务是提高客户满意度及改善客户关系。

1. 汽车售后服务业经营管理的新理念——客户满意经营理念

注：客户满意（Customer Satisfaction）的英文缩写为CS。

（1）客户（车主）满意经营（CS）理念的引进　随着现代汽车产品之间的技术差异越来越小，服务对客户（车主）的影响将越来越大，服务对客户（车主）再次购买的影响力要大于汽车产品自身的影响力。汽车售后服务的作用将会越来越重要，并将直接影响到汽车产品的寿命周期。

面对高新技术的汽车维修、面对高素质的知识型客户、面对逐渐加大的投资规模、面对日益激烈的市场竞争（市场竞争的发展已进入体验营销阶段，因此必须考虑到影响客户满意度的所有要素，如图1-10所示），汽车维修企业需要减少投资风险，必须要有稳定的客户群和稳定的员工队伍。于是，一种新的客户关系理论——使客户满意的CS战略和CS经营，于20世纪90年代末开始在全球流行，并被引入了我国。

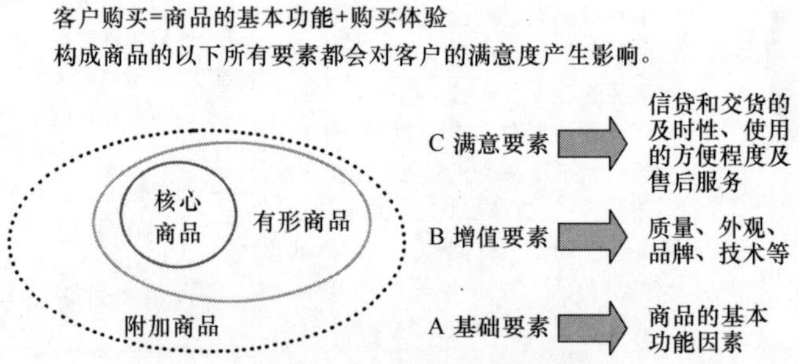

图1-10　影响客户满意度的因素

（2）客户（车主）满意的CS战略含义　此种CS战略要建立的是客户（车主）至上的服务。因此，它要做的是使客户（车主）百分之百的满意。

汽车售后服务企业CS战略中的客户是广义上的客户。维修企业面临新的客户关系，包括：企业与员工、企业与股东、企业与客户（车主）、企业中的业务接待、车间、班组、技术部门、财务、配件、仓管等各个环节以及上下工序之间关系，还有企业与供应商、协作商之间的关系。新的CS战略是一种广义上的以顾客为中心的全方位的顾客满意经营战略。实施CS战略、推动CS经营必须确定客户（车主）第一的观念、坚持客户（车主）第一的原则。这是市场经济本质的要求，也是做好汽车售后服务的根本性理念。CS战略确立的客户满意标准是：满意是基础、感动是水平、忠诚是目标，如图1-11所示。

（3）理顺客户第一与利润第一的关系　现代汽车维修企业生产经营的目的是为客户（车主）服务，不断满足各个层次的客户（车主）需求。任何一个维修企业都以追求经济效益为最终目的，关于如何才能实现自己的利润目标，从根本上讲，只有满足客户（车主）的需求（图1-12为马斯洛的五个需求层次理论）、愿望和利益，才能获得企业自身所需的利润。满意可以为企业创造价值，还可以为企业带来持久的利润。有关如何实现满意，要求维修企业在生产经营活动的每一个环节中都必须做到眼里有客户（车主）、心中有客户（车主），全心全意为客户（车主）服务。只有最大限度地让客户（车主）满意，企业才能在激烈的市场竞争中获得持久的发展。

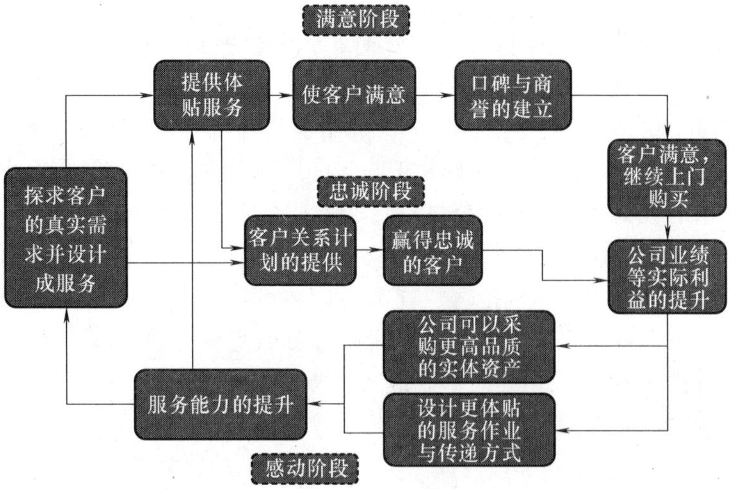

图 1-11　客户满意经营的标准

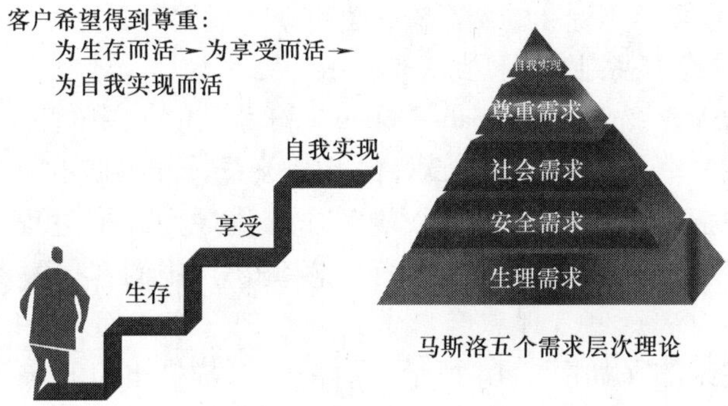

图 1-12　消费者行为的改变

(4) 树立“客户（车主）总是对的”的意识　“没有客户的错，只有自己的错”，这不是绝对意义上的一种科学判断，也不一定符合客观实际。在维修企业与客户（车主）这种特定的关系中，只要客户（车主）的错不会造成企业的重大经济损失，那就要将“对”留给顾客、把“理”留给车主，即“得理也让人”。即使维修有一百个正确，如果没有说服客户（车主），那也是维修企业的解释水平不够高、服务的水平不佳。

客户（车主）总是对的，这是对员工服务行为的一种要求。实施 CS、推行 CS 这种理念要求员工必须遵循三条原则：

第一，站在客户（车主）的角度考虑问题。

第二，不应把对产品或服务有意见的顾客（车主）看成是“讨厌的家伙”或“眼中的刺”。

第三，牢记同客户（车主）发生任何争吵，企业绝不会是胜利者，因为失去客户（车主），也就意味着失去永久的利润。

树立“客户总是对的”的意识是建立良好客户关系的关键所在，在处理客户（车主）的抱怨时，这是必须遵循的黄金准则。

“客户（车主）总是对的”并不意味着事实上客户（车主）绝对正确，而是意味着客户得到了绝对的尊重。

当客户（车主）品尝到“上帝”的滋味时，就是企业提升知名度和赞誉度以及拥有更多的忠诚客户、更大的市场、更多发展机会的时候。

（5）建立“员工也是上帝”的思想　CS战略也包含有“员工也是上帝”的思想。客户（车主）的满意必须要有满意的员工来服务，只有满意的员工才能创造客户（车主）的满意。维修企业效益滑坡，首先反映返修率高、服务质量下降、维修工时延长、维修费用增加上，这也意味着员工不愉快、部门不和谐，接着便是员工抱怨，最后就是客户（车主）抱怨。只有做到员工至上，才能做到把客户（车主）放到第一位。

从服务产品的生产过程要素来看，员工用技能和智慧参与了接车、诊断、估价、维修、检验和跟踪的全过程。所以，员工是企业最大的投资者之一，也是企业最关键的资源。所以，汽车维修企业应建立员工也是上帝的思想。

在CS理论中，员工至上和客户（车主）第一是统一的、相辅相成的。员工是以劳动技能和智慧作为投资来投入企业，劳动力是一种智慧资本、知识资本、技能资本，是企业资产的组成部分，是企业的股东和主人。员工希望企业发展，以便自身也能发展；客户也是企业的最大投资者，他们投资了车源和维修对象，也希望企业发展后能更好地为自己的车辆做好售后服务。所以，从投资关系上他们是统一的。

2. 客户满意经营理念（Customer Satisfication，缩写为CS）中的客户关系管理

全面了解和认识客户，与客户建立良好的互动关系，并根据不同客户的不同需求，制订不同的、适合客户服务的方法和手段，使客户价值最大化的过程即为客户关系管理。如图1-13所示，汽车维修企业客户满意经营理念（CS）中的客户关系管理的主要内容为客户信心度管理、客户满意度管理和客户忠诚度管理三个方面。一般来说，现代汽车维修企业均设有客户关系部（如图1-14所示），并在CS推进组织的指导下带领全体员工对零配件（或整车）销售和售后服务环节进行全过程管理，以提高客户信心度、满意度和忠诚度，使客户满意，从而留住客户、巩固客户、招揽客户。这也是客户关系管理部门的中心任务。

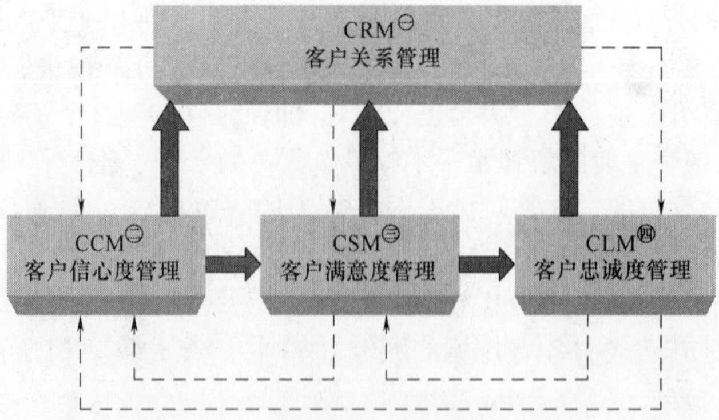

图1-13　客户关系管理的主要内容

㊀ 即 Customer Relationship Manaqement，缩写为CRM，即客户关系管理。

㊁ 即 Customer Confidence in Manaqement。

㊂ 即 Customer Satisfication Management。

㊃ 即 Customer Loyalty Management。

（1）实施客户关怀。

1）新车提醒（适用于4S店）。若客户购买新车，应做到以下几点：

① 新车交车后的三至四周内，使用信函或电话询问新车的使用情况。

② 主动告知客户新车首次维护的服务站点、营业时间以及需要携带的文件，并进行预约。

③ 提醒首次保养的里程与日期。

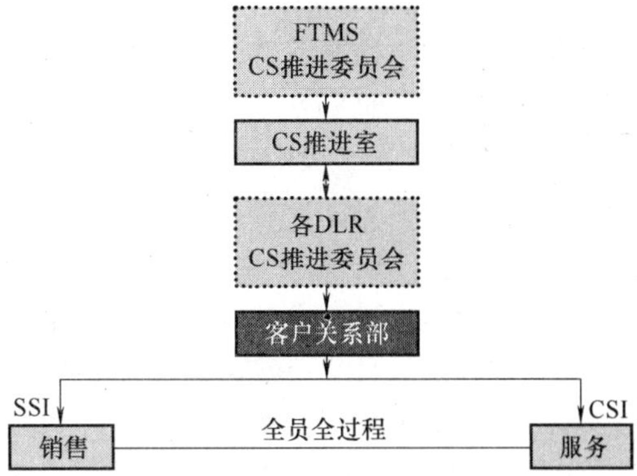

图1-14　CS推进组织的组织结构

2）维修回访。

① 维修时即与客户讨论好回访的方式和时间。

② 维修后3日内进行回访。

③ 对客户提出的意见要有反馈。

3）关怀函、祝贺函。

① 信函种类主要是客户生日或节假日的关怀祝贺信函。

② 祝贺内容应着重关怀，不能有明显的商业意图。

4）久未回厂联系。

① 久未回厂联系前，应先了解客户对前次服务内容是否有不满意之处。

② 若存在客户不满意的地方，应先表示歉意，并征求客户意见，请客户来厂或登门访问。

5）定期保养通知。

① 距保养日前两周发出通知函或1周前电话通知。

② 主动进行预约。

③ 主动告知保养内容和时间。

6）季节性关怀活动。

① 主动告知客户季节用车注意事项。

② 告知客户免费检测内容。

7）车主交流会。

① 交流会内容可包括：正确用车方式、服务流程讲解、维修处理程序、紧急事故处理等。

② 人数以10～15人为宜，时间一般不要超过2h。

③ 请客户代表发言。

④ 赠送小礼品。

⑤ 进行客户满意度调研。

8）信息提供。提供的信息应是与客户利益相关的，包括：

① 客户从事职业的相关信息。

② 新的汽车或道路法规。

③ 路况信息。

④ 客户感兴趣的相关信息。

（2）建立与巩固客户群　建立客户群的目的是实现现有客户向满意客户转变、满意客户向忠实客户转变、忠实客户向终身客户转变。

1）巩固老客户、吸纳新客户。客户群是由老客户和新客户共同组成的群体。建立客户群的基本方法是在巩固老客户的基础上吸纳更多的新客户。

① 巩固老客户的重要性。汽车维修企业要提高业绩，不仅要开发新客户，还要巩固老客户，巩固老客户对开发新客户具有重要作用。通常，利用电视、网络、报纸、企业视觉形象等传播工具可以引起消费者的关注，为进一步使消费者产生兴趣、激起消费欲望，消费者的口头宣传则更为有效；尤其是在比较阶段，老客户若从旁赞成，则收效更大。显然，“口碑”的影响力可为企业创造新的业绩。

② 巩固老客户吸纳新客户的方法包括以下四种：

a. 友会制度。采用友会制度，可以提升客户的忠诚度，以便长期稳定客户。友会包括车友会和客户教室两种形式。其中，客户教室除了稳定老客户外，还可向客户传授车辆使用维护方面的知识。

b. 客户登记制度。登记现有的客户或有可能惠顾的客户，每逢有宣传节目、优惠活动，便寄送有关资料或优惠券，借以建立关系。

c. 卡券制度。对于特定的老客户，可赠送记名购物卡或购物券，凭卡卷购买物品，亦可享受折扣优惠。

d. 会员制度：对于特定的会员客户，提供特定服务的制度。

2）建立汽车俱乐部。汽车俱乐部是建立客户群的一种好方法。汽车俱乐部是一种与现代社会相适应的专业化的、网络化的汽车服务保障体系，俱乐部以会员制形式为客户提供服务。汽车俱乐部的服务项目、运作方式等可根据各维修企业自身的不同情况而定。江苏某家汽车俱乐部的标志如图 1-15 所示。

① 汽车俱乐部的服务项目：

紧急抢修，拖车救援。

免费的车辆性能检测和安全检查。

维修费用折让。

协助处理交通事故及交通违章。

车务提醒服务。

代办车辆年检。

代缴各种费用。

代理补办车辆证件遗失、车辆过户等业务。

提供汽车代用及租赁服务。

提供各种咨询服务。

图 1-15　汽车俱乐部标志

进行汽车美容或装饰，给予折让优惠。

代办车辆保险及证照审验。

代办变更车辆注册（更换车身、改变颜色、更换发动机）等手续。

协助车险理赔服务。

不定期举办各种汽车沙龙活动。

② 汽车俱乐部入会及退会：

a. 入会时所填写和提供的有关资料必须真实、有效。

b. 汽车维修企业可为俱乐部会员发放会员卡，以车牌号为统一标志，即一车一卡、专卡专用；为了区别不同类型的会员可分别制定金卡、银卡或普通卡。

c. 申请加入俱乐部的会员应交纳会费，金卡、银卡或普通卡会员交纳的会费标准不同。维修企业在举行优惠活动时，可免费发放普通卡，对一些特殊顾客也可免费发放会员卡。若在本企业消费满一定金额，普通卡会员即可升级为银卡会员，银卡会员可升级为金卡会员，以此类推。

d. 会员卡有效期为一年，在期满前需交纳次年服务费并进行续卡登记，逾期视同放弃会员资格。

e. 会员自入会之日一个月内，如对俱乐部的服务不满意，可到俱乐部办理退会手续。

③ 汽车俱乐部会员义务

a. 提供有效的身份证、驾驶证、行驶证及年检合格的车辆，用于办理入会手续。

b. 要求会员到俱乐部所属企业维修及更换配件。

c. 自觉遵守俱乐部制定的各项规章制度。

④ 会员奖励方法：会员奖励方法包括会员积分和减免会费。

a. 计算会员积分的具体方法可为：会员到维修企业维修或更换配件，每消费 100 元积一分；会员的亲友持会员卡到俱乐部维修，俱乐部照常为会员积分；老客户介绍一位新客户入会积 5 分；购买全车综合险积 10 分。

b. 会员奖励的具体方法可采用：每积一分折合人民币若干元，积分可在俱乐部作为维修费或备用件费用使用；积分达到 1000 分，送数码相机 1 部；积分达到 10000 分，奖励笔记本式计算机 1 台等。

c. 一年内没有享受俱乐部服务的会员，年末可退还一定数额的会费；在次年续会时，还可享受一定会费的优惠，从而保留并吸引更多的客户。

注意：汽车俱乐部在运行过程中，对如下问题应高度重视：

① 应当按当地规定参加车辆年检和驾驶证年审，会员若漏检漏审，可要求俱乐部协助补办，但要给予俱乐部一定的宽限和理解（因补办手续非常繁琐）。

② 会员车辆在全封闭的高速公路上需紧急救援服务的，鉴于高速公路管理的特殊性，俱乐部可能无法提供援助，但应提前告知会员，并请会员给予谅解。

（3）进行客户档案管理

1）客户档案的建立方法。客户档案是企业的重要资源，建立客户群的一个主要方法就是利用好客户档案。为此，应做好以下三个方面的工作。

① 销售记录。查阅企业销售记录是一个最直接、最简便的方法。从原始销售记录中，可以看到现有客户和曾经的交易伙伴的名单，还可以发现企业的客户类型。

② 车辆管理部门档案。从车辆管理部门直接提取所需的车辆档案，便于对已有的、潜在的客户进行关怀和发掘，从而不断扩大客户群，以利于企业的长期发展。

③ 维修服务登记。在建立客户名录档案时，很多企业都采取请客户自己登记的方法，

以获得更多、更准确的客户信息；但很多客户不愿意花费时间和精力来填写登记卡，即使填写了也难以保证完整性和准确度。对此，企业可采取一些奖励的措施，如填表后赠送工时费或小礼品等。

2）客户档案分析。在掌握了客户的档案信息后，就要及时着手分析客户档案。客户档案分析的内容取决于客户服务决策的需要。一般来说，常用的客户档案分析内容有需求和购买行为分析、构成分析、信用分析和对企业的利润贡献分析等方面。

① 客户经济状况分析。利用客户档案记录内容能够详细、动态地反应客户的行为及状况的特点来进行客户经济状况分析，以确定针对不同客户的不同的付款条件、信用限度和价格优惠等。信用分析也是客户档案分析的重要内容之一，可利用档案中的客户经济情况资料、付款方式、付款记录等，还可以对客户的信用进行定期的评判和分类。对于信用分析中信用等级高的客户，则作为业务发展的重点，并给予一定的鼓励性优惠，如优先服务、特殊服务、优惠价格和信用条件等。这对于加速企业资金的周转和利用，防止出现呆账、坏账十分有效。

② 企业的利润构成分析。客户资产回报率是分析企业从客户处获利多少的有效方法之一。该方法仅从毛利中减去直接顾客成本，包括维修费用、服务费用和送货费用等，而不考虑企业的研究开发、设备投资等费用，从而得出一个客户资产回报率。

③ 收入构成分析。即统计分析各类客户中每位客户在企业总收入中所占的比重，以及这一比重随时间推移的变动情况，用以表明企业服务的主要对象、划分不同规模的客户。这对于明确促销重点、掌握渠道变动情况是十分重要的。

④ 客户地区构成分析。利用客户档案来分析客户地区分布是一种最为普遍和简单的档案分析方法，分析企业客户总量中各地区客户的分散程度、分布地区和各地区市场对企业的重要程度，这是设计、调整分销和服务网络的重要依据。值得指出的是，这种构成分析要利用5年以上的资料，才能反映出客户构成的变动趋势。

（4）提供上门取车和送车服务　在竞争日趋激烈的汽车维修业务中，“上门取车和送车服务”越来越被证明是一种更好地展示企业服务能力和赢得新老客户青睐的重要途径。

客户将车辆送到修理厂都要进行下列既耗费时间和金钱又劳神的工作：

① 开车去修理厂，经常遇到拥堵。

② 车辆不能马上修完，因此又要考虑回程安排，且还要面对无车带来的不便。

③ 要安排取车时间及来厂取车的交通问题。

④ 最后开车回家，又要面对交通拥堵问题。

因此，很有必要向客户推荐“上门取车和送车服务”。即在约定的时间和地点取车，在完成约定的维修工作后，再将车辆送还给客户。此服务可带来如下好处：

① 提高老客户的满意度。

② 增加赢得新客户的机会。

③ 使自己的服务更具吸引力。

④ 改善整个企业的形象。

（5）开展紧急救援服务　实践证明，运转良好的紧急救援服务对提高客户满意度和客户忠诚度、增加企业收入具有巨大的作用。由于要求救援的客户一般是在最困难的时候向维修企业发出救援信号的，因此当他们得到救援服务后，对企业乐于助人的行为将留下深刻的印象，并会发自内心地感激企业。相反，当客户向企业发出求救信息后，如果既得不到企业反馈的信息，又得不到企业的帮助或长时间地等待救援，则会非常生气甚至恼怒，并将对维修企业的生产能力和信誉产生怀疑而最终失去信心。

汽车维修企业要提供良好的紧急救援服务，应具备以下一些条件（某汽车救援网络的标志如图 1-16 所示）：

① 成立紧急救援小组。

② 建立 24 小时值班制度。

③ 设立救援电话，并告知客户电话号码（如图 1-16 所示）。

④ 配备紧急救援车辆。

图 1-16　汽车救援服务标志

（6）为客户提供备用车　备用车是为那些将车辆放在维修厂几个小时到几天的客户准备的一种自驾型出租车辆，以方便客户在维修时段处理一些紧急业务或其他私人事宜。

注：备用车不是免费提供给客户的，可以收取一定的费用，至少应当收回成本。但设立备用车服务的目的在于更好地吸引客户。

四、客户维护管理模拟演练

案例导入　小刘在一家化妆品销售企业的公关部门从事客户关系管理工作，因为本人对汽车的特殊爱好和日益发展壮大的汽车后市场，她于近日辞去了原来的工作，应聘来到一家大型汽车综合维修企业，仍然从事客户关系管理工作。但是工作后不久，她就发现这里的客户和她原来接触的客户完全不同。她原来的客户大多为漂亮爱美的成功女性，只有少数代理商或加盟商为男性；而她现在接触的大部分客户是成功男士或男性有车一族。而且她发现，这里的客户对车辆维修服务的期望值很高，她接待客户的表现和技巧很容易影响到客户的满意度。于是，她便积极主动地向客户部经理学习，并利用业余时间来演练客户关系管理中的各个工作环节。

1. 汽车维修客户维护管理模拟演练设计

1）目标：通过模拟演练，让企业各级领导、客户关系经理、业务接待、生产调度、车间主管、修理工（汽车维修技术人员）、质检员以及门卫等所有人员，理解汽车综合维修企业进行全员全过程客户维护管理的意义及全员进行客户维护管理的各项内容。

2）道具：客户休息室、沙发茶几、报纸杂志、可上网计算机、救援电话及救援备用车辆、对讲机、礼品盒、午餐券等。

3）主要人物：客户部经理、客户信息管理员、门卫、业务接待人员、生产调度人员等。

2. 演练的主要步骤及侧重点

1）相关人员应事先熟悉汽车综合维修企业进行客户维护管理的各项制度措施、具体实施步骤以及主要管理内容。

2）将学生按客户部经理、客户信息管理员、门卫、业务接待、生产调度等岗位分成若干小组，实际演练汽车综合维修企业提高客户满意度的各项措施和改善客户关系的各种方法。

提示：由授课教师担任总导演，以便于演练任务的顺利实施。

3. 汽车维修客户维护管理流程练习

让客户满意是企业经营服务的宗旨，而要实现客户的满意则必须要有满意的员工来服务。只有经过训练的员工队伍，才能保证实现客户的质量满意、时间满意、价格满意和态度满意。当员工对企业有抱怨、心情不顺畅时，就会反映在返修率高、维修质量下降、工期延长、费用增加上。员工的抱怨最后会带来客户的抱怨。

在汽车售后服务企业的投资中，老板只是投资了资金、场地及业务关系等有形资产，而员工则投资了技能和智慧等无形资产，两种资产组合构成了企业的总资产。总资产的运作产生增值和利润。从企业投资的角度看，员工是理所当然的投资者，是企业的股东和主人。图 1-17 所示为汽车综合维修企业为实现客户满意度所设立的 CS 推进组织的主要职能和职责。教师在组织学生进行客户维护管理的模拟演练时，可重点练习客户信息管理及客户维护活动这两个环节。

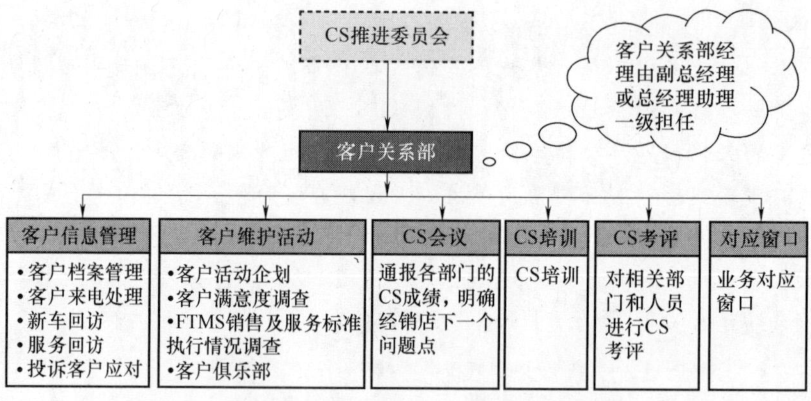

图 1-17　CS 推进组织的主要职能和职责

4. 汽车维修客户维护管理模拟演练评估

汽车维修企业客户维护管理模拟演练的效果，可参考如图 1-18 所示的 CS 战略目标中的“组织的 CS 绩效考核”的项目、内容、方法和流程等。应将评估的重点放在 CS 个人能力的评估上，并根据学生对 CS 推进组织主要职能和职责的熟练程度进行综合评估。

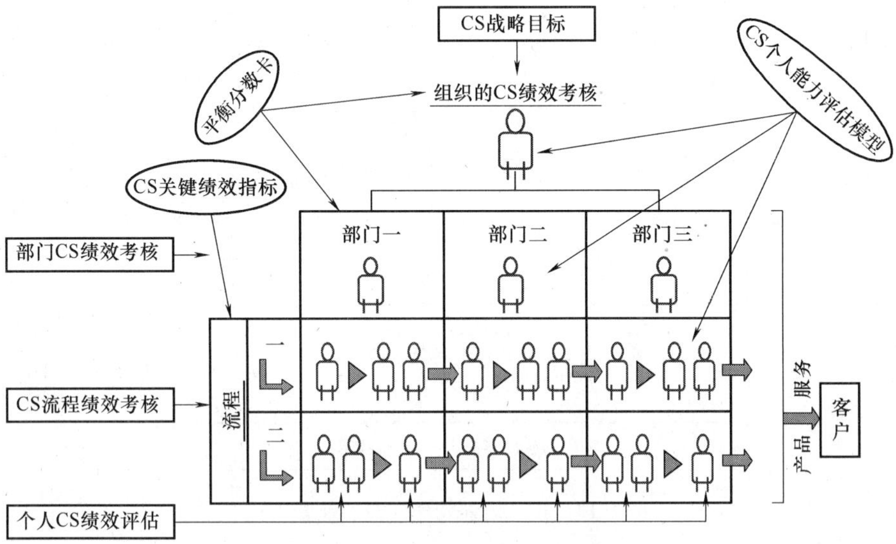

图 1-18　CS 推进组织的主要职能和职责

任务三　技术培训管理

一、技术培训管理概述

1. 技术培训管理的定义

汽车维修企业技术管理是企业管理的重要组成部分，其主要任务包括：建立技术管理组织机构、建立技术管理制度及技术责任制度、坚持技术为生产服务的原则、搞好汽车维修的机具设备管理、搞好修旧利废与技术革新、搞好技术教育和技术培训以及做好技术基础工作七个方面的内容。其中，技术培训管理是指汽车维修企业依据内部制定的各项技术培训的制度和措施，精心挑选企业内部优秀的技术人员（也称内训师、技术专家），充分利用企业的良好设施和设备，对生产一线技术人员（也称维修技师）和相关技术人员进行技术培训，并对培训的计划、实施、效果、质量等环节进行全面控制的过程。

2. 技术培训管理的目标及意义

如图 1-19 所示，进行技术培训管理的主要目的是通过技术培训实现快捷的维修作业、可靠的维修质量和热忱的客户关怀，从而达到提高客户忠诚度的目的。企业对员工，特别是对一线技术人员进行技术培训，对确保维修质量、稳定企业收益和企业运作以及可持续发展具有重要意义。

二、技术培训管理情境设计

现代汽车综合维修企业技术培训管理主要包括内训师的甄选和培养、培训对象的组织和培训内容的确定及实施等管理内容，其管理的场景图片、工作情境以及相关知识见表 1-5。

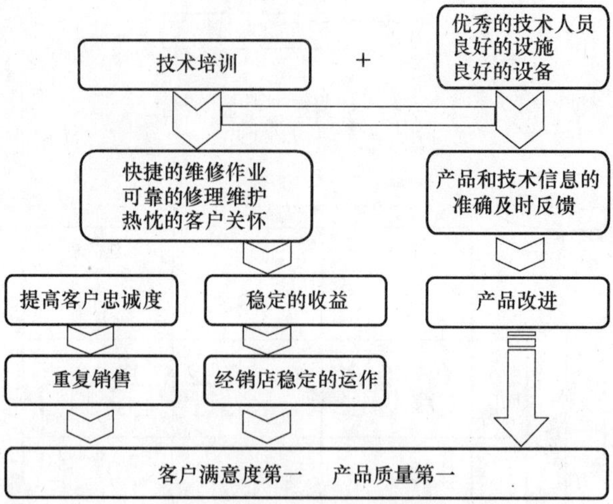

图 1-19　技术培训管理的目的及意义

表 1-5　汽车综合维修企业技术培训管理情境设计

场景图片	工作情境	相关知识
	情境 1：广州某大型综合汽车维修企业，利用广汽集团在华南地区的产业优势及丰田车系在华南地区的巨大保有量，及时改变经营理念，借助自身的地理、设备和人才等有利条件，将过去的什么车都修改为主修丰田车系。但面对丰田车系一直领先的电子控制技术，维修人员总是感觉力不从心，甚至是无从下手。对此，企业多次召开专门会议，讨论研究有关遴选技术内训师的问题	技术专家（技术内训师）的岗位职责： 1）对维修案例的收集、分析、汇总，并及时发送给厂家 2）对业务接待、保修鉴定员提供技术支持；向客户解释技术方面的问题 3）规范车间维修技师的维修工艺操作规范，以及对专用工具及诊断计算机的正确使用。协助车间主管不断改善车间的维修工艺及操作流程，不断提升车间的作业效率 4）协助车间主管对车间技术人员进行考核、技师级别评估、绩效调整等；定期组织车间维修技术交流，不断提升车间整体的技术水平 5）将厂家下发的技术快讯等刊物及时在车间员工间进行转训 6）制订并上报车间维修技师月度培训计划；管理技术文件和技术资料
	情境 2：车间主管小海是一名从车间一线修车工人成长起来的技术能手。因其此前在丰田 4S 店干了 6 年的维修，且拥有良好的语言表达、沟通和组织等能力，在内训师的评估和一线维修技师的推荐下，成了该企业的技术内训新生力量 由于小海组织的培训内容紧贴实际，讲解得又通俗易懂，所以年轻的技师们每次听课都非常认真，技术水平提高得都很快	现代汽车维修技术人员的职责： 1）在汽车故障的处理过程中，关键的环节是诊断。在医院，诊断是由职业医生作出的；而在汽车维修企业，故障诊断则应由维修技术人员自己或借助于某些诊断仪器来作出。因此，从某种意义上来说，维修技术人员扮演着“汽车医生”的角色 2）医院的医生需要经过正规、系统的培养；同样，汽车维修企业的维修技术人员也需要经过正规、系统的培养 3）“汽车医生”面对的是装有各种电子控制系统、电子控制单元（计算机）以及高度机电一体化的现代汽车。因此，并非什么人都可以进入汽车维修技术人员队伍。汽车维修技术人员必须具有一定的专业知识为基础

（续）

场景图片	工作情境	相关知识
	情境3：某汽车综合维修企业为了增强培训效果，专门开辟了理实一体化技术培训室；而且还配备了解码器、计算机多媒体、示教板以及线路检测板等仪器设备；并采取每3～4人为1组、配备1名技术内训师的方法来进行针对性的技术培训 由于措施得力、方法得当，该方法大大提高了培训的效果，从而强化了一线维修人员的技术，并提高了服务质量和客户满意度	现代汽车维修的理念和方式： 1）以诊断、检测为主，更换新件、缩短车辆的在厂维修时间已成为新的维修理念和维修方式 2）由于汽车电子控制技术的大量运用和机电一体化程度的不断提高，汽车维修技术已发生了革命性的变化。汽车维修正演变成为"性能检测、故障诊断、换件修理"这样一种全新的模式 3）在现代汽车维修中，有故障的车辆先用检测诊断仪器或设备进行相应的检查；而后由维修技术人员基于自己的知识能力和经验，对检查结果进行综合分析后再作出相应的诊断；接下来由主修人员独立或指导辅修人员完成故障排除或维修任务

三、技术培训管理任务实施

汽车工业的发展，特别是零部件工业的飞速发展，已经彻底打破了过去那种汽车配件供应极其短缺的局面，那种以旧件修理和无限度延长汽车使用寿命为目的的维修理念、维修方式已成为历史。从保护环境、节约能源、安全快捷、可持续发展的观念出发，老旧汽车被强制报废、定期拆解维修已不再是科学的维修方式，取而代之的是"定期检测、强制维护、视情修理"的技术政策。其中，汽车故障诊断已成为修理作业的核心内容，它要求维修技术人员有一定的理论基础、专业知识和丰富的实践经验。因此，在汽车维修企业的七大技术管理任务中，技术培训就成了中心内容。另外，通过企业调查发现，凡是经营业绩好、发展迅速的汽车维修企业，其维修技术人员均接受过系统的专业知识培训，且通过多年的工作积累掌握了丰富的实践经验；反观那些业绩较差、停滞不前甚至濒于倒闭的企业，维修人员大多是学历低、素质差且可培养性不佳。有关技术培训管理任务的实施，下面以上海通用汽车特约售后服务中心《内训管理规范》的相关内容为例进行介绍。

1. 技术培训管理的作用

汽车维修技术培训管理可大幅度提高企业的整体维修技能。优质的汽车技术服务必须依靠高素质的维修人员、先进的仪器设备、完善的维修制度和科学合理的作业流程才能达到既定的效果，而高素质的维修人员则是保证维修质量的根本。因此，提升汽车维修技术人员的素质是技术培训管理最重要的任务之一。

2. 技术内训师的资格与遴选

（1）技术内训师的资格　技术内训师（Authorized Service Center，缩写为ASC）应具备：大专以上学历，三年以上汽车维修经验，熟悉计算机操作，具有良好的语言表达、文字书写及交流沟通的能力。

（2）技术内训师的甄选　技术内训师的甄选除符合上述资格外，还需经过岗位认证部门（FMC）的认可，方能任用。技术内训师须接受SGM（全称为Shanghai General Motors，即上海通用）培训中心的专业讲师培训，经评估（评估表见表1-6）合格后，方能上岗。

表1-6　SGM售后服务中心内训师评估表

目　的		对内训师及其授课技巧进行课后评估						
时　间			课程编号					
讲师姓名			评估人签字					
培训人数		评估标准	评估等级					评估标准
评估项目		低←	1	2	3	4	5	→高
课前准备	1）教室	无准备						准备完善
	2）教学视觉辅助用品	无准备						准备完善
	3）课程目标讲解	不清楚						清楚
介绍	1）开场白及简介的效果	不能吸引学员						完全吸引学员
	2）课程简介	不清楚						清楚
讲师知识水平	1）对课程目的的掌握	模糊不清						十分清楚
	2）对课程内容的了解程度	模糊不清						十分清楚
	3）对课程中练习主题的了解程度	模糊不清						十分清楚
	4）对课程内容的创意程度	没有创意						很有创意
	5）能依课程内容顺序清楚讲授	无条理						有条理
讲师授课能力	1）互动式教学	无						有
	2）眼神交流	有限						全神贯注
	3）使用的培训资料及视觉资料	不专业						专业
	4）鼓励学员参与	不鼓励						鼓励
	5）处理学员抗拒的能力	弱						强
	6）肢体语言	生硬、不自然						自然贴切
	7）表达能力	差						优秀
	8）说服能力	弱						强
	9）能解释抽象的名词	差						优秀
	10）课堂氛围	沉闷						生动
	11）时间控制	差						优秀
	12）课题间过渡	差						优秀
	13）课间休息	不合理						合理
	14）课堂游戏	无效						有效

总评语：（说明需改善的事项）

3. 技术内训师的培养

技术内训师必须参加SGM培训中心组织的内训师培训课程，以培养自己的内训组织、规划与教学能力。SGM培训中心不定期举办内训师新课程培训（PBT——印刷本培训教材、VBT——录像片培训教材、CBT——计算机教学培训教材），所有内训师需按时参加，经培训测试合格后即可获SGM授权回单位转训。图1-20为上海通用汽车特约售后服务中心的内训师评估、认证流程。

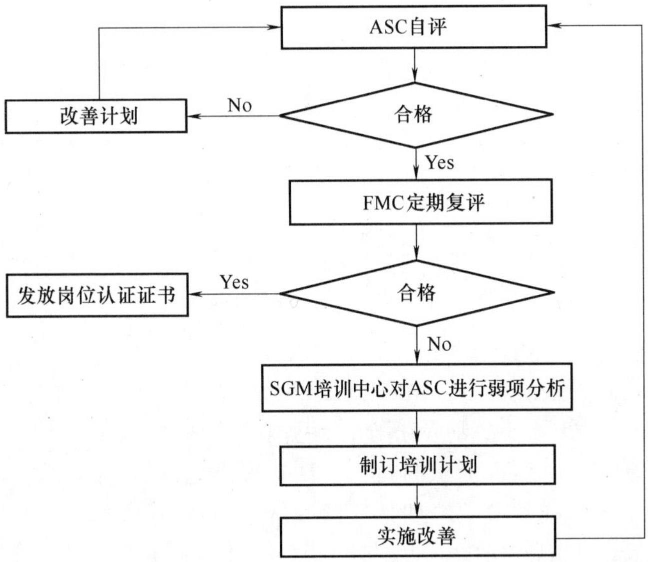

图1-20　上海通用汽车特约售后服务中心内训师评估、认证流程

> **注意：** 技术服务内训师接受新课程培训后，将同时取得相关形式的教材及教学工具；各技术服务培训经理应妥善保管教材及教学工具，并列为机密文件，严禁外流。

4. 技术内训管理规范

（1）内训计划的制订

1）ASC需由培训经理自行制订年度与月度内训计划（见表1-7）及预算，并按审核程序提交站长及总经理审批。

2）经总经理审批后的内训计划，应以电子档形式备案。

3）年度计划与目标，依年度业务发展计划（BPD即Business Plan Development）中有关人力资源发展的部分进行详细规划。

4）维修技工的技术培训每月应在8小时以上。

注：其他服务人员年度平均内部培训时间应达40小时/人以上。

（2）技术人员内训的基本内容　技术人员内训的基本内容按上岗前和在职进行分类。一般来说，上岗前的技术人员需进行共计60h的技术Level 1（第1阶段）课程培训；而在职技术人员则需分别进行每种新车型至少2h的培训，并需依课程规定进行专业知识工作技能提升专项培训。

表 1-7　售后服务中心内训________月度计划表

培训课程名称	授课讲师	课时长度/小时	参训岗位	参训人数	上课时间		授课地点	预算/元
					起始	结束		
	总经理： 日期：			站长： 日期：			培训经理： 日期：	

（3）技术人员内训的实施　ASC 依据月度或年度计划，由内训师展开内训课程的培训。内训师实施内训工作的重点内容如下：

1）向员工传授自学教材（PBT、VBT、CBT）的使用方法，对员工自学的课程应监督其自学进度及理解程度，并从旁协助及引导，以提升自学效果。

2）每季度定期举办一次新进员工的内部培训，每次培训的人数最好在 5 人以上。

3）有关其他新车的培训及专项培训则依据 SGM 的要求开展。

4）内训师接受新课程培训回单位后，应按 SGM 的要求在规定时间内完成内训。

提示： ① 内训师的人选以专职为主，若无适当人选，可由站长指定兼职人员。
② 内训师需取得 SGM 上岗合格证后才能执行内训工作。
③ 内训师离职前，必须事先向 SGM 相关人员报备。
④ SGM 培训中心将不定期进行内训师的绩效考核，以确保内训机制的成果。
⑤ 对不适任的内训师，SGM 有关部门有权要求重训或撤职。

四、技术培训管理模拟演练

案例导入　小邱到某综合维修企业担任内训师以前，一直在一家高等职业技术学院担任汽车专业双师教师，主要讲授汽车新技术方面的知识。此前，他面对的是一群经过高考进来的理论基础大致相同、年龄相仿的大学生；而现在，他所面对的是一个年龄相差悬殊、知识结构不同、实践经验有较大差异的群体。起初，他还是用以往的教学方法对企业维修人员进行技术培训，可面对一线维修技术人员的一脸茫然，他感觉到自己的教学方法存在问题。于是，小邱主动找到主管领导要求给予点拨，并建议企业应事先安排资深内训师对新进的内训师进行强化培训，然后再由新进内训师对维修人员进行技术培训，以免影响内训效果。

1. 汽车综合维修企业技术培训管理模拟演练设计

1）目标：通过模拟演练，使内训师熟悉汽车综合维修企业建立技术管理组织机构、技术管理制度及技术责任制度的方法和措施；掌握对相关技术人员进行技术培训并对培训的计划、实施、效果、质量等环节进行全面控制的各项管理能力。

2）道具：教鞭、白板、投影胶片或PPT、挂图、投影机、视频录像或照片、书面资料、实物、教具、模型等。

3）主要人物：内训师、车间主管、汽车维修技术人员、质检员等。

2. 演练的主要步骤及侧重点

1）相关内训实施人员应事先熟悉汽车综合维修企业内训计划的制定措施、实施方案以及基本内容。

2）将学生按内训师、车间主管、汽车维修技术人员、质检员等岗位分成若干小组，实际演练汽车综合维修企业技术人员进行岗前和岗后内训的基本内容。

提示：由授课教师担任内训师，以便于演练任务的顺利实施。

3. 汽车综合维修企业技术培训管理的内容及流程练习

有关汽车综合维修企业技术培训管理的内容及流程练习，现以一汽丰田汽车售后服务企业的内部培训为例进行介绍。

一汽丰田汽车售后服务企业内部培训的六个实施步骤如下：

第一步：确定培训需求。需要考虑的问题有：

① 培训的最主要目的是什么？

② 受训者现在都承担什么工作？

③ 关键的技能要求是什么？

④ 如何衡量培训者的实习表现和受训质量？

⑤ 培训者希望从培训中收获什么？

⑥ 你的（培训者的）上司希望通过培训得到哪些改善？

第二步：如何开发课程。安排的培训内容为：

① 确定课程的题目。

② 制定每个培训阶段的目标。

③ 安排每个培训阶段的内容。

④ 制定培训方法。

⑤ 准备培训所需材料。

⑥ 确定培训顺序和组成内容。

⑦ 每个培训阶段的时间分配及休息时间的安排。

⑧ 选派每个培训阶段的担当导师。

⑨ 确定基本的课程设计方法：

a. 确定培训需求。

b. 确定主要内容。

c. 确定详细内容。

d. 确定培训方法和材料。材料包括：培训计划、培训课程表、培训准备材料清单、导师课程计划。

第三步：确定每个阶段的培训方法。

1）培训方法。

① 讲解。

② 互动式讲解。

③ 实操演示。

④ 分组练习。

⑤ 观看录像。

2）厂内培训的特点。

① 可以有针对性地对重点内容进行指导和改善。

② 培训后改善的效果能够及时得到反馈。

③ 培训的地点和方式可以现地现物。

④ 需要考虑人员和时间安排不能与车间生产冲突。

⑤ 练习车辆和工具材料受限制。

第四步：准备。在开始培训之前，需要确认：

① 所有参考资料和手册是否准备好了。

② 培训场地、座位是否确定。

③ 熟悉教室的灯光、空调等环境因素。

④ 检查需要的工具和设备。

⑤ 检查并确认培训者的名单和状态。

⑥ 检查并制订课程计划和材料清单。

⑦ 进行课程讲解的练习。

⑧ 进行作业演示的练习。

第五步：实施培训。

① 确定培训的目的，说明培训课程总的意图和方向。

② 明确培训的目标，说明培训者通过培训可以获得的明确的结果、效果及能力。

③ 如图 1-21、图 1-22 所示，为开展四段式的培训课程循环示例。

第六步：跟进。

1）目标。

① 确认培训效果：对实际工作是否有帮助？

② 了解培训需求：是否需要进一步的指导？

③ 确定改善方向：下一次培训需要哪些方面的改善？

2）跟进的责任者。

① 导师。

② 维修经理、服务部长。

③ 一汽丰田培训师。

3）方法。

① 直接了解。

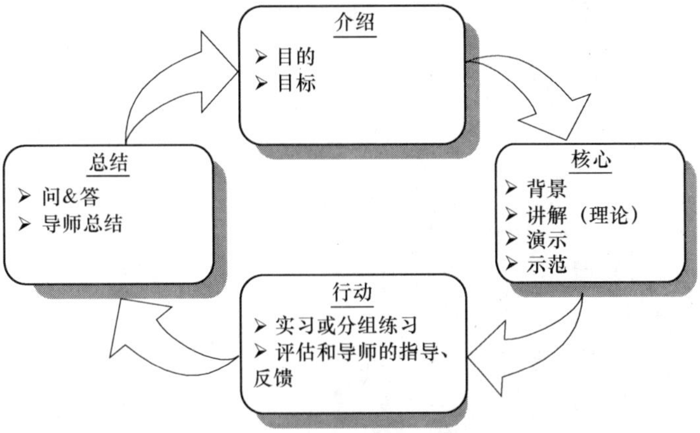

图 1-21　内部培训实施步骤 1

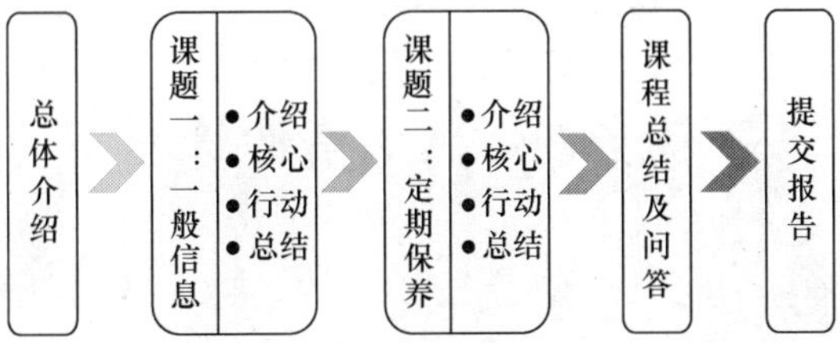

图 1-22　内部培训实施步骤 2

② 问卷调查。

③ 提交报告。

4. 汽车综合维修企业技术培训管理模拟演练评估

关于汽车综合维修企业技术培训管理模拟演练的效果，可参考一汽丰田汽车销售有限公司内部受训员工对内训师的喜好及内训师所应具备的基本素质进行评估。

（1）受训者喜欢的内训师

1）有自信，能够充分理解课程内容以及受训者的技能水平和工作环境。

2）运用多种培训方法。

3）了解并能提供和受训者技能水平相适应的培训方法。

4）具有良好的沟通技巧。

5）鼓励大家讨论、练习。

6）鼓励受训者说出自己的观点。

7）明确说明培训的目的并能帮助受训者改善技能水平。

（2）受训者不喜欢的内训师

1）有理论知识，但是不了解门店和市场的状况。

2）说话太快或太慢，音调单一平淡。

3）内容太多，面面俱到。

4）采用“说”和“告诉”的方式，忽视学员的反馈、问题和讨论。

5）以居高临下的姿态和带有优越感的方式授课。

6）在黑板上书写板书时，字太小或太乱。

7）午餐后播放长时间的演示或录像资料。

（3）内训师应具备的基本素质

1）具有相关的知识、技能和经验。

2）着装整洁、合体、规范。

3）具有良好的人际关系和沟通技巧。

4）懂得如何运用声音作为有效的培训工具。

5）在做重要讲解时，站立并面向大家。

6）营造融洽的氛围，平等对待每一个受训者。

7）询问受训者意见，让受训者参与培训过程。

8）倾听培训者关注的问题和观点。

9）跟进培训计划的实施。

10）绝不会因为受训者做不好或不能理解而指责对方。

任务四　人力资源管理

一、人力资源管理概述

1. 人力资源管理的定义

人力资源是指在一定的时间、空间条件下，现实的和潜在的劳动力数量和素质的总称。人力资源的总体概念既包括劳动力的数量，又包括其素质，更包括它的结构。由此可知，人力资源体现在它的体质、知识、智力经验和技能等诸多方面。

如图 1-23 所示，现代汽车维修企业的人力资源管理是指企业为员工提供自身发展的机会和空间，并给员工提供施展才华的平台，使员工在企业中稳定、健康地成长；同时给予员工合理的薪资待遇，并提供合适的工作、学习和生活条件，使员工在自己的职业岗位上给企业创造价值的过程。

图 1-23　人力资源管理的价值体现

2. 人力资源管理的目标及意义

人力资源管理的历史沿革：劳动管理→劳动工资管理→人事管理→人力资源管理。这种人力资源管理的沿革是改革开放以来，我国的企业从传统企业向近代企业发展，再向现代企业跨进的结果。目前，汽车服务企业人力资源管理的重要目标就是从传统的人事管理中迅速构建起完整的人力资源管理体系，最终实现向战略性人力资源管理的转变。

可以说，一个企业的长久发展离不开人、财、物以及对外合作等四个基本要素，但无论哪个要素都离不开人的作用，人是根本因素。由此可见，人力资源管理在汽车服务企业管理中具有重要的现实意义（见表 1-6 中的相关内容）。

二、人力资源管理情境设计

现代汽车综合维修企业人力资源管理的主要任务是做好人力资源规划及内部人员技术培训，并同时做好从传统的人事管理向人力资源管理转变的各项工作，以实现企业的经营目标。其管理的场景图片、工作情境以及相关知识，见表 1-8。

表 1-8　汽车综合维修企业人力资源管理的情境设计

场景图片	工作情境	相关知识
	情境 1：近几年，中国汽车年产销量均突破 2000 万辆大关，汽车保有量已达到 1 亿辆以上，中国已全面进入汽车社会。随着中国汽车保有量的激增，汽车维修企业的数量也与日俱增。但汽车维修企业员工流动频繁、企业间互挖技术骨干等现象，也不时困扰着维修企业。对此，各地行政主管部门和相关行业协会，也越来越重视汽车维修企业人力资源的开发和利用等问题，并不时召开各种形式的研讨会，以帮助各企业共渡人力资源关	人力资源是一种战略性资源：人力资源的管理关系到一个企业的生存和可持续发展。知识经济的到来和社会的发展增强了对劳动者知识的需求，因此，人力资源，特别是拥有高科技产业相关知识的人才，便成为具有战略意义的资源 人力资源是利润的主要来源：商品的价值由转移价值和附加价值两部分组成。其中附加价值是商品价值对转移价值的差额部分，这部分价值是由劳动创造的，是利润的真正来源。商品的附加价值越高，企业的利润就越大；而期望的附加值越高，就越依赖人力资源的质量和结构。IBM 公司总裁 T. J. Waston 说过："你可以搬走我的机器，烧毁我的厂房，但只要留下我的员工，我就有再生的机会"
	情境 2："21 世纪最贵的是人才""企业的竞争归根结底是人才的竞争"，这些话语从一个侧面说明了，"人力资源是企业最重要的资源"的论断 汽车维修企业面对日益激烈的人才竞争，更加重视对员工的各种培训。培训不仅能够提高员工的综合素质和工作能力，更重要的是能够增强员工对企业文化的认同感，从而不断提高员工对企业的忠诚度，最终实现企业的经营目标	人力资源是企业最重要的资源： 1）企业的发展与员工职业能力的发展是相互依赖的。企业招聘、培训、激励员工的目的就是要鼓励员工不断提高职业能力并愿意运用职业能力为企业服务，从而提高企业的市场竞争力 2）人力资源是有意识、有价值的资源，这正是与物质资源的本质区别所在。当人具有从事工作的愿望时，其工作就会是主动的。因此，如何调动员工的积极性、强化他们对企业的认同感、建立良好的工作价值观，是人力资源管理中一项意义深远的管理任务 3）人是在特定的环境中成长起来的，每个人都形成了与其成长环境有关的生活和心理品质。企业是由许多单个的人组成的有目的的组织，为了有效地实现组织的目标，企业需要有统一的价值观念，即所谓的企业文化

（续）

场景图片	工作情境	相关知识
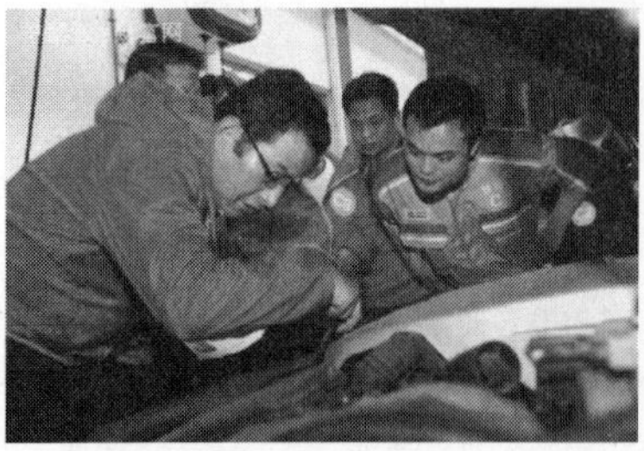	情境3：车间维修技师小邓面对店内几名一流内训师傅的现场轮流指导，显得异常兴奋。小邓全神贯注于每一位老师的手把手指导，生怕错过任何一个细节；同时，他对店里的各种培训机会也非常珍惜，几乎场场都不落	人员技术培训制度是人力资源管理的重要任务： 1）人力资源是企业竞争力中最主要的因素，人的综合素质又是人力资源中的主要因素，各种形式的培训是提高人员素质的有效途径。随着汽车技术的日新月异，新产品、新技术、新装备、新材料、新工艺不断涌现，使培训和学习变得没有止境 2）汽车维修企业的人员技术培训的形式主要有：上岗培训、技术等级培训、技术专题培训、特殊岗位培训以及厂内业务技术性培训等

三、人力资源管理任务实施

从“劳动管理→劳动工资管理→人事管理→人力资源管理”的人力资源的发展阶段来看，我国汽车维修企业的人力资源管理多数仍处于传统的人事管理阶段，并逐步开始从传统的人事管理向战略性人力资源管理过渡。正因为人力资源管理的职能并没有得到充分发挥，所以才制约了现代汽车维修企业的可持续发展。

近几年来，随着各行各业对人力资源管理的不断推进和完善，越来越多的汽车维修经营管理者也开始认为：“现代的人力资源管理就是一个人力资源的获取、整合、保持激励、控制调整以及开发的过程。”更通俗地讲，现代人力资源管理的主要任务就是“求才、育才、用才和留才”。为了满足现代汽车维修企业“求才、育才、用才和留才”的需要，也为了不断强化人力资源管理对企业生存和发展的重要作用，此部分将着重介绍传统人事管理与现代人力资源管理之间的区别、人力资源管理的目标以及现代汽车维修企业“求才、育才、用才和留才”的相关措施。

1. 人事管理与人力资源管理之间的区别

传统的人事管理把人视为一种“成本”、将人视为一个工具，注重的是投入、使用和控制；而现代的人力资源管理则把人视为一种“资源”，注重投入、开发和产出。也就是说，企业把员工作为一种资源，系统地去保护、引导和开发。

下面将我国汽车维修企业管理中最常见的传统人事管理与现代人力资源管理相互并存、互相影响并逐步向现代人力资源管理方向发展的现实情况进行对比，以求对竞争日益激烈的现代汽车维修企业管理有所帮助。具体内容见表1-9。

2. 人力资源管理的目标

（1）做好人力资源规划，实现企业经营目标　人力资源规划的目标是科学地预测和分析本企业在外界环境变化中的人力资源供给和需求的状况，制定必要的措施和政策，以确定自身在需要的时间和需要的岗位上获得各种所需的人才，实现企业的经营目标。人力资源战略规划流程示意图如图1-24所示。

表 1-9　传统的人事管理与人力资源管理之间的区别

不　同　点	传统人事管理	现代人力资源管理
管理重心	强调以工作为重心，员工应该服从安排，强调人要适应工作	强调以人为核心，寻求人与工作相互适应的结合点。
管理概念	视员工为成本	视员工为资源
战略地位	企业行政管理部门	企业战略管理的重要组成部分，销售、财务与人力资源是一家企业的三大支柱
管理模式	"被动性反应"，对员工是操作式管理，谋求对人的控制	"主动开发型"，对员工是策略式管理，谋求员工潜能的发挥
着眼点	着眼于当前员工的招聘、培训	谋求企业的长远发展，在一定时期内，设定投入与产出最佳匹配值的方式、方法
系统性	就事论事，因人设岗	人力资源的开发和管理是一套完整的系统
职能	员工的档案管理、工资发放等事务性的工作	人力资源规划、人才的招聘和培训，员工的考核以及激励

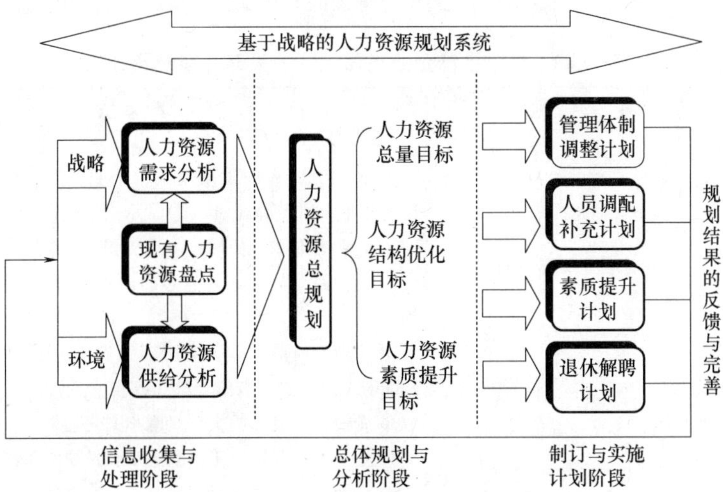

图 1-24　人力资源战略规划流程示意图

(2) 加快从传统的人事管理向人力资源管理转变　汽车服务行业的激烈竞争迫使大多数汽车维修企业不断提高管理水平，实现企业的生存和发展。当原有的人事管理办法已无法适应当前的需要，当汽车维修企业的优秀人才先后离开而去投奔那些"更有发展前途"的企业时，当企业和企业之间人力资源的劳动效率产生鲜明对比时，国内许多汽车服务企业开始感受到，因为人力资源管理不足而出现的巨大落差。我国汽车行业的这种发展变化也迫使汽车服务行业的决策层开始致力于建立一套系统的人力资源管理新体系，以使传统的人事管理向战略性人力资源管理转变。目前，汽车服务企业人力资源管理的重要目标就是从传统的人事管理中迅速构建起完整的人力资源管理体系，最终实现向战略性人力资源管理的转变。

3. 人力资源管理的任务

由上述内容可知，现代企业人力资源管理的主要任务就是求才、育才、用才和留才。如

图 1-25 所示，为汽车维修企业求才、育才、用才和留才的流程及相关措施。其中，“留才”是各个汽车维修企业进行人力资源管理的最重要目标。其相关策略、措施及方法见表 1-10 所示。

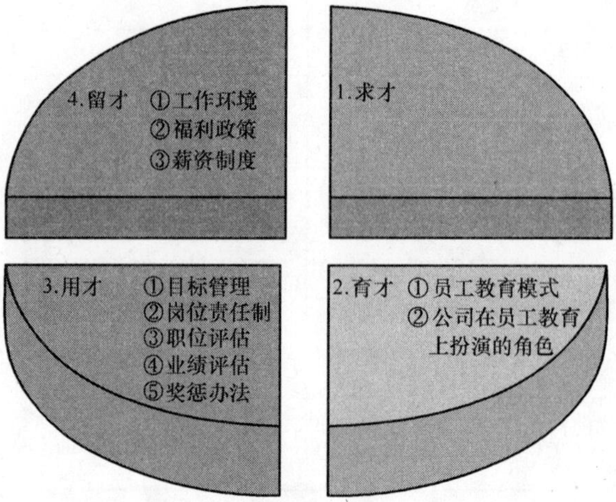

图 1-25 人力资源管理的流程及相关措施

表 1-10 汽车维修企业挽留人才的策略、措施及方法

人才策略	相关措施	具体方法
体制留才	① 目标管理（明确方向） ② 流程管理（澄清职责） ③ 业绩管理（奖惩分明）	① 企业有诱人的发展前景；企业要有一年、三年、五年规划，甚至是十年以上的规划 ② 企业有鼓励积极性、主动性和创造性发挥的健全机制 ③ 企业有令员工比较满意的薪资和福利，如定期聚会、特别福利等 ④ 企业要有能力较强的中层领导，并逐步培养中高层领导；最好能对中高层管理者给予分红或股份 ⑤ 企业要有良好的文化氛围和文化理念 ⑥ 企业要有保证员工不断进步和发展的系统的培训机制 ⑦ 企业要给人才提供比较合适的对口岗位，做到人尽其才 ⑧ 企业要对员工有深厚的情谊；应关注员工的工作环境、饮食生活习惯以及家庭困难等实际问题 ⑨ 企业不仅要用感情留人，更要用完善的制度和法规留人，如用科学的工资制度留住人才 a. 岗位技能工资制（岗位工资 + 技能工资） b. 结构工资制（基础工资 + 职务工资 + 工龄工资 + 业绩工资） c. 提成工资制 d. 计件或计时工资制
环境留才	① 尊重信任（性本善论） ② 走动管理（沟通至尊） ③ 公开交流（建设性冲突）	
事业留才	① 内部择业（一专多能） ② 工作轮换（丰富履历） ③ 择优提拔（鼓励上进）	
感情留才	① 人性福利（风险管理） ② 体育健身（关怀健康） ③ 家庭参与（创造亲和力）	

四、人力资源管理模拟演练

案例导入　老杜以前是一家国有企业的资深人事科长，因赶上企业的“关、转、并、停”运动而下岗了。不甘寂寞的老杜下岗后不久就应聘来到一家大型集体所有制汽车维修企业，从事人力资源的开发和管理工作。凭借自己多年的人事管理经验，他认为搞好人力资源的开发和管理工作是轻而易举的事情。但是工作不久后他就发现，现代维修企业的人力资源管理从内容上、形式上、理念上和方法上都与传统的人事管理有着很大的区别。比如，企业不仅视客户为上帝，同样也视员工为宝贝，而他原先的企业则只是把员工看作劳动力，他平时也只是做做工资表、整理整理人事档案而已。于是，他下决心要好好学习现代维修企业人力资源的开发和管理等知识，并积极参加企业内部的各种业务培训。

1. 汽车综合维修企业人力资源管理模拟演练设计

1）目标：通过模拟演练，使人力资源经理及人力资源开发和管理人员明确汽车综合维修企业展开人力资源管理的目标，熟悉人力资源规划的流程，掌握人力资源管理求才、育才、用才和留才等任务的实施策略、措施及具体方法等。

2）道具：贺卡、生日蛋糕、小礼物、光荣榜、投影机、视频录像或照片、内训技术资料、教具等。

3）主要人物：人力资源经理（或主管）、人力资源开发管理人员、企业领导（经理、厂长）及内训师等。

2. 演练的主要步骤及侧重点

（1）相关人员应事先了解进行人力资源规划时所应遵循的原则、内容及步骤。

1）人力资源规划的原则。人力资源规划的原则，可参照如图 1-26 所示的内容。

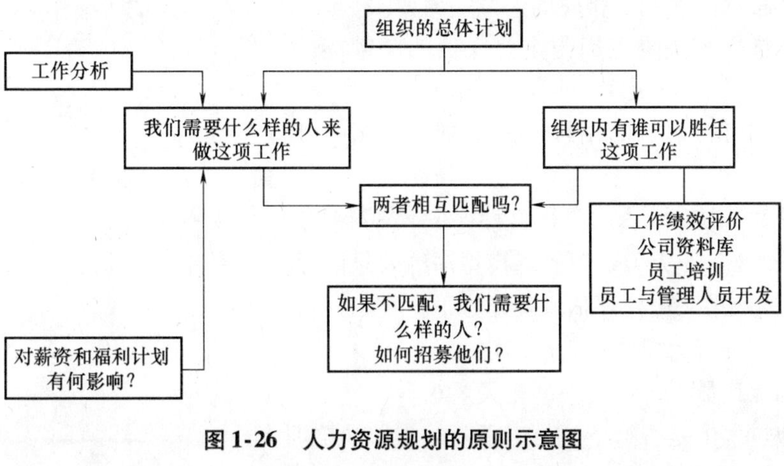

图 1-26　人力资源规划的原则示意图

2）人力资源规划的内容：

① 人力资源管理的总体目标和配套政策的总体规划。

② 中长期不同职务、部门或工作类型人员的配备计划。

③ 需要补充人员的岗位、数量、人员要求的确定及招聘计划。

④ 人员晋升政策、岗位轮换计划。

⑤ 培训开发计划、职业规划计划。

3）人力资源规划的步骤：

① 搜集有关的信息资料。

② 人力资源需求、供给预测。

③ 确定人员的总需求。

④ 确定人力资源目标。

⑤ 制定具体规划。

⑥ 对人力资源规划进行审核、评估。

⑦ 进一步改进工作。

（2）相关人员应事先熟悉人力资源规划的流程以及人力资源管理求才、育才、用才和留才等任务的实施策略、措施及具体方法等内容。

（3）将学生按人力资源开发管理人员、企业领导（经理、厂长）及内训师等岗位分成若干小组，实际演练汽车综合维修企业开展人力资源管理的求才、育才、用才和留才等任务的实施过程。

提示：由授课教师担任人力资源经理，以便于演练任务的顺利实施。

3. 汽车综合维修企业人力资源管理的内容及流程练习

汽车综合维修企业人力资源管理的内容，可参考上述演练的主要步骤及侧重点中的相关内容。其流程练习可参考如图 1-27 所示的汽车维修企业人员管理模式图进行“查缺→补漏→提升→再查缺”。其具体实施方案如下：

① 查缺。根据岗位确定相应的岗位能力要求。

② 补漏。优先解决重点岗位重要人员的关键能力要求。

③ 提升。制订针对性的培训提升计划，并组织评估验证。

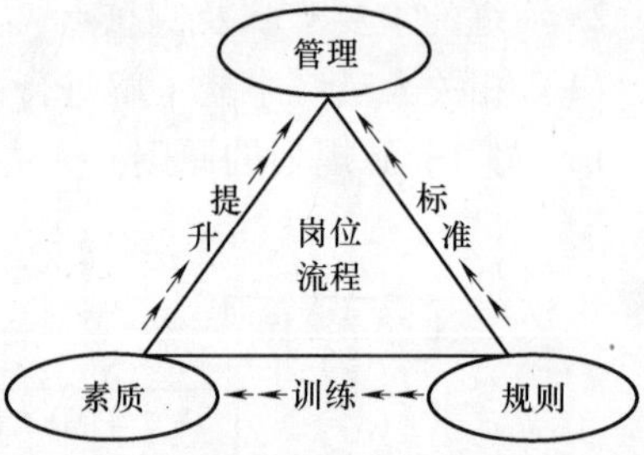

图 1-27 汽车维修企业人员管理模式图

4. 汽车综合维修企业人力资源管理模拟演练评估

汽车综合维修企业人力资源管理模拟演练效果的评估，可参考相关人力资源管理人员与员工进行沟通的效果来进行评估。具体如下：

① 工作规范及行为规范是否已确定。

② 是否确保让员工了解、理解相关要求。

③ 在实施过程中是否给予了员工必要的指导和培训。

④ 针对实施情况是否组织过检查、评估和验证工作。

⑤ 是否实施了必要的措施以进行改进。

⑥ 是否对责任人采取相应的管理措施并进行考核。

任务五　汽车配件管理

一、汽车配件管理概述

1. 汽车配件管理的定义

在汽车商务和汽车售后服务企业中，通常把汽车的零部件和耗材统称为汽车配件。汽车配件具有品种繁多、代用性复杂、识别体系复杂及价格变动快等特点。

汽车配件管理就是指围绕汽车配件的订货、采购、验收、入库、出库、盘点和保管为中心而开展的一系列活动；其主要内容是配件的订货管理、配件的采购管理以及配件的库房管理。其中，配件的库房管理是汽车服务企业管理的一项重要内容。因此，负责库房管理的人员，应该受过严格的训练和系统的培训后才能胜任。

2. 汽车配件管理的目标及意义

通过对汽车配件进行有效管理可实现保证库房以及配件的安全有效、保证配件出入库数量的准确性、保证配件出入库的及时性、降低配件占用的周转资金、合理利用库房空间以及给财务人员提供精确的依据等管理目标。

从维修管理的角度来讲，配件合理仓储是保证正常维修销售的重要部分。仓库存储越完备，则配件的后备利用机会就越多。但是库存的存在又是对资源和资金的占用，但为了有效地防止或缓解供需矛盾，库存又是必须存在的。由此可知，合理分配资金与仓储的比例是配件库房管理的重要内容，因此，汽车配件的管理对汽车维修企业的生存和发展具有重要意义。

二、汽车配件管理情境设计

现代汽车综合维修企业汽车配件管理的主要任务是做好汽车配件的订货、采购以及库存等管理工作，以保证维修质量和实现企业的经营目标，其场景图片、工作情境以及相关知识，见表1-11。

表1-11　汽车综合维修企业配件管理的情境设计

场景图片	工作情境	相关知识
	情境1：仓管小胡平时工作非常认真，他所管辖的轮胎仓库被整理得井井有条，轮胎均按技术要求进行垂直摆放，不仅防止了轮胎的变形，而且非常好找易取 但是有一天，面对工商管理人员例行检查时所提出的何谓汽车配件、何谓必装件、何谓装饰件等问题时，小胡却不知如何回答，对轮胎品牌就更是知之甚少，对其性能特点也几乎一无所知	汽车配件按照用途可以分为必装件、选装件、装饰件和消耗件四类 1）必装件是指汽车正常行驶所必需的配件，如转向盘、发动机、轮胎等 2）选装件是指非汽车正常行驶必需的备件，但是可以由车主选择安装以提高汽车性能或功能的配件，例如CD音响、氙气前照灯等 3）装饰件又称精品件，是指为了汽车的舒适和美观而加配的配件，一般对汽车本身的行驶性能和功能影响不大，例如香水、抱枕等 4）消耗件是指汽车使用过程中容易损耗和老旧、需要经常更换的备件，如机油、前风窗玻璃清洁剂、冷却液、制动液、刮水器等

（续）

场景图片	工作情境	相关知识
	情境2：越来越多的客户到厂办理完维修手续后，喜欢到汽车精品区转一转。面对琳琅满目的汽车配件，许多客户都看花了眼。而有购买意向的车主，更关心的则是配件的来源问题 配件销售主管小高面对客户对配件来源的咨询时，对哪些是原厂件、哪些是副厂件讲解得不是十分清楚，使得本来有购买意向的客户最终打消了购买念头	汽车配件按照生产来源可以分为原厂件、副厂件和自制件三类 1）原厂件是指与整车制造厂家配套的装配件 2）副厂件是指由专业配件厂家生产的，虽然不与原厂件配套安装在新车上，但也是按照制造厂标准生产的，是达到制造厂技术指标要求的配件 3）自制件是指配件厂家根据自己对汽车配件标准的理解自行生产的，其外观和使用效果与合格配件相似；但是其技术指标由配件制造厂自行保证。自制件是指与整车制造厂无关的配件
	情境3：仓管老刘此前一直在一家五金公司作仓库保管员。他管理仓库的经验是：将体积大、质量重的物件放置于底部不明显处，而将体积小、质量轻的物件放置于高处的显眼位置 老刘到了现在这家汽车维修企业当仓管员后，照搬了以往的经验，结果却受到了配件主管的严厉批评，原因是他根本没有搞清楚常备件和非常备件的保管原则	汽车配件的其他分类方法 1）按照使用周期和库存要求，汽车配件可分为常备件和非常备件 2）按照材质可分为金属配件、电子配件、塑料配件、橡胶配件、组合配件等 3）按照供销关系可分为滞销配件、畅销配件、脱销配件等 4）按照配件安装的位置可分为发动机配件、变速器配件、空调配件、制动系统配件等

三、汽车配件管理任务实施

汽车配件管理的主要任务是使配件主管、仓库管理员等相关人员熟悉汽车配件的订货、采购以及仓库管理等相关知识及具体操作内容。

1. 配件的订货管理

一辆汽车的零配件数量可达数万个，而任何一家维修企业都很难保证每种配件都储备大量库存，因此，当客户来厂时，库存是否充足是不确定的。汽车维修企业或者汽车配件商都力图用最少的资金占用量来取得最大的经济效益。所以，用最少的资金保证供货及时是配件订货的原则。

（1）订货时间早晚的确定　订货过早、数量过多，可能造成库存占用流动资金过多，存储成本加大；订货过晚、数量过少，则库存缺货严重，可能影响生产，造成客户流失，减少了售后服务的利润。订货时间及数量还需要综合近期的出入库情况以及外界各种综合因素进行考虑，如：市场上车辆的销售情况、天气原因、零配件的价格波动等。

（2）订货品种与数量的确定　订货数量的多少是关系到企业库存资金占用多少的重要因素。一些管理比较规范的汽车维修企业每隔一段时间就会对配件进行盘点，然后得出库存的准确数量；对前段时间的库存进行比较分析后，再得出本次应该订货的商品数量。

（3）订货方法的确定　根据企业对配件的实际需要与现有库存情况的对比，其订货方法有很多，如：定期订货、紧急订货、临时补货等。

1）定期订货。定期订货是指在掌握企业某段时间内的配件平均需求的前提下，结合客户的预定品种及数量，同时参照现有库存数量品种进行订货的方法。定期订货应尽可能地保证配件的订货需求能满足一段时间内绝大多数可预测的需求。

2）临时补货。临时补货是指当库存的配件低于库存警戒数量的时候，要进行临时补货，保证库存有足够的数量以备使用。这类配件一般都是比较常用的，因此，在库房内备有足够的库存十分有必要。

3）紧急订货。紧急订货是指当客户来店时，其所需要的配件的数量、品种不能得到满足，此时，维修企业就应根据客户需求快速制订订货计划并马上进货，从而不影响维修进度，以免客户流失。

（4）供货商与供货地点的确定　对供货商与供货地点的选择是非常重要的。一般来说，应选择正规的、信誉良好的厂家或者配件供应商，最好是选择有长期合作关系的供应商。供货地点尽量遵循先市内后市外、先国内后国外的订货原则，这样可以尽量节约物流费用与时间，还可以规避一些可能存在的法律法规风险。

注意：订货的时候应签署订货合同。如果是金额较大的订单，还应缴纳订金后才能正式下订单，以免发生法律纠纷。

（5）配件价格的确定　一般来说，订货工作中应进行询价。询价工作是“货比三家”的有效手段，也是企业寻找合适供应商的基础。各个企业的询价制度不尽相同，但是按照常规，普通商品至少要询价三家以上（如图1-28所示），重要商品则应询价五家以上。在大多数企业中，订货和询价是由同一个部门进行的，但是最好交由不同的人员进行。目前，订货询价基本上均由计算机管理系统来完成。

提示：在计算机管理系统中，询价和订货可以在一个功能模块中进行；当然，其中的步骤可以按照企业的制度，分派不同的人员配合完成。

2. 配件的采购管理

配件采购与订货类似，首先要考虑近期各个品种配件的库存和出库情况，包括数量、品种、规格、型号、质量等。根据市场不同时期的需求，也可以根据销量高低相应地调整配件的进货量。

目前，大多数汽车维修企业均借助计算机管理系统来管理汽车配件的采购、库存和出库，如图1-29所示。

（1）供应商的选择　选择供应商时，应考虑各个方面的因素，比如产品的质量、配件的报价、服务水平、保修情况、生产技术能力以及管理水平等。

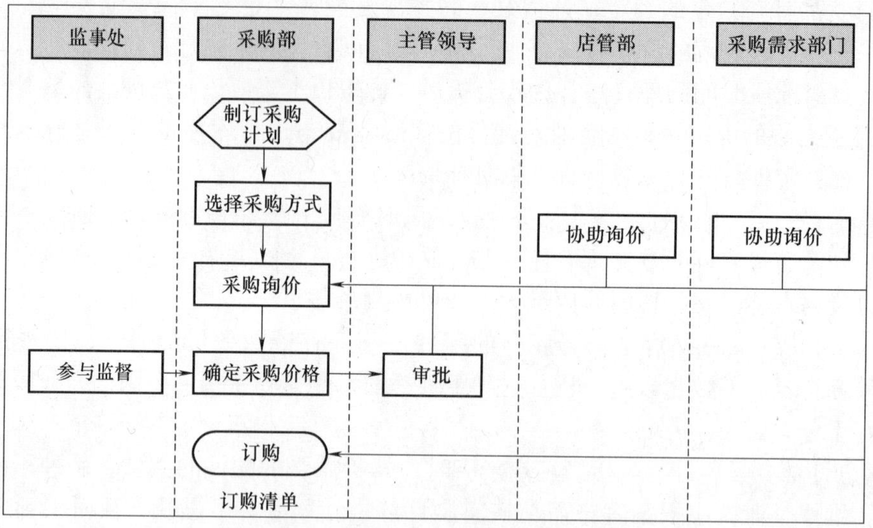

图 1-28　确定汽车配件价格的询价示意图

图 1-29　采购入库管理操作界面

1）产品质量是衡量供应商好坏的重要标准。对于配件供应商来说，配件质量的好坏直接关系到企业的信誉，如果供应的配件质量低下，企业就很难吸引回头客。对于汽车维修商来说，配件质量的好坏直接关系到汽车维修质量和企业的整体形象。因此在选购配件时，应尽量选择知名品牌，至少要先确认配件是否是合格产品。

2）价格是选择供应商的重要因素。选购汽车配件的时候，首先应了解市场行情，选择多家供应商询问价格、比较质量；在货比三家之后，再选择一家价格合理、质量过硬的供应商进行采购。

3）服务的好坏、运费的高低是选择供应商的必要因素。采购配件时，还应考虑供应商是否能够按照合同兑现服务，是否具有良好的售后服务等。地域因素也会影响对供应商的选择，因为地点的不同可能会影响运输过程、付款过程和服务过程等；与供应商的沟通与协调也可能会受到地点的影响。为了得到快捷的送货速度和更好的售后服务，通常应就近选择供应商。

（2）供货方式的选择　采购配件时，根据采购数量与时间的不同，可以选择不同的供货方式。对需求数量稳定且采购规律比较明显的配件，应当选择制订长期、定期的采购计划；对需求数量较大、但无需定期采购的配件，应尽量采用与供应商签订直接供货合同的方式，以减少中转环节；对需求量不大的配件，则应尽可能压低库存量，最好是能与供应商签订应急供货合同，保证需要时的配件供给。

（3）购销合同的拟定　在采购配件时，供需双方应签订合同，尤其是当采购金额较大或者与供货商建立长期合作关系时，更需要签订合同。合同应严格按照法律规定的要求拟定（也应考虑各方面的因素），对配件的型号、规格等属性要明确；对价格也应该详细说明；用词要准确，以免语意混淆造成双方误解。合同签订后，供需双方需依据采购合同履行职责。

（4）配件的验收入库　当配件按照合同签订的时间、地点到货后，接货人员需要对到货配件进行严格检验，只有对到货配件的产地、型号、规格、名称、数量、质量的检验合格后才可接收。

在进行配件入库时，还要考虑到配件成本是否含税的问题。配件的入库成本通常分为含税与不含税两种。含税入库是指在配件入库时，成本单价取值为含税单价；不含税入库是指配件入库时，成本单价取值为不含税单价。其区别在于，含税入库，其营业成本等于含税成本；而不含税入库，其营业成本等于不含税成本与税额的合计。

3. 配件的仓库管理

汽车配件的仓库管理包括库存配件的期初录入、配件查询、库存盘点、内部调拨、出入库汇总以及仓库保管等。

目前，绝大多数汽车维修企业均借助计算机管理系统对汽车配件的仓库进行管理，如图 1-30 所示。

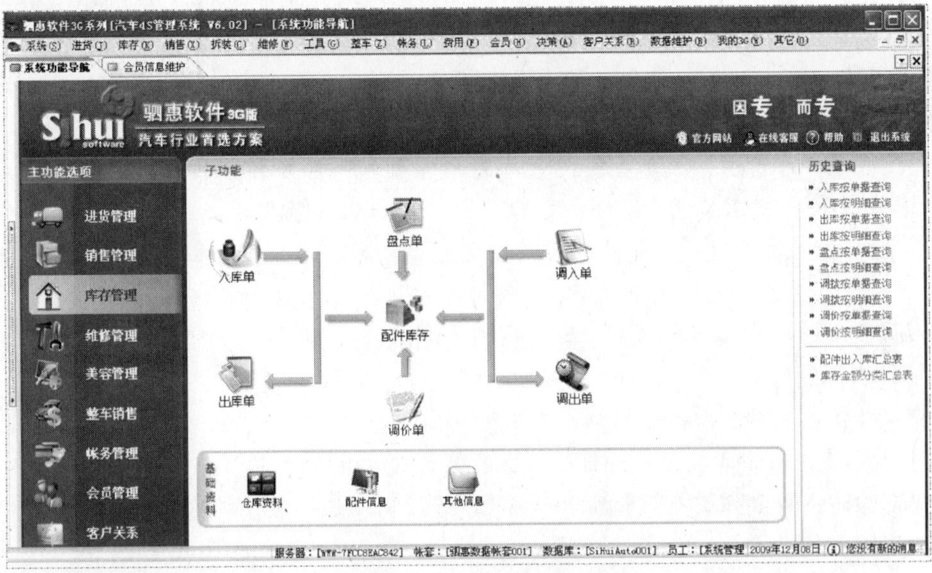

图 1-30　库存管理操作界面

（1）库存期初录入　库存配件的期初录入是指在库存启用前，需要将现有仓库中的配件进行一次盘点，然后录入期初数量和金额。以后的出入库都是在期初库存数量和金额的基础上进行增减的。库存期初盘点是仓库的起点，做好期初盘点才能延续后继的工作。库存期初盘点单可以在“主功能选项—库存管理—子功能界面—盘点单”中找到，如图 1-30 所示。

（2）库存配件查询　库存配件查询是指查看仓库中的配件数量和金额以及各个分库中的配件数量和金额。库存配件查询可以在“主功能选项—库存管理—子功能界面—配件信息—历史查询”中找到，如图 1-29 所示。

提示：如果是先进先出的库存成本计价方式，那么仓库管理中还可以看到每批次配件的剩余数量以及价值金额。

（3）配件库存盘点　在配件进销存的持续过程中，由于各种原因，账面的数量可能与库存的实际数量不相等，这时应使用盘点单功能进行账面数量调整，使之与实际数量相符。盘点单可参见图 1-30 所示的子功能界面，其作用是用于库存盘点；使用方法也很简单，就是把每种配件的实际数量填写到“实际数量”栏目中即可。

注意：库存配件盘点的情况分为盘盈和盘亏。实际数量比账面数量多的时候，需要增加账面数量，此时的盘点即为盘盈；反之，实际数量比账面数量少，需要减少账面数量，此时的盘点即为盘亏。

（4）配件内部调拨　配件的内部调拨是指将配件由一个仓库按照原来的成本存放到另一个仓库的过程。调拨单操作界面，参见如图 1-30 所示的“主功能选项—库存管理—子功能界面—调出单—历史查询”。

（5）配件出入库汇总　配件的出入库汇总一般利用出入库汇总表（参见图 1-30 中的历史查询界面）来统计库存配件的出入库情况。配件的出入库汇总可以按照条件的组合来查看当期指定配件的汇总情况；还可以通过“台账”功能，看到每个配件当期的所有出入库明细，便于追溯其出入库的历史。

（6）配件的仓库管理　汽车配件的仓库管理主要包括零配件入库验收、零配件定位存放、零配件的出库发料以及仓库建账统计核算四个方面的工作内容。

1）零配件的入库验收。零配件的入库验收主要包括接运、验收和办理入库手续等工作内容。

① 接运。对照货物单认真检查，确保资料齐全。

② 验收的程序如下：

a. 验收准备：工具、设备、材料、人力等。

b. 核对资料：入库单、发货明细表、装箱单、货运单等。

c. 实物检验：数量和质量检验。

d. 填写验收记录。

③ 入库。登账（收、发、存的明细）、制卡、建档。

2）零配件的定位存放。

① 零配件的位置编码法。汽车零配件的定位存放，目前大多数维修企业主要采用位置编码法（简称位置码），即把每一个零配件的具体位置用位置码固定下来。位置码是标明零配件存放位置的代码，是空间三维坐标的形象表现，便于存放和查找所需零配件。图1-31所示为零配件按区、列、货架号、层进行位置编码的情况。

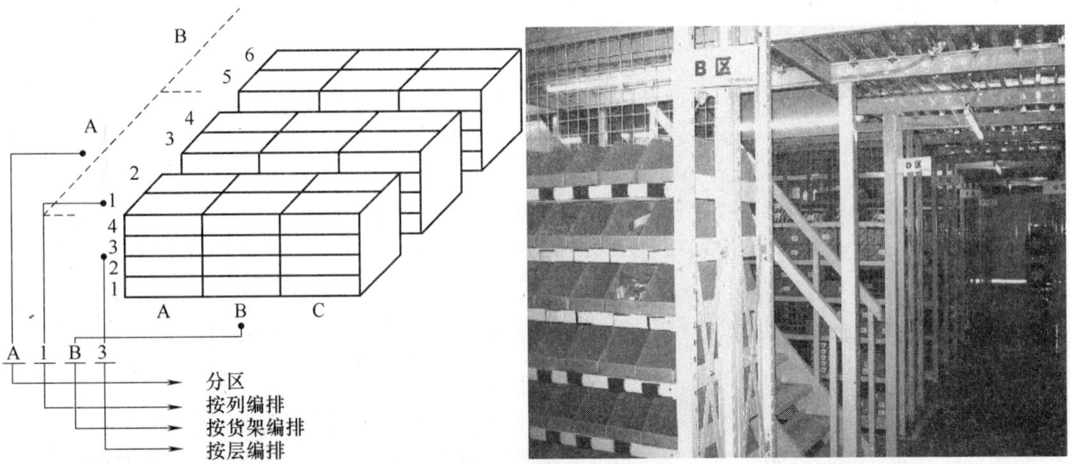

图1-31　位置编码法示意图及运用实例

a. 首先按区分类：位置码的第一位是在仓库中的分区，用A、B、C……表示。分区的实例见表1-12。

表1-12　位置码的说明

区	说　明	区	说　明
A	小件	G	轮毂
B	中型件	H	玻璃
C	大型件	I	存放箱
D	车身部件	J—W	预备料位
E	镶条、电缆	X—Z	清理件料位
F	导管		

b. 按列编排：位置码第二位表示第几列货架，用1，2，3……表示。

c. 按货架号编排：位置码的第三位表示每列的第几个货架，用A、B、C……表示。

d. 按层编排：位置码的第四位表示每个货架的第几层，用1，2，3……表示。

e. 最后把所有配件的位置码在指定位置标注出来。

位置编码法的特点：

a. 零配件的位置同配件编号无关，而是同配件的大小、使用频度有关。

b. 根据零配件的大小，将其分为超小、小、中、大、长等五类，并放入相应的货架区。

c. 根据零配件的使用频度，将使用频率高的配件存放在货架的靠外侧，即仓库管理员取放方便的地方。

d. 不预留空余位置用于存放新配件，从而提高仓库的利用率（可以根据实际情况确定）。

e. 必须建立配件位置清单，以便于进行计算机管理。

② 位置码编的说明。

a. 位置码要用英文字母分开书写，当26个英文字母不够用时，可将26个英文字母排列组合，以增加表示的数量，如：AA、AB、AC……；同一过道或同一货架，不能同时使用Cc、Ii、Jj、Kk、Oo、Pp、Ss、Uu、Vv、Ww、Xx、Zz等字母，以避免发生混淆。另外，应避免出现D与0不分、B与8不分、9与7不分、7与1不分的情况。

b. 列号编排的顺序：以仓库入门处为三维坐标的原点，位置码的列号应依次增大，方便查找。

c. 层号编排的顺序：一般采用从下至上的顺序。

d. 货架号编排的顺序：一般采用从左到右和环形的顺序。

③ 零配件的存放。零配件的存放应按货位号进行管理，零配件按大、中、小、长型及轻、重的差别分别存放于相应的货架上，并按车型、系统、油品、易损件、消耗件进行单独存放。如图1-32所示，为汽车零配件堆码存放的基本方法。

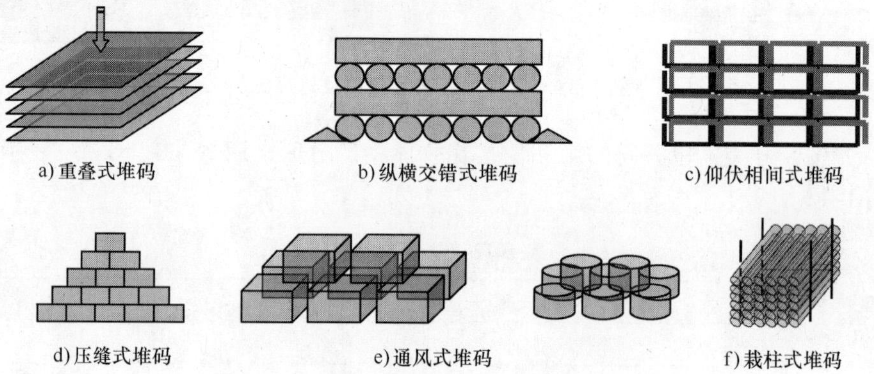

图1-32　汽车零配件堆码存放的常见方法

零部件堆码注意事项：

a. 常用零部件放在最靠近主通道的地方。

b. 常用零部件放在取放最方便的地方（货架中间层）。

c. 重的零部件放在下层，轻的零部件放在上层。

d. 同种零部件要放在一个货盒内，一种零部件只能有一个货位号。

e. 同种零部件要尽量堆集，以留出空间存放新车型的零部件。

f. 堆码时，零部件标签应向外、字码应向上。

g. 无法把零部件标签向外的，则应在外包装朝外方向上写上零部件编号。

h. 不能平放的零部件要竖着放，如：车门、发动机盖等。

i. 易燃品（如机油、化清剂等）要单独存放。

④ 特殊汽车配件的分类存放。

a. 不能沾油的汽车配件的存放

轮胎、水管接头、三角皮带等橡胶制品怕沾柴油、黄油；尤其怕沾汽油，常与其接触，会膨胀且很快老化，加速损坏报废的速度。干式纸质空气滤清器的滤芯也不能沾油，否则灰尘、砂土黏附在上面，会将滤芯糊住进而会增大气缸的进气阻力，使气缸充气不足，影响发动机功率。发电机、电启动机的碳刷和转子沾上黄油、机油，会造成电路断路。风扇传动带、发电机传动带沾上油后会引起打滑，影响冷却和发电。干式离合器的各个摩擦片应保持清洁干燥，若沾上油就会打滑。同样，制动器的制动蹄片如沾上油，则会影响制动效果。散热器沾上机油、油脂后，尘砂黏附其上、不易脱落，会影响散热效果。

b. 发动机总成的储存期如超过半年，则必须进行维护。可将火花塞或喷油器从气缸盖上拆下，向螺孔中注入少许车用机油，以保持气缸中的摩擦副零件上有良好的机油油膜，防止因长期缺油而生锈。如超过 1 年，除做上述维护外，还应在气缸壁上将机油涂敷得更彻底、更均匀，然后旋上火花塞和喷油器。

c. 蓄电池在储存时应避免重叠过多和碰撞，还要防止电极及电极盖因受重压而受损；而且应注意加注电解液塞的密封，防止潮湿空气进入。极板储存时则应保持仓库干燥，储存期一般为 6 个月。

d. 爆燃传感器应放在底层并分格存放，每格一个，下面铺上海绵等软物，以防止取件时失手跌落而损坏。

e. 减振器应竖直放置。水平放置的减振器在被装上汽车之前，应在垂直方向上进行手动抽吸。

f. 存放橡胶制品时，应保持环境温度不超过 25℃ ，以防其老化，保证使用安全。

g. 电器及玻璃制品等配件不能遭碰撞和重压，在堆垛时应十分注意配件的安全。

h. 软木纸、毛毡制油封及丝绒或尼龙制嵌条等储存期超过半年以上的配件，除应保持场地干燥外，还应在毛毡油封或尼龙包装箱内放置樟脑丸，以防止霉变及虫蛀。

3）零配件的出库发料。零配件出库发料的原则是“先进先出”，以减少配件储存时间。出库发料的工作程序是：

① 开零件取货单。

② 清点出所需配件并签字。

③ 查验配件。

④ 交款（签字）提货。

4）仓库建账统计核算。汽车维修企业配件仓库的建账统计核算一般由配件业务部门协助财务部门才能完成，而且现代大部分汽车维修企业均实现了计算机管理。如图 1-33 所示。

① 仓库建账的依据。

a. 进货。可分为正常进货、转仓进货、销售退回和工厂送货四个内容。

b. 发货。可分为正常发货、内部转仓、退货、换货和补货五个内容。

② 建账和记账的要求

建账和记账的要求包括建账、记账、书写、核单和盘存五个内容。

③ 账册和单据的管理。每年年终盘存后，应将账页全部更新。使用新账时，应按建账的要求逐项填写清楚。上年结转部分要注明原进库时间，以备查考；换下来的旧账页应按年限顺序集中保管。单据应按部系品种或按车型分类集中，并根据时间先后，分月装订保管。账册和单据的保管期限一般为 10 年。

④ 统计的依据与要求。

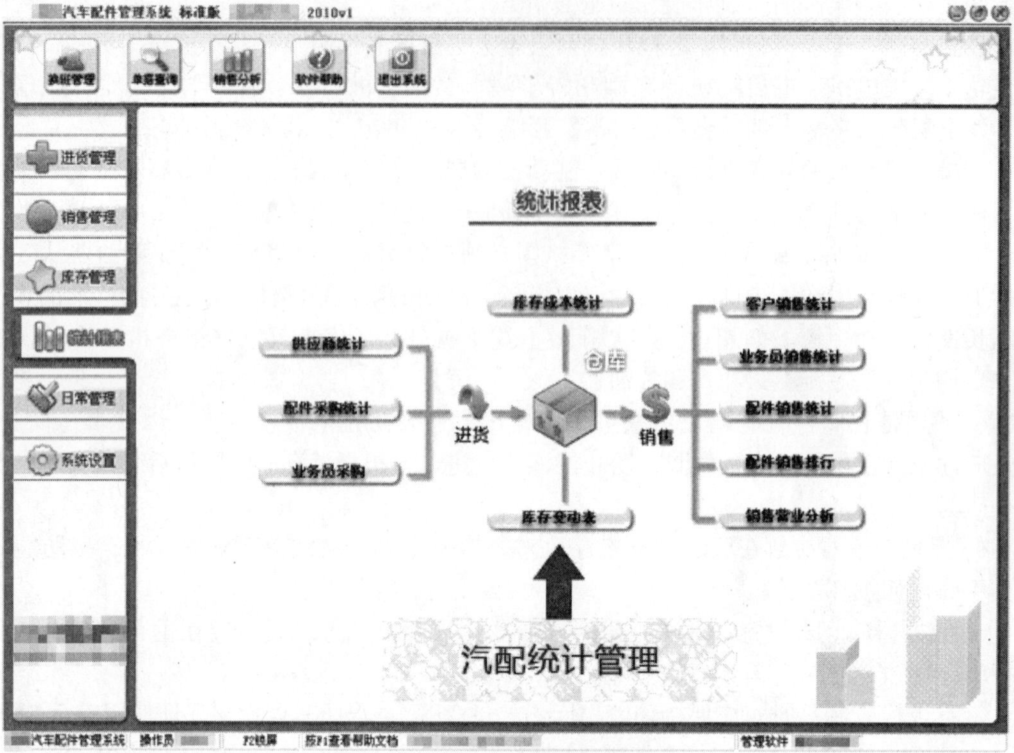

图 1-33　汽车配件统计管理软件

a. 对配件进库、出库、结存数字的统计（亦称流量统计），是以业务部门开出的正式单据（包括收料单、调拨发票、调拨单及补货、换货、退货通知单和更正单等）和仓库实物账上的实物库存数为依据的，其他临时性的收货单据（包括产品入库单）不列入统计。

b. 统计报表应及时、准确，还要建立档案、积累历史资料，以备查阅。

四、汽车配件管理模拟演练

案例导入　小冯在一家职业院校的汽车技术服务与营销专业学习两年后，被学校安排到一家汽车4S店进行顶岗实习；实习结束后，又被安排到了一家汽车综合维修企业进行毕业实习。该企业的经理老王看到小冯吃苦能干、做事踏实认真，决定派他到汽车配件仓储部门进行锻炼。配件主管老李知道了小冯还是个大学生的情况后，安排他到配件库资料室学习汽车维修企业管理软件并帮助仓库管理员整理零配件。起初，小冯面对操作简单的汽车维修企业管理软件时，还以为这是一件很轻松的工作，但当他来到配件仓储区看到琳琅满目、种类繁多、码放整齐的一个个配件时，顿觉自己进了迷宫。当仓管师傅问起何谓常用件、何谓特殊件、何谓应急件，应如何摆放、怎样查找时，他顿时哑口无言了。等他回过神来后，便连连请求师傅以后多带他到仓储区来熟悉熟悉。

1. 汽车综合维修企业配件管理模拟演练设计

1）目标：通过模拟演练，使配件经理（或主管）及仓储管理人员熟悉汽车综合维修企业进行配件订货、采购及库存管理的各项内容及具体方法与措施。

2）道具：货架、配件、卡片、标签纸、各种账单（入库单、出库单、盘点单等）、台账、计算机、汽车维修企业管理软件等。

3）主要人物：配件经理（或主管）、仓库管理员、资料管理员（可由材料员兼任）等。

2. 演练的主要步骤及侧重点

1）相关人员应事先熟悉进行汽车配件订货、采购、库存管理，尤其是进行库存管理的具体方法及相关措施等内容。

2）将学生按配件经理（或主管）、仓库管理员、资料管理员等岗位分成若干小组，实际演练汽车综合维修企业实施配件订货、采购、库存管理等任务的过程。

3）着重练习配件的仓库管理过程。

提示：由授课教师担任配件经理，以便于演练任务的顺利实施。

3. 汽车综合维修企业配件管理的内容及流程练习

综上所述，汽车综合维修企业配件管理的主要任务是配件的订货、采购及库存等内容。因此，其演练的内容也应是有关配件订货、采购及库存的流程的练习。此部分将重点练习仓库管理的流程，其练习的流程可如图 1-34 所进行，并重点参考图 1-30 中的相关内容。

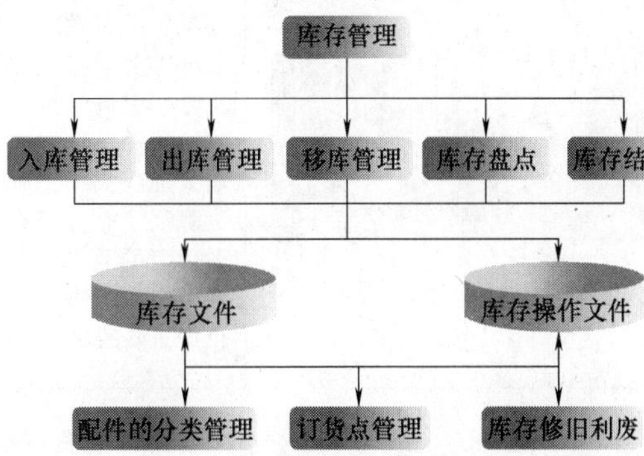

图 1-34　汽车配件的库存管理流程

4. 汽车综合维修企业配件管理模拟演练评估

汽车综合维修企业配件管理模拟演练的效果，主要依据学生对汽车配件订货、采购、库存等软件的使用熟练程度和对零配件的存放、查找的准确度进行评估。

任务六　财务管理

一、财务管理概述

1. 财务管理的定义

企业要进行经营生产活动，就必须具备人力、物资、资金、信息等各项生产经营要素，并开展有关方面的活动。企业经营生产过程中的资金活动就是企业的财务活动，而对企业财务活动及资金的管理就是企业财务管理。汽车维修企业要达到资源的高效率和运作的低成本，就必须研究财务管理。财务管理就是指企业根据相关的法规制度，按照财务管理的原则，组织企业的财务活动、处理财务关系的一项经济管理工作。

2. 财务管理的目标及意义

财务管理区别于其他管理的特点在于，它是一种价值管理，即对企业再生产过程中的价值运动所进行的管理。财务管理利用资金、成本、收入等价值指标来组织企业总价值的形成、实现和分配，并处理这种价值运动中的经济关系；其管理的目标就是千方百计地使资金释放出最大的能量，实现增值，提高资金效益。财务管理是汽车维修企业管理的一个重要组成部分，对企业相关资金的筹措和有效利用具有重要的现实意义。

二、财务管理情境设计

现代汽车综合维修企业财务管理的主要任务是贯彻财务管理制度，进行会计核算和财务监督，遵守相关货币资金管理规定和资产管理制度，以保证维修质量并提高企业的经济效益。财务管理的场景图片、工作情境以及相关知识，见表1-13。

表1-13　汽车综合维修企业财务管理的情境设计

场景图片	工作情境	相关知识
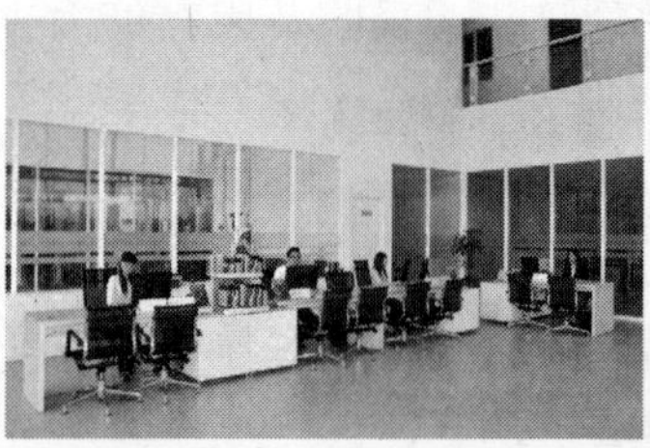	情境1：某大型汽车综合维修企业十分重视财务管理工作，不仅配齐了财务主管、会计、出纳等各岗位工作人员，而且还配置了宽敞明亮的办公室及各种办公设备。尤其是企业花重金所引进的汽车维修企业计算机管理系统和相关财务软件，极大地提高了工作效率，并大大降低了企业资金、投资及经营方面的风险。同时，也为企业上层进行决策及精益管理提供了重要的参考依据	财务管理的基本价值观念： 1）资金时间价值：是指一定量的资金经历一定时期的投资和再投资后所产生的增值额。当中的利润和利息就是资金时间价值的基本形式 2）投资风险价值 ① 风险：如果做一件事有几个可能的结果，就有风险；反之，若只有一个结果则没有风险 ② 经营风险：是指生产经营方面的原因给企业盈利带来的不确定因素，即商业风险 ③ 财务风险：是指因借款而给企业财务成果带来的风险，即筹资风险
	情境2：某汽车维修企业财务管理制度不全、职责不清，随意让其他员工（如前台接待、维修工、仓管）为客户结算开单。结果因员工无法准确回答客户维修所产生的各项费用，而导致了客户的质疑和反感，甚至引发了不必要的纠纷	汽车维修企业收入的构成 1）主营业务收入 ① 汽车维修工时收入 ② 材料配件收入 ③ 其他收入 2）副营业务收入 ① 汽车配件与批发 ② 出租场地 ③ 其他收入
	情境3：现在越来越多的汽车维修企业感觉到了企业运作成本的重要性，普遍认为企业成本管理直接影响到企业的生死存亡。因此，很多的现代汽车维修企业对厂区的布置、人员的配备、部门的协调都进行了合理、科学、有序的设计、规划和管理	汽车维修企业的成本管理： 成本管理是对企业生产经营全过程所发生的所有费用和成本形成，进行预测、计划、控制、核算、分析、考核以及采取降低成本的措施等一系列的管理活动。成本管理是涉及企业各部门的一项综合性管理工作，是企业管理的重要组成部分。加强成本管理对于促进企业技术与经济相结合、激发员工增产节支、降低成本、提高经济效益等具有重要意义

三、财务管理任务实施

由上述内容可知，现代汽车综合维修企业财务管理的主要任务是贯彻财务管理制度，进行会计核算、财务监督和财务报告，遵守相关货币资金管理规定和资产管理制度。这些任务实施的好坏也将直接影响到企业的生存、发展和壮大，也必将影响到汽车维修的质量和客户的满意程度。

1. 财务管理制度

汽车维修企业的财务管理制度一般包括：财务管理基础、会计核算规定、财务监督规定、货币资金管理规定以及资产管理制度等内容。

（1）财务管理的一般原则

1）财务管理应按照国家统一的会计制度进行核算，企业的会计处理方法一经确定不得随意变更；确实需要变更的，应将变更情况、原因以及对财务状况和经营成果的影响在财务报告中说明。

2）应以实际发生的经济业务及能证明经济业务发生的凭证为依据，如实反映财务状况和经营成果。

3）提供的会计信息应能满足各方面了解公司财务状况和经营成果的需要，也应满足公司内部经营管理的需要。

4）应在发生经济业务时及时进行会计处理，讲求时效。

5）会计记录和会计报表应简明易懂地反映财务状况和经营成果。

6）在全面反映财务状况和经营成果的同时，会计记录和会计报表对影响决策的重要经济业务应单独反映、重点列报。

7）正确确定公司的收益、成本、费用，依法、合理地核算可能发生的损失和费用。

8）各项资产应按其取得时所发生的实际成本记账。

（2）会计核算

1）财务部门及财会人员应按照国家有关财税、财务、会计制度进行会计核算。

2）收入、成本、费用的计算，经营成果的计算和处理，款项和有价证券的收付，债权、债务的发生和结算，财务的收发、增减和使用以及其他需要办理会计手续、会计核算的，应办理会计手续并进行会计核算。

3）会计资料应真实、完整，并符合国家法律及会计制度的有关规定。

4）办理有关会计事项，应填制或取得原始凭证，并及时交予财务部门，经财务人员审核后，编制记账凭证，记入有关账簿。

5）按会计制度的规定，设计会计科目和会计账簿。

6）按会计制度的记账规则，根据已编制的会计凭证登记账簿。

7）财务部门应按国家有关档案管理的规定，妥善保管会计资料。

注意：借阅有关财务、会计资料前，需经总经理审批。原则上，财务、会计资料不得外借。

(3) 财务监督

1) 财务部门及财务人员有权对公司的经营活动进行财务监督。

2) 财务人员对违反财务制度的经营业务，应不予办理。

3) 财务人员对不真实、不合理的原始凭证，应不予受理；对记载不明确、不完整的原始凭证应退回，并要求其补充、更正。

4) 财务部门应定期和不定期地进行财务检查，要求做到账实相符、账证相符、账账相符。如不符，则应查明原因，并按有关规定进行处理。

5) 财务部门应如实接受税务部门和审计部门的检查。

(4) 财务报告

1) 财务部门应定期向总经理提供财务报告。

2) 财务报告应包括：资产负债表、损益表、现金流量表、有关附表、财务状况说明书等，以及内部经营管理所需的内部财务管理报表。

3) 编制财务报告时，在会计计量和填表方法上应保持前后各会计期的一致性，不可随意变动。

4) 财务部门应及时、客观地编制财务报告，其会计信息应具有相关性和可靠性，应准确有效地满足企业领导决策与管理的需要。

5) 财务报告应根据登记完整、核对无误的会计账簿和其他有关会计资料编制，做到数据真实、计算准确、内容完整、报送及时，对有关重大问题（重要项目）应单列以反映说明，使报告阅读者不致产生误解和偏见。

6) 会计报表应严格按项目属性选用会计科目填报，按实际成本反映资产价值，准确运用数字符号反映项目性质，准确、完整地填列补充资料。

(5) 货币资金管理规定　资金的实质就是再生产过程中运动着的价值。如图 1-35 所示为汽车维修企业的资金运动流程示意图。汽车维修企业货币资金的管理主要包括资金筹资管理和现金管理两个方面：

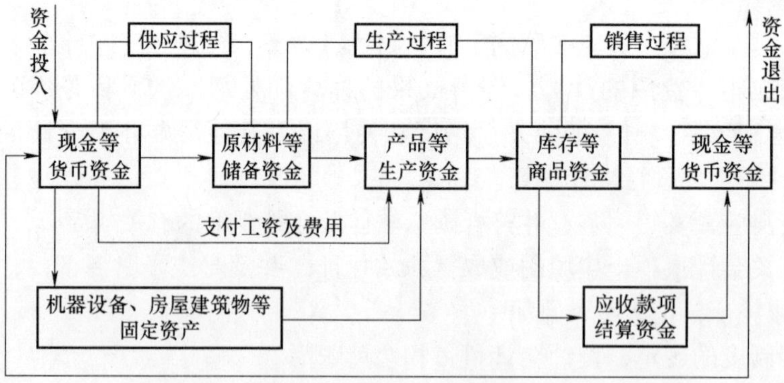

图 1-35　汽车维修企业的资金运动流程示意图

1) 资金筹集管理

① 筹集资金必须遵守国家有关法律法规，并认真维护有关各方的合法权益。

② 财务部门要合理确定资金的需求量，预测不同年度、不同月份的资金投入量，合理安排和控制资金的投放和回收时间，以减少资金占用，加速资金周转。

③ 财务部门应将筹集资金和投放资金有机地结合在一起，根据投资方向确定筹资方式，提高资金使用效率。

④ 财务部门要综合考虑各种筹资渠道和筹资方式，认真研究、分析各种筹资方案，以求得最优筹资组合，以降低综合资金成本。

⑤ 投资者投入的资本金，在本企业持续经营期间，除依法转让外，不得以任何方式抽回投资。

⑥ 投资者按本企业章程的规定投入资本金，分享利润，分担亏损，承担经营风险。

2）现金管理

① 财务人员可以在规定范围内使用现金：如工资、津贴、奖金、个人劳务报酬、差旅费、结算限额（100 元）内的零星支出及总经理批准的其他开支等。

② 除规定①外，财务人员支付款项应当以支票方式支付；确需全额支付现金的，经会计审核、总经理批准后方可支付现金。

③ 本企业购置固定资产、办公用品及其他工作用品必须采取转账结算方式，不得使用现金。

④ 日常开支所需库存现金限额为 5000 元，超额部分应存入银行。

⑤ 财务人员支付现金可以从本企业库存现金限额中支付或从银行存款中提取，不得从现金收入中直接支付（即坐支）。因特殊情况确需坐支的，应事先呈报总经理批准。

⑥ 本企业员工因工作需要借用现金时，需填写《借款单》，经会计审核、交总经理批准签字后方可借用。超过还款期限则转为应收款，从借款人的当月工资中扣还。

⑦ 符合现金使用规定的，凭发票、工资单、差旅费单据及本企业认可的有效报销凭证或领款凭证，由经手人签字、会计审核、总经理批准签字后，由出纳支付现金。

⑧ 工资由财务人员依据行政部门每月提供的核发工资资料编制员工工资表，交总经理批准签字后，由财务人员到银行提款。当月工资发放后，财务人员填制记账凭证，进行账务处理。

⑨ 无论何种汇款，需分别由经手人、总经理签字后，方能办理。

⑩ 出纳人员应当建立健全现金账目，逐笔记载现金支付。现金账目应当日清月结，每日结算，账款相符。

（6）资产管理制度

1）财务部门应控制现金使用效率，满足企业的现金使用需要。

2）现金收支应做到日清日结，做到账款相符，确保库存现金的安全性和完整性。

3）加强现金凭证的管理工作。

4）根据企业业务的发展需要来确定最佳的现金持有量。

5）对于存货的发出，采用实际成本法进行会计核算。

6）低值易耗品原则上采取一次摊销法，计入当期成本、费用。

7）定期对存货情况进行清查盘点，如出现盘盈、盘亏等情况，应查明原因，及时处理。

8）根据企业业务发展的需要确定经济存货量，尽可能减少对营运资金的占用。

9）按国家有关规定执行固定资产的计价和折旧。

10）固定资产的修理费用，原则上一次性计入当期费用；对数额较大的可通过待摊费用进行分摊。

2. 汽车维修的收入、费用及利润

（1）收入

1）收入确认条件。本企业收入的确认标志为物质已转移、劳务已提供、收讫价款或已取得收取价款的凭据（权利）。

2）销售收入的计量。财务部门应尽可能地避免赊销，以降低资金成本、提高资金周转效率。

（2）费用

1）费用的特点。费用是企业为销售商品、提供劳务等日常活动所发生的经济利益的流出。其特点是：费用最终会导致企业资源和企业所有者权益的减少。一般而言，企业的所有者权益会随着收入的增长而增加；相反，费用的增加会减少企业所有者的权益。

2）费用的种类。

① 生产经营成本。一般包括直接材料成本、直接人工成本和制造费用成本。

② 期间费用。一般包括管理费用、财务费用和营业费用。

（3）利润

1）利润的特点。利润是企业在一定会计期内实现的收入减去费用后的净额，它包括营业利润、利润总额和净利润。利润有如下特点：

① 利润代表企业能用货币表现的、最终的和综合的经营成果。

② 利润的金额是通过收入减去费用之后的余额来确定的。

③ 利润的许多特点都体现在收入和费用这两个要素上。

2）营业利润。营业利润是企业利润的主要来源，它主要包括主营业务利润和其他业务利润。

3）利润总额。企业的利润总额一般包括营业利润、投资净收益和营业外收支净额三部分。如果企业能够按规定获取补贴收入，其也应作为当期利润总额的组成部分。

4）净利润。利润计算往往采用“账结”法。一般，企业的净利润等于利润总额减去企业所得税。

四、财务管理模拟演练

案例导入 小焦毕业于广州一家职业院校的会计与审计专业，由于她在校学习期间选修过“汽车文化”课，而且还参加了学校组织的汽车营销员考试培训，并通过了汽车中级营销员的技能鉴定，获得了相应的职业资格；因此，她决定到一家大型综合汽车维修企业应聘汽车精品销售岗位。当该企业人力资源主管王大姐看到小焦的求职简历上写着财务专业方面，而且看到小焦比较稳重、内敛且略带羞涩的情况后，认为小焦比较适合做财务方面的工作。对此，小焦感到有些为难。当她见到财务处处长刘大姐和蔼可亲的样子，而且知道了财务处是企业的核心部门，人员必须进行严格的挑选、训练和考核后方可上岗的要求后，她觉得机会难得，于是便欣然接受了刘大姐的邀请，应聘到财务处上班。

1. 汽车综合维修企业财务管理模拟演练设计

1）目标：通过模拟演练，使财务主管、会计、出纳、系统管理员等人员熟悉汽车综合维修企业进行会计核算、财务监督及财务报告的方法、要领和措施等内容。

2）道具：办公座椅、计算机、汽车维修企业财务管理软件、账本、便笺纸、铅笔、橡皮等。

3）主要人物：财务主管、会计、出纳、系统管理员等人员。

2. 演练的主要步骤及侧重点

1）相关人员应事先熟悉汽车综合维修企业的财务管理制度、资产管理制度及相关货币资金管理规定等内容。

2）将学生按财务主管、会计、出纳、系统管理员等岗位分成若干小组，实际演练汽车综合维修企业实施会计核算、财务监督及财务报告的主要财务管理过程。

3）着重练习编制财务报告的规则、方法和要领。

提示：由授课教师担任财务主管，以便于演练任务的顺利实施。

3. 汽车综合维修企业财务管理的内容及流程练习

如图 1-36 所示为常见汽车维修企业财务管理部门的岗位及职责示意图。汽车维修企业财务管理中各岗位工作人员可参照该示意图进行具体演练，并重点练习现代汽车维修企业财务管理软件的操作要领，如图 1-37 所示。

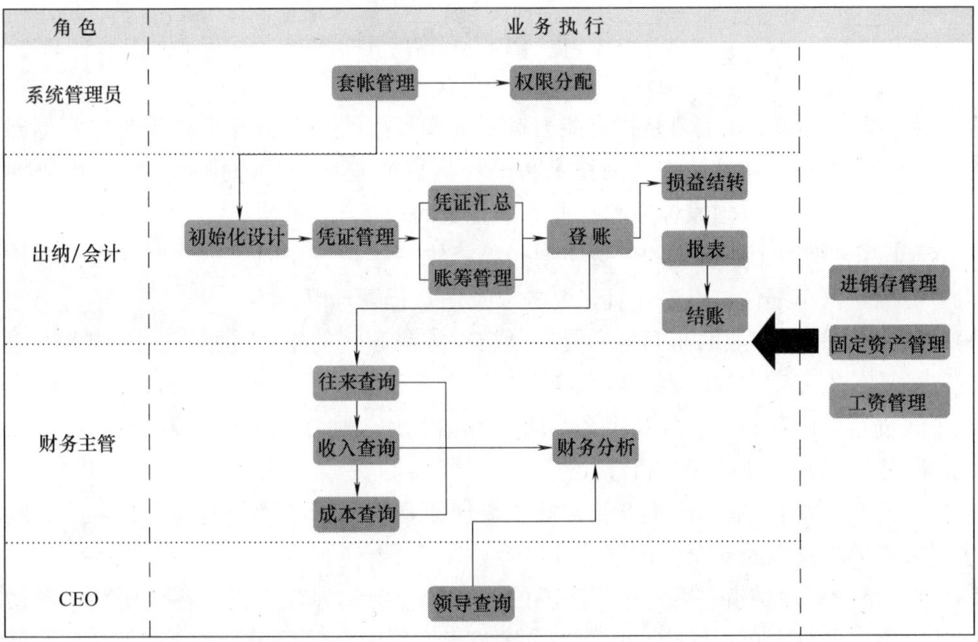

图 1-36　常见汽车维修企业财务管理部门的岗位职责示意图

4. 汽车综合维修企业财务管理模拟演练评估

汽车综合维修企业财务管理模拟演练的效果，主要依据学生使用汽车维修企业财务管理软件的熟练程度和编制财务报表的科学程度进行评估。

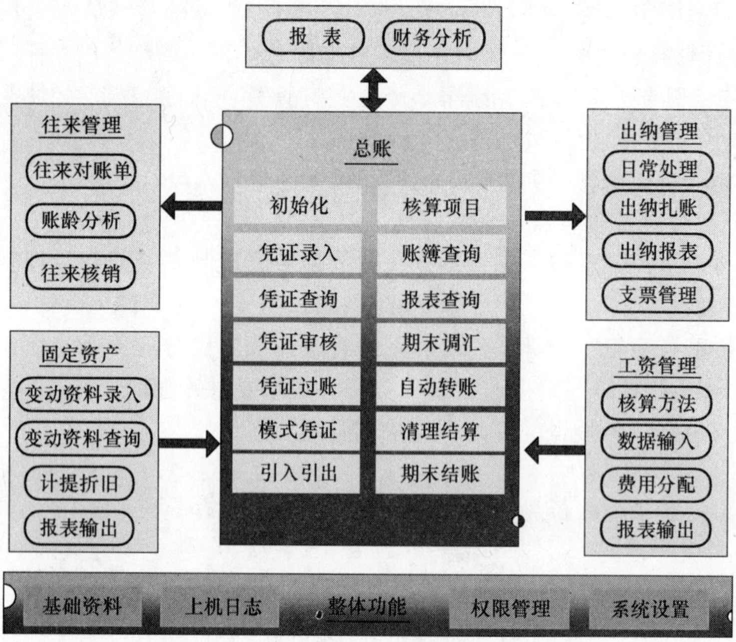

图 1-37　常见汽车维修企业财务管理系统

项目小结

1）汽车综合维修企业主要是指有能力对所维修车型的整车、各个总成及主要零部件进行各级维护、修理及更换，使汽车的技术状况和运行性能完全（或接近完全）恢复到原车的技术要求，并符合相应国家标准和行业标准规定的汽车维修企业。

2）汽车综合维修企业管理的任务主要包括：维修接待、车间生产、客户维护、技术培训、人力资源、汽车配件、设备工具、财务以及信息化管理等内容。

3）汽车综合维修企业的车间生产管理是指对维修车间的生产计划、生产调度、生产进度、生产统计、生产安全等内容进行系统设计、运行和控制的全过程。通过对汽车综合维修企业的车间进行生产管理，有效利用企业的人力、物力、财力及技术资源，以适应市场和环境的变化，从而实现企业的经营目标。

4）汽车综合维修企业车间生产管理的主要任务是车间生产计划的制订、生产进度的控制、生产资料的管理以及安全生产管理等内容。

5）客户维护管理是指在客户维修车辆的过程中，企业为客户提供各种便利，帮助客户降低服务成本，赢得客户的信任，从而提高客户满意度的全部过程。客户维护管理的最终目标是大力提升客户对汽车维修服务水平的满意程度；而为客户提供满意的服务，则首先必须了解客户的类型，只有在对客户加以区分之后，才能因人而异地提供针对性的服务，也才能使客户满意。

6）现代汽车综合维修企业客户维护管理的主要任务是客户关怀和提高客户的满意度。汽车售后服务是汽车产业链中的关键环节，而汽车维修又是汽车售后服务链上的关键环节，汽车维修企业为了使客户（车主）能完全满意自己的产品或服务，必须要综合而客观的测定客户（车主）的满意程度。所以，客户（车主）满意程度的高低，将是企业生死存亡的关键。

7）技术培训管理是指汽车维修企业依据内部制定的各项技术培训的制度和措施，精心挑选企业内部优秀的技术人员（也称内训师或技术专家），充分利用企业的良好设施和设备，对生产一线技术人员（也称维修技师）和相关技术人员进行技术培训，并对培训的计划、实施、效果、质量等环节进行全面控制的过程。进行技术培训管理的主要目标是通过技术培训实现快捷的维修作业、可靠的维修质量和热忱的客户关怀，从而达到提高客户忠诚度的目的。

8）现代汽车综合维修企业技术培训管理的主要任务是内训师的甄选和培养、培训对象的组织以及培训内容的确定和实施等管理内容。

9）现代汽车维修企业的人力资源管理是指企业为员工提供自身发展的机会和空间，给员工提供施展才华的平台，使员工在企业中稳定健康地成长，同时给员工合理的薪资待遇并提供合适的工作、学习和生活条件，使员工在自己的职业岗位上为企业创造价值的过程。汽车服务企业人力资源管理的重要目标就是从传统的人事管理中迅速构建起完整的人力资源管理体系，最终实现向战略性人力资源管理的转变。

10）现代汽车综合维修企业人力资源管理的主要任务是做好人力资源规划、内部人员技术培训，并需同时做好从传统的人事管理向人力资源管理转变的各项工作，以实现企业的经营目标。

11）汽车配件管理就是指围绕汽车配件的订货、采购、验收、入库、出库、盘点和保管为中心而开展的一系列活动，其主要内容是配件的订货管理、配件的采购管理以及配件的库房管理。其中，配件的库房管理是汽车服务企业管理的一项重要内容。通过对汽车配件进行有效管理可实现保证库房以及配件的安全有效、保证配件出入库数量的准确性、保证配件出入库的及时性、降低配件占用的周转资金金额、合理利用库房空间以及给财务人员提供精确的依据等管理目标。

12）现代汽车综合维修企业汽车配件管理的主要任务是做好汽车配件的订货、采购以及库存等管理工作，以保证维修质量和实现企业的经营目标。

13）财务管理就是指企业根据财经法规制度，按照财务管理的原则，组织企业的财务活动，处理财务关系的一项经济管理工作。其目标就是千方百计地使资金释放出最大的能量，实现增值，提高资金效益。

14）现代汽车综合维修企业财务管理的主要任务是贯彻财务管理制度、进行会计核算和财务监督、遵守相关货币资金管理规定和资产管理制度。

理论思考

1. 为什么说现代汽车综合维修企业的经营所面临的形势越发严峻？如何应对？

2. 为什么说汽车综合维修企业进行车间生产管理，对合理利用企业资源、提高企业经济效益具有重要意义？

3. 为什么说汽车综合维修企业进行客户维护管理，对汽车售后服务企业的生存和发展具有重要意义?

4. 为什么说汽车综合维修企业进行技术培训管理，对确保维修质量、稳定企业收益、稳定企业运作和可持续发展具有重要意义?

5. 为什么说人力资源是企业创造利润的主要来源?

6. 为什么说合理分配资金与仓储的比例是汽车维修企业配件库房管理的重要内容?

7. 为什么说汽车综合维修企业进行财务管理，对企业相关资金的筹措和有效利用具有重要的现实意义?

能力训练

1. 根据所学相关知识，设计汽车综合维修企业车间生产管理模拟训练的情境、流程及内容。

2. 根据所学相关知识，设计汽车综合维修企业客户维护管理模拟训练的情境、流程及内容。

3. 根据所学相关知识，设计汽车综合维修企业技术培训管理模拟训练的情境、流程及内容。

4. 根据所学相关知识，设计汽车综合维修企业人力资源管理模拟训练的情境、流程及内容。

5. 根据所学相关知识，设计汽车综合维修企业配件管理模拟训练的情境、流程及内容。

6. 根据所学相关知识，设计汽车综合维修企业财务管理模拟训练的情境、流程及内容。

项目二

汽车专项维修企业管理

学习目标

◇ 知道汽车专项维修企业汽车进出厂登记、汽车检验记录、技术档案、维修标准及质量、材料和仪器设备等管理的概念

◇ 熟悉汽车专项维修企业汽车进出厂登记、汽车检验记录、技术档案、维修标准及质量、材料和仪器设备等管理的目标

◇ 理解汽车专项维修企业汽车进出厂登记、汽车检验记录、技术档案、维修标准及质量、材料和仪器设备等管理的重要性

◇ 掌握实施汽车专项维修企业汽车进出厂登记、汽车检验记录、技术档案、维修标准及质量、材料和仪器设备等管理任务的要领

业务流程

用户来访→业务接待→检测诊断故障→决定修理并签订合同→确定修理内容并填写派工单→维修车间→维修作业→过程检验→完工检验→填写合格证→存档→结算→交车

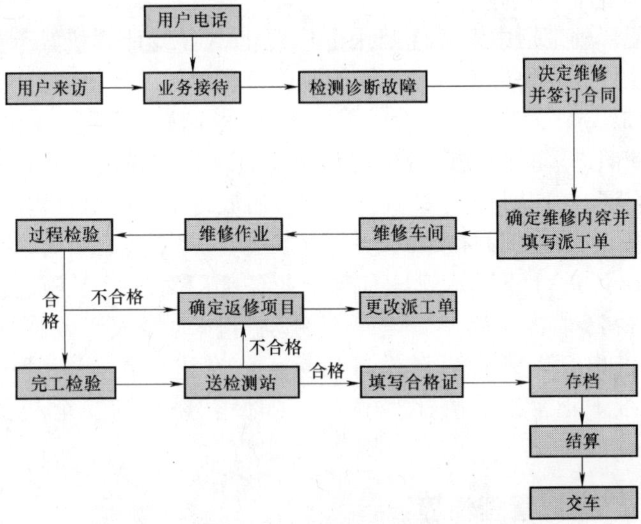

图 2-1　汽车专项维修企业管理业务流程图

项目概要

汽车专项维修企业是指从事汽车发动机、车身、电气系统、自动变速器、车身清洁维护、喷漆、轮胎动平衡及修补、四轮定位检测调整、供油系统维护及油品更换、喷油泵和喷油器维修、曲轴修磨、气缸镗磨、散热器修补、空调维修、汽车装潢（篷布、坐垫及内装饰）、门窗玻璃安装等专项维修作业的企业（即三类汽车维修企业）。

汽车专项维修企业具有规模小、投资少、经营范围专一和场地、设备、人员等开业条件要求较低等特点，是广大中、小规模汽车维修行业投资者的发展定位目标。但大部分汽车专项维修企业由于自身的硬件、技术、服务等水平差别大；经营行为不规范，维修技术水平低，因维修质量得不到保障而造成社会认可度较差；得不到生产厂家的认可以及厂家进行技术封锁的原因，使其无法得到厂家的技术支持；以及只重视经济利益，不认真解读政策、法规或者是本身守法经营的意识比较单薄，造成超范围经营等问题而受到发展限制。汽车专项维修企业的管理任务主要包括：业务接待、检测诊断故障、签订维修合同及确定维修内容、填写派工单及车间维修、进出厂登记、填写检验记录及技术档案、确定维修标准及质量、准备材料及仪器设备等内容。这里将着重介绍汽车进出厂登记、汽车检验记录及技术档案、维修标准及质量、材料及仪器设备管理等方面的内容。

特别提醒： 各个经营模式之间相同或相近的管理内容将不再重复（其内容可按需相互参考），以重点突出不同经营模式的管理特点。

任务一　汽车进出厂登记管理

一、汽车进出厂登记管理概述

1. 汽车进出厂登记管理的定义

汽车进出厂登记管理是指由业务部门用进厂登记本（或计算机）对进厂维修车辆的进厂时间、车型、车牌号、驾驶员姓名、车辆所属单位、驾驶员报修项目、车辆装备的齐全情况（如有缺件应详细记录）、油箱中的存油量等内容进行登记记录，并在车辆修竣检验合格后，与托修人当面按照进厂时的登记清单清点交接签字，并在出厂登记本（或计算机）中做好记录，开具出厂证，门卫凭出厂证查对车牌号后放行出厂的全过程。

2. 汽车进出厂登记管理的目标及意义

通过对汽车进出厂进行登记管理，有利于业务部门对进厂车辆进行标识，使业务部门协同保卫部门将待修车、在修车、竣工车分别有序地停放于不同区域，从而实现节约场地、便于车辆进出、以免发生意外等目标。汽车进出厂登记管理对进一步强化汽车售后服务管理、维护正常的维修工作秩序、确保客户车辆安全和员工人身安全具有重要意义。

二、汽车进出厂登记管理情境设计

现代汽车专项维修企业基本上都采用计算机进行维修车辆的进出厂登记管理，其管理的场景图片、工作情境以及相关知识见表2-1。

表2-1　汽车专项维修企业汽车进出厂登记管理的情境设计

场景图片	工作情境	相关知识
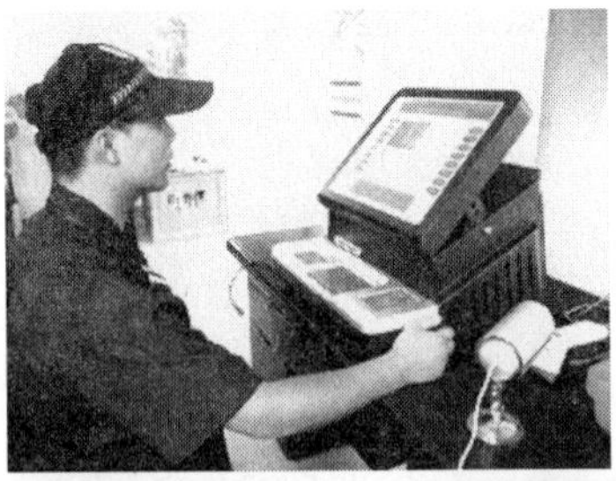 	情境：门卫小董对现代汽车维修企业全面进行计算机联网管理的制度和措施不是很了解 有一天，客户老马在该厂修理完车辆办完交接手续提车出厂时，遇到了小董的阻拦。原因是小董不熟悉计算机操作，也不太会看计算机显示屏上有关车辆进出厂的各项登记信息（该计算机与业务部门的计算机联网）。好在客户老马比较有耐心，不但没有责怪小董，而且还请来该厂的相关人员帮忙处理。结果在该厂信息管理人员的亲自指导下，小董才弄清其中的奥妙，并感到很不好意思	维修车辆进出厂登记管理制度 1）车辆进厂送修时，客户应描述故障现象，提供维修记录和行驶证等有关资料 2）业务接待人员应认真听取客户关于使用车况的陈述及要求，提示客户妥善保管贵重物品，检视车辆外观、内饰、仪表和座椅情况，记录随车物品和相关数据并交由质量检验人员进行进厂检验并确认维修项目，接待人员负责填写进厂交接单并请车主签字确认 3）汽车维修竣工出厂时，价格结算人员根据维修工时和所用材料，向车辆托修方提供具有工时费和材料费清单的费用结算凭证等单据 4）车主确认随车物品，验收、提取车辆 5）资料管理员建立维修车辆档案 6）接待人员进行客户满意度回访

三、汽车进出厂登记管理任务实施

汽车专项维修企业制定维修车辆进出厂登记制度是为了进一步强化售后维修管理、维护正常的维修工作秩序、确保客户车辆和员工人身安全。对维修车辆进出厂进行登记管理的主要任务包括以下三个方面：

1. 车辆进厂时的登记管理

1）维修车辆进厂维修，由业务部门负责在进厂登记本（或计算机）上做好登记工作，记录进厂时间、车型、车牌号、驾驶员姓名、车辆所属单位、驾驶员报修项目、车辆装备的齐全情况（如有缺件应详细记录）、油箱中存油量等内容。

> **注意：**一般情况下，随车工具等与车辆维修无关的物品由托修方自行保管。如需置于车内，应清点、登记并上锁。登记完毕后双方经手人员应共同签字，办理车辆移交手续。

2）业务部门应对进厂车辆进行标识，待修车、在修车、竣工车应分别停放在不同区域，以免发生意外。

3）客户车辆由厂保卫部门负责看管。

2. 车辆维修中的登记管理

1）试车人员驾驶客户车辆外出试车时，应按有关规定办理出门登记手续。试车驾驶时应严格遵守交通规则，严禁违章驾驶。试车应在规定路段上进行，严禁借机外出办私事。

2）试车人员在试车前，应认真检查车况并做好记录；应按操作规程驾驶，以防止损坏车辆。

3）不能发动的车辆在车间移动时，应事先登记车辆上的物品及清洁情况，须由准许驾车的人员在驾驶室内操作并指挥他人推车；不得污损客户车辆，不得私拿客户车上的物品。

注意：厂区内部的试车区域仅限于企业内部设置的广场，试车时应注意观察通道上车辆和人员情况，严防事故。此外，维修车间内禁止试车。

3. 车辆出门时的登记管理

1）抢修用车由车间主管签字后再办理手续并签发。

2）外出试车时要开试车单，并由车间主管或服务经理签字。

3）除专职司机和准许外出试车的人员外，其他任何员工都不得将企业或客户的在修车辆开出厂区。

4）车辆修竣检验合格后，由厂方通知托修人验收付款，然后由业务部门与托修人当面按进厂时的登记清单清点交接，交接双方在交接单上签字；交接完毕后，由业务部门在出厂登记本（或计算机）中做好记录并开具出厂证，厂门卫凭出厂证查对车牌号后放行出厂。

四、汽车进出厂登记管理模拟演练

案例导入 小董过去一直在一家制衣厂当保安员，由于厂里经济不太景气，工资待遇始终上不去，于是又找了一家汽车专项维修厂当门卫。小董每天面对进进出出的五颜六色的各种车辆感到眼花缭乱，看到厂里的业务接待人员穿着整洁的职业装笑容可掬地招呼客户，有条不紊地迎来送往，都感觉十分新鲜。再看整齐摆放着计算机和座椅的维修接待室和整洁舒适、服务功能齐全的客户休息室以及连门卫值班室都配备了计算机和对讲机的情形，深感现代汽车维修企业的气派。但同时让小董感觉到不知所措的是，他不知如何摆弄门卫室里的计算机，当听说厂里对新入职的员工都要进行培训和各种演练，尤其是进行计算机方面的技术培训时，小董有些迫不及待。

1. 汽车进出厂登记管理模拟演练设计

1）目标：通过模拟演练，使厂（或店）门卫、业务接待人员、试车人员以及客户了解并熟悉维修车辆进厂时、维修中和出门时的各项登记管理内容。

2）道具：电话、计算机、对讲机、座椅套、各种登记表、委托书、派工单、检验单、出厂证等。

3）主要人物：门卫、业务接待员、试车员、客户等。

2. 演练的主要步骤及侧重点

1）相关人员应事先熟悉汽车专项维修企业对维修车辆进行进出厂登记管理的主要内容和相关环节。

2）将学生按客户、门卫、业务接待、试车人员等岗位分成若干小组，实际演练汽车专项维修企业的维修车辆进厂时、维修中和出门时的各项登记管理内容。

提示：由授课教师担任总导演，以便于演练任务的顺利实施。

3. 汽车进出厂登记管理流程练习

图 2-2 为汽车专项维修企业的业务流程，教师在组织学生进行汽车进出厂登记管理的模拟演练时，可重点参考图 2-2 中的第一个环节和倒数第二个环节。

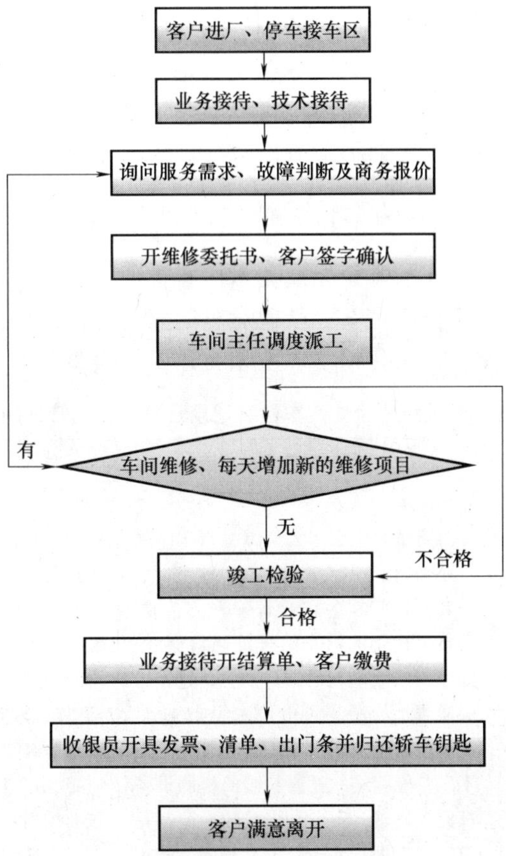

图 2-2　汽车专项维修企业维修车辆进出厂管理流程

4. 汽车进出厂登记管理模拟演练评估

汽车进出厂登记管理模拟演练的效果，可根据学生接车进门、资料登记、送车出门的技术技巧以及话语话术等能力要素进行评估。

任务二　汽车检验记录及技术档案管理

一、汽车检验记录及技术档案管理概述

1. 汽车检验记录及技术档案管理的定义

汽车检验记录及技术档案管理是指汽车专项维修企业及其质量检验员严格执行汽车维修行

业质量管理的有关政策法规、规章及维修故障诊断和质量检验的有关技术标准和作业规范，贯彻落实汽车维修质量检验制度、维修工艺和操作规程，负责车辆维修的过程检验，如实填写检验记录，建立车辆维修技术档案的全过程。汽车检验记录是汽车技术档案的重要组成部分。

2. 汽车检验记录及技术档案管理的目标及意义

汽车检验记录及技术档案管理的目的是为了更好地贯彻《中华人民共和国道路运输条例》、交通部《道路货物运输及站场管理规定》（2005 年第 6 号令）和《道路旅客运输及客运站管理规定》（2005 年第 10 号令）等规章制度，使汽车技术服务部门和道路运输经营者能够科学地建立车辆技术档案，并对相关内容的记载做到及时、完整和准确，以作为车辆定期审验和监督检查的依据之一，从而达到保持车辆的技术状况完好和车辆使用安全的目标。可以说，汽车检验记录及技术档案管理对确保汽车专项维修企业的维修质量、对汽车技术状况实施有效监控以及保障行车安全具有重要的意义。

二、汽车检验记录及技术档案管理情境设计

汽车专项维修企业进行汽车检验记录及技术档案管理的重点是通过对进厂维修车辆进行各项维修检验记录来建立车辆技术档案，从而对车辆尤其是营运车辆实施有效监控，以确保行车安全。其管理的场景图片、工作情境以及相关知识见表 2-2。

表 2-2　汽车专项维修企业汽车检验记录及技术档案管理的情境设计

场景图片	工作情境	相关知识
 	情境 1： 小梁是一名刚从大型综合汽车维修企业来到专项维修企业的质检员。由于其原来所在的企业属于一类企业，配有现代化的汽车综合维修检测线，大修及二维车辆的进厂初检、过程检验及竣工检验均可由检测线来完成。而现在的企业则属于三类企业，不但不配备检测线，就连起码的检测设备都比较缺乏，而且大多数的检验都是靠向车主进行问诊、就车查看、试车等人工方法来完成。对此，小梁很不适应，甚至怀疑现在的三类维修企业没有能力对维修车辆进行检验	汽车的进厂检验制度 1）汽车的进厂检验由专职的报修业务人员负责，必要时可由专职检验员配合 2）凡送厂维修的汽车必须办理报修手续，并进行进厂检验 3）根据报修的内容，按交通部颁发的《汽车运输业车辆技术管理规定》确定汽车维修级别 4）进厂检验一般采用询问、实地查看、仪器检测和路试的方法进行，以核实报修项目和维修级别 5）报修业务人员应认真详细填写报修单，不得有遗漏；对不明确的地方应询问清楚，力求不漏报、不错报维修项目 6）对维修期较长车辆中可能遗失的附件，应填写交接清单，其附件应拆卸妥善保管 7）报修人员应在汽车维修报修单和附件交接清单上签字认可，并交一份给用户备查 8）报修业务人员应有良好的服务态度，还应认真听取用户的意见，不断改进服务质量

（续）

场景图片	工作情境	相关知识
	情境2： 小刘是某三类汽车维修企业的业务接待员，专门负责进厂维修车辆的检验记录和维修技术资料的填写、整理和保管等工作。维修主管老周是小刘的同乡，而且是老周介绍小刘来本厂工作的。所以，老周每次借阅车辆维修资料时，小刘都不做任何记录。有一天，经理来资料室检查工作，正好发现有一盒资料不见了，小刘如实汇报了老周经常借送资料且不做记录的事。对此，经理严肃批评了小刘。	维修技术资料、工艺文件管理制度 1）技术负责人负责收集汽车维修的法律、法规和国家标准、行业标准以及相关技术标准，准备所承修车型相关维修技术标准和工艺文件，确保文件完整并及时更新 2）资料管理员对所有资料进行分类编号，定期对资料进行盘点并做好记录 3）借用资料时，资料管理员应认真、完整地填写资料借用登记表 4）借用人必须爱护资料，保证资料的完好、整洁。对于使用中出现的损坏现象，借用人应主动向管理员说明，并酌情赔偿 5）如资料遗失，将追究借用人责任；资料管理员需对借用人进行遗失登记，当再次出现遗失情况时，应限制其使用权 6）为保证资料内容清晰完整，借用人翻阅资料时双手一定要洁净，凡出现资料破损、油腻、不清洁，将追究借用人的责任并限制其使用权

三、汽车检验记录及技术档案管理任务实施

实施汽车检验记录及技术档案管理任务的要点是如何执行国家、省市、地区的《机动车维修管理规定》中的有关车辆维修检验和维修档案管理的制度。这里以汽车专项维修企业的发动机总成大修为例来进行介绍。

1. 汽车维修检验制度

汽车维修技术检验是指按规定的技术要求确定所维修的汽车、总成、零部件的技术状况而实施的检查。汽车专项维修企业应对二级维护、总成修理、专项修理的车辆实行维修前诊断检验、维修过程检验和竣工质量检验制度。质量检验人员具体负责制度的贯彻执行。

（1）汽车维修前诊断检验制度

1）在诊断检验前，质量检验员应主动告知车主出具《机动车维修记录》。

2）根据汽车技术档案的记录资料和驾驶员反映的车辆使用技术状况，质量检验员确定需要进行的检测项目。

3）质量检验员针对每一个检测项目实际进行检测，并依据检测结果和车辆的实际技术状况进行故障诊断，以确定附加作业项目（二级维护）或维护、修理方案。

4）质量检验员将诊断出的故障、维护和修理方案、维修项目等填写《机动车维修记录》，并根据检验情况填写《车辆进厂检验单》（见表2-3）或《汽车发动机大修进厂检验单》，然后告知托修方，由托修方签字确认。

5）调度人员将维修作业单下派车间，车辆进入作业车间。

表 2-3　××省汽车维修行业发动机大修进厂检验单

编号：

进厂日期		进厂编号	
厂牌车型		车牌照号码	
发动机型号		发动机号码	
送修单位		单位地址	
联系电话		送修人	
用户报修项目及发动机现状	维修前此发动机是随车驶入或拖入及单独运抵 总行驶里程__________km 已进行发动机大修__________次 进厂前的主要问题是____________________ 此次要求____________________		
发动机主要修理问题及重点修理部位			
发动机外观及装备（完整“○”、缺少“△”、损坏“×”、不检查“--”）			
检验项目	检验结果	检验项目	检验结果
空气滤清器		各传感器	
燃油滤清器		机油散热器及管道	
机油滤清器		加机油口盖	
化油器、喷油器（电控发动机）		机油尺、放油塞	
机油泵		水泵	
燃油泵		风扇电动机	
气缸体、气缸盖		风扇传动带	
进、排气歧管		风扇叶	
起动机		排气管、消声器	
发电机		尾气净化器	
火花塞		油管、真空管	
分电器（化油器式发动机）		增压器	
电控系统		调速器	
点火线圈		喷油泵	
备注：			

进厂检验员：____________　　　　____年__月__日

××省公路运输管理局　监制　　　　监督电话：（区号）×××××

（2）汽车维修过程检验制度

1）过程检验实行自检、互检和专职检验相结合的“三检”制度。

2）检验内容为汽车总成解体、清洗过程中检验、主要零部件的检验、各总成的组装和调试检验。

3）各检验人员根据分工，严格依据检验标准、检验方法认真检验，做好检验记录并填写《车辆维修过程检验单》或《汽车发动机大修过程检验单》（见表 2-4）。

表 2-4　× ×省汽车维修行业发动机大修过程检验单

编号：

进厂编号		厂牌车型		牌照号码	
发动机编号		施工日期		主修人	

主要零部件换修记录					
部件名称	续用	更换	修理	加大	缩小
气缸体					
气缸盖					
气缸套					
进、排气歧管					
活塞					
曲轴					
曲轴轴承					
连杆轴承					
凸轮轴					
凸轮轴轴承					
气门					
气门导管					
正时传动带（齿轮或链轮）					

气缸直径检验记录/mm												
气缸直径	1 缸		2 缸		3 缸		4 缸		5 缸		6 缸	
	纵	横	纵	横	纵	横	纵	横	纵	横	纵	横
上部												
中部												
下部												
圆度												
圆柱度												

活塞连杆组检验记录/mm						
活塞直径	1 缸	2 缸	3 缸	4 缸	5 缸	6 缸
横向						
纵向						
活塞环（开口）						
活塞质量/g						
活塞、连杆组质量/g						
活塞与气缸壁间隙						

曲轴与轴承检验记录/mm								
曲轴		1	2	3	4	5	6	7
主轴径	圆度							
	圆柱度							
连杆轴径	圆度							
	圆柱度							
主轴轴径与轴承配合间隙								
连杆轴径与轴承配合间隙								
曲轴端隙								

凸轮轴及轴承检验记录/mm				
凸轮轴	1	2	3	4
凸轮轴轴径				
凸轮轴轴径与轴承配合间隙				
凸轮升程				
备注：				

过程检验员：＿＿＿＿＿＿＿＿　　　　＿＿年＿月＿日

× ×省公路运输管理局　监制　　　　监督电话：（区号）+96333

4）经检验不合格的作业项目需重新作业，不得进入下一道工序。

5）对于影响安全行车的零部件，一定要严格控制其使用标准，对不符合要求的零部件应予以维修或更换，及时通知前台并协助前台向车主做好解释工作。

6）对于新购总成件，必须依据标准检验，杜绝假冒伪劣配件装入总成或车辆。

7）车辆维修完工，维修人员自检合格后，做好车辆清洁工作，并将车辆停放在完工区域，通知总检进行完工质量检验。

（3）汽车维修竣工质量检验制度

1）汽车维修竣工质量检验由总检负责。

2）汽车维修竣工质量检验内容为整车检查、检测、路试、检测路试后的再检测及车辆验收。

3）修竣车辆竣工质量检验严格依据《汽车维护、检测、诊断技术规范》(GB/T 18344—2001）要求进行。首先进行整车外观和底盘检查，检查合格后进行路试，对于路试中所发生的不正常现象要认真复查。路试合格后重新进行底盘检查，确保各项技术性能合格后，将有关内容记入《车辆维修竣工检验单》或《汽车发动机大修竣工检验单》(见表2-5）和《机动车维修记录》。

表2-5　××省汽车维修行业发动机大修竣工检验单

编号：

<table>
<tr><td>进厂编号</td><td colspan="2"></td><td>厂牌车型</td><td colspan="2"></td><td>车牌照号码</td><td colspan="2"></td></tr>
<tr><td>发动机编号</td><td colspan="2"></td><td>竣工日期</td><td colspan="2"></td><td>主修人</td><td colspan="2"></td></tr>
<tr><td colspan="9">发动机外观、装备及性能</td></tr>
<tr><td>检验内容及结果：</td><td colspan="8">检验内容及结果：</td></tr>
<tr><td>发动机外观：</td><td colspan="8">怠速转速/($r\cdot min^{-1}$)</td></tr>
<tr><td>喷（涂）漆：</td><td colspan="8">运转状况：
怠速：中速：　高速：　加速及过度：</td></tr>
<tr><td>四漏检查：
油：　水：　电：　气：</td><td colspan="8">发动机异响：</td></tr>
<tr><td>螺栓螺母：</td><td colspan="8">机油压力/MPa
怠速：　　高速：</td></tr>
<tr><td rowspan="4">机油：</td><td colspan="8">气缸压力/MPa</td></tr>
<tr><td>1</td><td>2</td><td>3</td><td>4</td><td>5</td><td>6</td><td>7</td><td>8</td></tr>
<tr><td></td><td></td><td></td><td></td><td></td><td></td><td></td><td></td></tr>
<tr><td colspan="8">气缸压力差/MPa</td></tr>
<tr><td>空滤器：</td><td colspan="2">调速率（柴油机）：</td><td colspan="6">（汽油机）真空度/KPa
怠速：　波动范围：</td></tr>
<tr><td rowspan="4">限速装置：</td><td colspan="8">（柴油机）排放污染物：</td></tr>
<tr><td colspan="2" rowspan="3">（汽油机）</td><td colspan="3">怠速____r/min</td><td colspan="3">高怠速____r/min</td></tr>
<tr><td colspan="2">CO%</td><td>HC 10^{-6}</td><td colspan="2">CO% 10^{-1}</td><td>HC 10^{-6}</td></tr>
<tr><td colspan="2"></td><td></td><td colspan="2"></td><td></td></tr>
<tr><td>起动性能：</td><td colspan="8">额定功率/KW　　最大转矩/(N·m)</td></tr>
<tr><td>电控系统有无故障码显示：</td><td colspan="8">发动机燃油消耗率/[g (KW·h)$^{-1}$]：</td></tr>
<tr><td>电控系统有无故障码显示：</td><td colspan="8">发动机噪声：</td></tr>
<tr><td colspan="9">备注：</td></tr>
</table>

竣工检验员：__________　　　　____年__月__日

××省公路运输管理局　监制　　　　监督电话：（区号）+96333

注意： 如是营运车辆，由总检告知送检员将车辆送往汽车综合性能检测站进行竣工质量检测。检测合格后，将车辆交付托修方。

2. 维修档案管理制度

1）对机动车进行二级维护、总成修理、专项维修的，资料管理人员需及时建立维修档案。

2）维修档案内容主要包括：维修合同、维修项目、具体维修人员及质量检验人员、检验单、竣工出厂合格证（存根）及结算清单等。

3）档案存放要有序、查找方便，并应做好六防工作：防盗、放火、防潮、防鼠、防尘、防晒，需保持档案存放处的清洁卫生。

4）不准损毁、涂改、伪造、出卖档案，档案资料如有损坏应及时修补。

5）各班组负责人要对本部门使用的档案资料的完整性和有效性负责，在现场不得存有或使用失效的文件和资料。

6）根据档案的内容、性质和时间等特征，对档案进行分类整理、存放、归档，电子档案要及时备份。

7）各班组每年对档案进行一次核对清理，并将所保存的档案整理后交办公室统一归档。对于已经到保管期限的文件资料，由办公室按规定处理。

8）借阅档案必须办理规定手续，借阅者对档案的完整、清洁负责，未经许可不得擅自转借、复印。

9）机动车维修档案的保存期为两年。

四、汽车检验记录及技术档案管理模拟演练

案例导入　小叶此前在一家五金公司做文员，当她看到我国汽车保有量猛增、汽车维修行业蓬勃发展的势头后，便辞去了现在的工作，应聘到一家汽车专项维修店做资料管理员。当她开始接触汽车维修企业管理软件后，感觉其中有太多的专业术语需要学习请教，于是主动找到经理要求参加企业内部的各种培训。

1. 汽车检验记录及技术档案管理模拟演练设计

1）目标：通过模拟演练，使质检员、资料管理人员掌握汽车专项维修企业对维修车辆进行检验的技术措施及建立维修档案的方法。

2）道具：计算机、汽车维修企业管理软件、座椅套、各种检验记录表、相关检测仪器设备等。

3）主要人物：质检员、资料管理员、试车员等。

2. 演练的主要步骤及侧重点

1）相关人员应事先熟悉汽车专项维修企业进行汽车维修检验记录及建立技术档案的技术要求及相关制度、措施等内容。

2）将学生按质检员、资料管理员、试车人员等岗位分成若干小组，实际演练汽车专项维修企业的汽车维修检验记录及技术档案等管理内容。

提示：由授课教师担任总导演，以便于演练任务的顺利实施。

3. 汽车检验记录及技术档案管理流程练习

大部分现代汽车专项维修企业都已实现计算机管理。尤其是车辆技术档案的建立、存储及保管等环节，基本依靠计算机及其相应的汽车维修企业管理软件来完成。因此，本任务应重点练习车辆技术档案计算机管理系统的操作（如图 2-3 所示）。

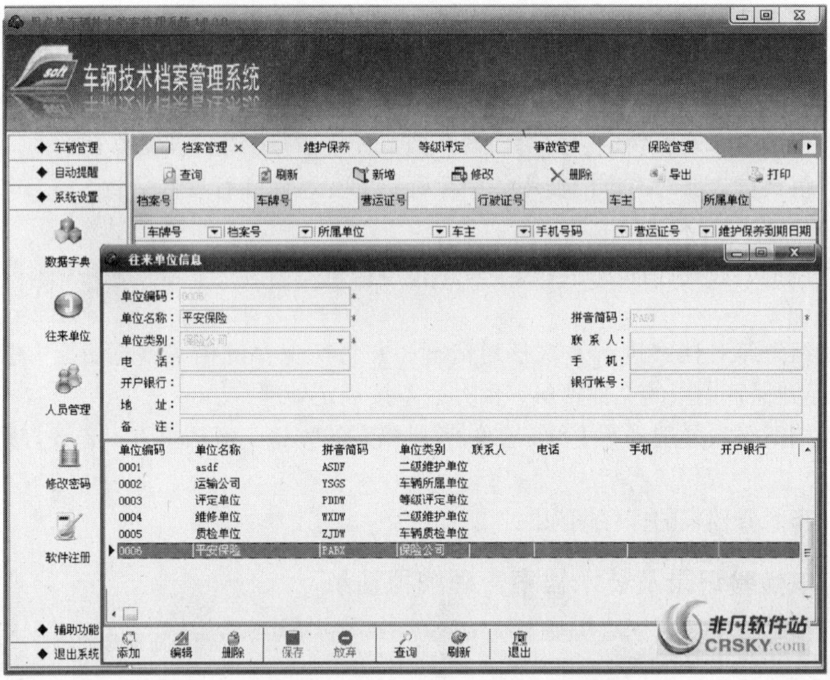

图 2-3　车辆技术档案计算机管理系统操作界面

4. 汽车检验记录及技术档案管理模拟演练评估

汽车检验记录及技术档案管理模拟演练的效果，可根据学生对车辆技术档案计算机管理系统操作的熟练程度进行评估。

任务三　汽车维修技术标准及质量管理

一、汽车维修技术标准及质量管理概述

1. 汽车维修技术标准及质量管理的定义

汽车维修技术标准是指对汽车维修全过程的技术要求、检验规则所做的统一规定。我国汽车维修技术标准分四级，即国家标准、行业标准、地方标准和企业标准。

质量是指“反映实体满足明确和隐含需要的能力的特性总和”（国际标准 ISO 8402：1994 对质量的定义）。汽车维修质量包括维修技术质量和维修服务质量两个方面。从技术角度讲，汽车维修技术质量是指汽车维修作业对汽车完好技术状况和工作能力的维持或恢复的程度；从服务角度讲，汽车维修服务质量是指用户对维修服务的态度、水平、及时性、周到

性以及收费等方面的满意程度。

汽车维修企业的质量管理主要是指按照汽车维修质量检验制度，对维修车辆从进厂到出厂的维修全过程以及维修过程中的每一道工序，实施严格的质量监督和质量控制的全过程。

2. 汽车维修技术标准及质量管理的目标及意义

按照汽车维修技术标准对车辆进行维修是确保汽车维修质量的重要前提，也是汽车维修企业进行质量管理的主要内容。加强对汽车维修企业的质量管理对确保维修质量、保障行车安全、提高客户满意度和企业知名度均具有重要意义，也是汽车维修企业实现维修质量和服务质量双目标的重要基础。

二、汽车维修技术标准及质量管理情境设计

汽车专项维修企业严格按照汽车维修技术标准进行汽车维修质量管理是确保维修质量、保证行车安全、扩大企业规模的重要基础，其管理的场景图片、工作情境以及相关知识，见表2-6。

表2-6　汽车专项维修企业汽车维修技术标准及质量管理的情境设计

场景图片	工作情境	相关知识
	情境1： 维修接待（兼质检员）小马接到车主老王的车后，转圈看了看就说：“你这车要大修啊。”老王不禁“啊”的一声，只是个别电磁阀坏了，发动机发抖而已。 对此，车主老王质问小马：“你们这里就这样修车的吗？难道不进行任何检查和诊断就胡乱下结论吗？”小马无言以对	质量检验员应具备的条件： 1）具有中等专业以上文化程度，掌握全面质量管理的基本知识 2）熟悉汽车维修技术 3）掌握汽车维修技术标准，出厂检验员还需有与准驾车相符的驾驶执照 4）掌握公差配合与技术测量的基本知识 5）会正确使用量具、检测仪器，熟悉和掌握测试技术 6）责任心强，办事公道，身体健康，无色盲，无高度近视 7）受过专门培训，并取得交通行业主管部门认可的职业资格证书
	情境2： 面对客户老王的质疑，这家专修店的员工几乎全体出动，编出各种理由来共同欺骗老王 对此，老王找到该店老板理论，同时强烈建议老板好好抓一抓店里的维修质量及员工的服务态度。若还不诚信经营，将向消协投诉。老板仔细一想，感觉老王的投诉在理、建议诚恳，于是开始狠抓质量管理	现代汽车维修质量检验的主要内容 1）车辆的安全性，包括车辆的制动、侧滑、转向、前照灯等 2）车辆的可靠性，包括异响、磨损、变形、裂纹等 3）车辆的动力性，包括最高车速、加速能力、爬坡能力、发动机功率、底盘输出功率 4）车辆的经济性，主要指燃料、润滑料的消耗情况 5）车辆的噪声和废气排放状况等

三、汽车维修技术标准及质量管理任务实施

汽车专项维修企业实施汽车维修技术标准及质量管理任务的重点是汽车维修企业及相关岗位人员熟悉国家、省市、地方及汽车制造企业所制定的各项汽车维修技术标准并严格执

行，以及不断完善汽车维修质量管理制度。

1. 汽车大修竣工出厂技术条件

根据中华人民共和国国家标准 GB/T 3798—2005 之规定，汽车大修竣工出厂技术条件分为《汽车大修竣工出厂技术条件 第1部分：载客汽车》（GB/T 3798.1—2005）和《汽车大修竣工出厂技术条件 第2部分：载货汽车》（GB/T 3798.2—2005）。

载客汽车与载货汽车大修竣工出厂技术条件的内容基本相同；但二者也有一些不同之处，已在下文中标注，应注意区分。以下以载客汽车为例来介绍一下汽车大修竣工出厂技术条件。

（1）技术要求

1）基本要求。

① 整车外观应整洁、完好、周正，附属设施及装备应齐全、有效。

② 主要结构参数应符合原设计规定，由修理改变的整车质量不得超过新车出厂额定值的3%。

③ 左右轴距差不得大于原设计轴距的1/1000。

④ 各部运行温度正常，各处无漏油、漏水、漏电、漏气现象。

⑤ 各仪表运行正常，指示正确。

⑥ 发动机、底盘等各总成均应按原设计规定喷（涂）漆。

⑦ 润滑及其他工作介质的使用要求：

a. 各滑脂（油）嘴应装配齐全、功能有效，各总成应按原设计规定加足润滑剂。

b. 动力转向装置、变速器、分动器、主减速器、液力传动装置、发动机冷却系统、气压制动防冻装置、液压制动装置、空调冷媒、风窗清洗装置等均应按原设计要求，加注规定品质与数量的介质。

⑧ 各总成与车架联结部位的支撑座、支撑垫应齐全且稳定可靠。

⑨ 全车所有螺栓、螺母应装备齐全、锁止可靠。关键部位的螺栓、螺母的扭紧顺序和力矩应符合原制造厂维修技术要求。一般紧固件应牢固可靠，不得有松动、缺损现象。一次性锁止螺栓不得重复使用。

⑩ 各铆接件的结合面应贴合紧密；铆钉应充满钉孔、无松动；铆钉头不应有裂纹、缺损或残缺现象；不得用螺栓连接代替铆钉。

⑪ 各焊接部位应按规律焊接，焊缝应平稳、光滑，不应有夹渣、裂纹等焊接缺陷。

⑫ 影响汽车行驶安全的转向系、制动系和行驶系的关键零部件不得使用修复件。

⑬ 对有关悬架减振系统的大修作业，不应改变原车的平稳性能指标。

提示：载货汽车的大修竣工出厂技术条件中，无“对有关悬挂减振系统的大修作业，不应改变原车的平稳性能指标”的技术要求。

2）各总成机构要求。

① 发动机。

发动机应符合 GB/T 3799.1—2005 和 GB/T 3799.2—2005 的规定。

② 转向操纵机构。

a. 转向盘应转动灵活、操纵轻便、无异响、无偏重或卡滞现象。转向机构各部件在汽车转向过程中不得与其他部件相干涉。

b. 转向盘应能自动回正，具有稳定的直线行驶能力。在平坦的道路上行驶不得有摆振或其他异常现象，曲线行驶时不得出现过度转向。

c. 转向盘的最大自由转动量，应符合 GB 7258—2012 中有关条款的要求。

d. 汽车转向轮的横向侧滑量，应符合 GB 7258—2012 中有关条款的要求。

e. 车轮定位、最大转向角应符合原设计规定。

f. 转向节及臂及转向横、直拉杆、球销应无裂纹和损伤；并且球销不得松旷，横、直拉杆不得拼焊。

③ 传动机构。

a. 离合器接合平稳、分离彻底、操作轻便、工作可靠，不得有异响、打滑或发抖现象；踏板力不大于 300N。

b. 离合器踏板的自由行程、有效行程应符合原设计规定；动作时不应与其他非相关件发生干涉，放松后踏板能迅速回位。衬套与轴的配合应符合原制造厂的维修技术要求。

c. 手动变速器及分动器应换档轻便、准确可靠；互锁和自锁装置有效，不得有乱档和自行跳档现象；运行中无异响；正常情况下不过热。

d. 自动变速器的操纵装置除位于 P、N 外的任何换位，发动机均应不能起动；当位于 P 档时，应有驻车锁止功能；车辆行驶中能按规定的换档点进行升、降档；换档平顺、不打滑，无冲击、无异响。正常情况下不过热。

e. 传动轴及中间轴承应正常工作，无松旷、抖动、异响及过热现象。装备有缓速器的车辆，缓速器应正常有效，缓速率应符合原设计要求。

f. 主减速器、差速器和轮边转速器应正常工作、无异响，正常工况下不过热。

④ 行走机构。

a. 车轮总成的横向摆动量和径向跳动量应符合 GB 7258—2012 中有关条款的要求。

b. 最大设计车速不小于 100km/h 的汽车，车轮应进行动平衡试验，其动不平衡质量应不大于 10g。

c. 汽车装用的轮胎应与其最大设计车速相适应。

d. 轮胎胎冠和胎侧不得有足以暴露出轮胎帘布层的破裂和割伤。

e. 轮胎胎冠上的花纹深度应符合 GB 7258—2012 中有关条款的要求；同轴上装用的轮胎型号、品种、花纹应一致；汽车转向轮不得装用翻新轮胎；轮胎气压应符合原设计规定；用滚型工艺制作的轮辋损坏后必须换装相同的轮辋。

f. 转向节与衬套的配合及轮毂轴承预紧度应符合原制造厂的维修技术要求。

g. 非独立悬架式车辆，转向节与衬套的配合，轴颈与轴承的配合，轴承预紧度调整符合原制造厂维修技术要求，无异响，正常工况下不发热；减振器、钢板弹簧作用良好、有效，无异响；各部连接杆件不松旷。

h. 独立悬架式车辆，转向节上下球销不松旷；轴承与轴颈的配合，轴承预紧度调整符合原制造厂维修技术要求，无异响，正常工况下不发热；减振弹簧、扭杆弹簧、气囊弹簧、减振器正常有效，无异响；各部连接杆件衬套、球销、垫片，齐全不松旷。

⑤ 制动机构。

a. 汽车在行驶中无自行制动现象。

b. 采用气压制动的汽车，制动系统的装备及其性能应符合 GB 7258—2012 中有关条款的规定。

c. 制动系装备的比例阀、限压阀、感载阀、惯性阀或制动防抱死装置，应工作正常、有效。

d. 装有排气制动的柴油车，当排气制动装置关闭 3/4 行程时，联动机构应使喷油泵完全停止供油；而当排气制动装置开启时，又能正常供油。

e. 制动踏板的自由行程、有效行程应符合原设计规定。动作时不应与其他非相关件发生干涉，放松踏板能迅速回位；衬套与轴的配合应符合原制造厂维修技术要求。采用液压制动的汽车踏板行程应符合 GB 7258—2012 中有关条款的规定。

f. 驻车制动操纵杆的有效行程应符合原设计规定。动作时不应与其他非相关件发生干涉。衬套与轴的配合应符合原制造厂维修技术要求。

⑥ 车身、车架。

a. 车身应符合 GB/T 5336—2005 的规定。

b. 车身、保险杠及翼子板应左右对称，各对称部位离地面高度差不大于 10mm。

提示： 载货汽车的大修竣工出厂技术条件中，规定着重于“车架、车身、驾驶室”，具体内容为：

c. 车架纵梁上平面及侧面的纵向直线度公差在任意 1000mm 长度上为 3mm，在全长上为其长度的 1‰。

d. 车架总成左、右纵梁上平面应在同一平面内，其平面度公差为被测平面长度的 1.5‰。

e. 车架分段（前钢板前支架销孔轴线——前钢板后支架销孔轴线——后钢板前支架销孔轴线——后钢板后支架销孔轴线）检查，各段对角线长度差应不大于 5mm。

f. 驾驶室、货厢应平整完好，无变形、裂损、锈蚀等缺陷。货厢边板、铰链应铰接牢固、启闭灵活。

g. 驾驶室总成采用翻转机构的，行驶中应无异响且减振有效，翻转轻便灵活，翻转角度符合原设计规定；定位及锁止机构应可靠、完整、有效。隔热减振措施应有效且符合原设计规定。

h. 驾驶室座椅可调节部位，应调节灵活、锁止有效。

i. 驾驶室、货厢、保险杠及翼子板应左右对称。各对称部位离地面高度差：货厢不大于 20mm，其他不大于 10mm。

j. 货厢边板和底板应平整完好；左、右边板应平行，其高度差不大于 10mm；边板关闭后，各边缝隙不应超过 5mm；货厢铰链支架及锁钩应按原设计修配齐全、有效。

k. 备胎架安装牢固可靠、操纵灵活。

l. 发动机罩应无裂损变形、盖合严密，附件应齐全有效、灵活可靠、支撑牢固。

m. 后视镜成像清晰、调节灵活、支架无裂损及锈蚀、安装牢固；刮水器工作可靠，有效刮水面达到原设计要求。

n. 内、外装饰件外观应平顺贴合，紧固件整齐牢固；电镀、铝质装饰件应光亮，无锈斑、脱层和划痕。

o. 可开启式门窗应开闭轻便、关闭严密、锁止可靠、合缝均匀，不松旷；门把、玻璃升降器应齐全完好、灵活有效。

p. 门窗玻璃应符合 GB 7258—2012 中有关规定的要求。

q. 门窗及防尘、防雨密封设施应齐全、完好。

⑦ 照明和信号装置及其他电气设备。

a. 全车电气线路应布置合理、连接正确；线束包扎良好、牢固可靠；线束通过孔洞处应有防护设施，且距离排气管不小于 300mm；导线规格及线色符合规定，接头牢固、良好；保险丝、熔断线及继电器的使用应符合原设计规定；裸露的电气接头及电气开关应距燃油箱的加油口和通气口 200mm 以上。

b. 灯光、信号、电器设备等及其控制装置应齐全有效，各元器件性能良好、工作正常、符合原设计要求。

c. 前照灯光束的照射位置和发光强度应符合 GB 18565—2001 中有关条款的规定。

d. 装备有空调系统的载客汽车的空调性能应符合原设计要求。

e. 装备有其他与制动、行车安全有关的电子控制系统的元器件，应按原设计装备齐全，监控有效、正常。电子控制装置（ECU）应无故障码显示。

f. 蓄电池外观应整洁、安装牢固、桩头完好、正负极标志分明，桩卡头及搭铁线连接牢固；电解液密度、液面高度及电压差应符合规定。

提示： 载货汽车的大修竣工出厂技术条件中，无 d 和 e 两项要求，其他均相同。

3）主要性能指标要求。

① 动力性。

台架测试汽车额定转矩转速下的驱动轮输出功率应符合 GB/T 18276—2000 的规定。

环境温度在 288 ~ 303K（15 ~ 30℃）范围内，海拔高度变化后，驱动轮输出功率可按下列公式进行修正。

$$P_{修正} = P_{输出}/k$$

式中：

$P_{修正}$——修正功率（kW）；

$P_{输出}$——驱动轮输出功率（kW）；

k——不同海拔高度输出功率修正系数，见表 2-7。

表 2-7　不同海拔高度的输出功率修正系数

海拔高度/m	1000	2000	3000	4000	5000
汽油机修正系数 k	0.87	0.77	0.67	0.57	0.47
柴油机修正系数 k	0.93	0.85	0.77	0.69	0.61

② 经济性。

汽车大修走合期满后，每百公里燃料消耗量不得大于该车型原设计规定的相应车速等速百公里燃料消耗量的 105%。

③ 排放性能。

各种排放控制装置应齐全、有效，汽车的排放指标应符合国家标准的要求。

④ 制动性能。

a. 试验台或道路检验制动性能，应符合 GB 18565—2001 中有关条款的规定。

b. 制动系装有比例阀、限压阀、感载阀、惯性阀或制动防抱死装置的，在试验台上达不到规定制动力的车辆，应以满载路试的检验结果为准。装用 ABS 的汽车的制动性能应符合国家标准的规定。

⑤ 滑行性能。

滑行性能应符合 GB 18565—2001 中有关条款的规定。

⑥ 转向轻便性。

转向轻便性应符合 GB 18565—2001 中有关条款的规定。

⑦ 汽车噪声。

a. 车内噪声应符合 GB 7258—2012 的有关规定。

b. 车外噪声应符合 GB 1495—2002 的有关规定。

⑧ 喇叭声级。

应符合 GB 7258—2012 的有关规定。

（2）质量保证

1）大修竣工出厂的汽车，经检验合格，应签发“汽车大修出厂合格证”及有关技术文件。

2）承修单位对大修竣工的汽车应给予质量保证，质量保证期自出厂之日起，不少于半年或行驶里程不少 20000km（以先到者为准）。

提示： 载货汽车的大修竣工出厂技术条件中，2）为承修单位对大修竣工的汽车应给予质量保证，主要总成部件的质量保证期自出厂之日起，不少于半年或行驶里程不少于 20000km（以先到者为准）。

2. 商用汽车发动机大修竣工出厂技术条件

根据中华人民共和国国家标准 GB/T 3799—2005 之规定，商用汽车发动机大修竣工出厂技术条件分为《商用汽车发动机大修竣工出厂技术条件 第 1 部分：汽油发动机》（GB/T 3799. 1—2005）和《商用汽车发动机大修竣工出厂技术条件 第 2 部分：柴油发动机》（GB/T 3799. 2—2005）两部分。

商用汽车汽油发动机与柴油发动机大修竣工出厂技术条件的内容基本相同；但二者也有一些不同之处，已在下文中标注，应注意区分。这里以汽油发动机为例，介绍商用汽车发动机大修竣工出厂技术条件。

（1）技术要求

1）发动机外观。

① 发动机的外观应整洁、无油污。发动机外表应按规定喷漆，漆层应牢固，不得有起泡、剥落和漏喷现象。

② 发动机点火、燃料供给、润滑、冷却和进排气等系统的附件应齐全，安装正确、

牢固。

③ 发动机各部分应密封良好，不得有漏油、漏水、漏气现象；电器部分应安装正确、绝缘良好。

2）发动机装备。

① 外购的零部件和附件均应符合其制造或修理技术要求。

② 修复的零部件装配前应经检验，保证其性能达到规定的技术要求。主要零部件气缸体和气缸盖、曲轴、凸轮轴等如进行修理。应满足原制造厂维修技术要求。

③ 发动机应按装配要求装配齐全；装配过程中应按要求进行过程检验，过程检验合格后再进行下一步装配。

④ 装配后的发动机应按原设计规定加注润滑油、润滑脂和冷却液。

⑤ 带有增压或中冷增压的发动机，其增压装置应按原厂规定进行装配和检验，增压器工作应正常，转速应达到原设计规定。具有增压器旁通管道控制的发动机，旁通管道的开启与关闭应灵活可靠，开启及关闭的转速应符合原设计规定。

⑥ 对原设计规定需加装限速装置的发动机，维修人员应对限速装置做相应调整并加铅封。限速装置宜在发动机走合期满并进行首次维护后拆除。

⑦ 电子控制燃油喷射系统装置应齐全有效。

⑧ 装配后的发动机如需进行冷磨、热试，应按工艺要求和技术条件进行冷磨、热试、清洗，并更换润滑油、机油滤清器或滤芯。原设计有特殊规定的按相应规定进行。

提示：商用汽车柴油发动机大修竣工出厂技术条件中，多了“发动机装有的排气制动装置应可靠有效”和“喷油泵、喷油器、调速器均应进行调试、检测，其性能指标符合原制造厂维修技术要求”两项内容，其他内容相同。

3）发动机性能。

发动机运转状况及检查

发动机在各种工况下应运转稳定，不得有过热现象；不应有异常响声；突然改变工况时，应过渡圆滑，不得有突爆、回火、放炮等异常现象。

提示：商用汽车柴油发动机大修竣工出厂技术条件中，该项内容为：

① 发动机在各种工况下运转应稳定，不得有过热和异常燃烧、爆燃等现象，不应有异常响声；改变工况时应过渡平稳。

② 当发动机转速超过额定转速时，断油控制装置正常有效。紧急停机装置在发动机整个运转过程中可靠有效，不得出现失控现象。

③ 起动性能

按 GB/T 18297—2001 中的检验方法进行检验。

发动机在正常环境温度和低温 255K（－18℃）时，都能顺利起动。允许起动 3 次。

④ 怠速运转性能。

在正常工作温度下，发动机怠速运转稳定，其怠速转速应符合原设计规定，并能保证向其他工况圆滑过渡。

⑤ 进气歧管真空度。

在正常工作温度和标准状态下，发动机怠速运转时，进气歧管真空度符合原设计规定，其波动范围为：6 缸汽油发动机一般不超过 3kPa；4 缸汽油发动机一般不超过 5kPa。

提示：商用汽车柴油发动机大修竣工出厂技术条件中，无进气歧管真空度要求，多了调速率内容，具体为：按 GB/T 18297—2001 中的检验方法进行检验。柴油发动机稳定调速率应符合原设计规定。

⑥ 增压发动机的增压压力及温度。

增压发动机的增压压力及温度应符合原设计规定。

⑦ 机油压力。

在规定转速下，发动机润滑系统工作正常，机油压力和机油温度应符合原制造厂维修技术要求，警示装置可靠有效。

⑧ 额定功率和最大转矩。

按 GB/T 18297—2001 中的检验方法进行检验。

在标准状态下，发动机额定功率和最大转矩不得低于原设计标定值的 90%。

环境温度在 288～303K（15～30℃）范围内，海拔高度变化后，发动机额定功率可按以下公式进行修正。

$$P_{修正}=P_{实测}/k$$

式中：

$P_{修正}$——修正功率（kW）；

$P_{实测}$——实测功率（kW）；

k——不同海拔高度额定功率、最大转矩修正系数，见表 2-8。

最大转矩的修正方法、修正系数与额定功率的修正方法、修正系数相同。

表 2-8　不同海拔高度额定功率、最大转矩修正系数

海拔高度/m	1000	2000	3000	4000	5000
修正系数 k（汽油发动机）	0.87	0.77	0.67	0.57	0.47
修正系数 k（柴油发动机）	0.93	0.85	0.77	0.69	0.61

⑨ 最低燃料消耗率和机油消耗量

按 GB/T 18297—2001 中的检验方法进行检验。

最低燃料消耗率不得大于原设计标定值的 105%；机油消耗量符合原设计规定。

⑩ 排放性能

发动机排放装置应齐全有效，排放污染物限值应符合国家有关标准的规定。

⑪ 噪声

发动机的噪声应符合国家有关标准的规定。

⑫ 电子控制燃油喷射系统

电子控制燃油喷射系统技术参数与性能应符合原制造厂维修技术要求。

（2）质量保证

1）承修单位应按要求对修竣发动机额定功率、最大转矩、燃料经济性进行检验，并达到本部分相应条款规定的要求。

2）在发动机的装配过程中，要根据工艺要求进行过程检验并保持记录；过程检验合格的发动机可进行下一步装配，装配完成后进行竣工检验；经竣工检验合格的发动机应签发合格证，并提供必要的技术文件。

3）发动机维修技术资料应归档管理，包括发动机型号、编号、送修单位及送修人、维修过程中的更换件、维修部位、工时、人员、检验结果、判定依据和维修日期等。

4）承修单位对大修工出厂的发动机应给予质量保证，质量保证期自竣工之日起，不少于半年或行驶里程为 20000km（以先到者为准）。送修方应按技术文件要求进行使用和维护。

（3）包装

如送修方提出包装要求，那么承修单位应对发动机进行包装并填写装箱单。发动机包装前应放掉润滑油和冷却液，并堵封好外露通孔。包装应牢固，并应有防潮防锈措施。外包装上应注明有关名称、型号、送修和承修单位、日期、注意事项等信息。

3. 汽车维修质量管理

（1）汽车维修质量管理的任务　汽车维修质量管理的任务主要有以下四个方面：

1）加强质量管理教育，提高全体员工的质量意识，牢固树立“质量第一”的观念，做到人人重视质量、处处保证质量。

2）制订企业的质量方针和目标，对企业的质量管理活动进行策划，使企业的质量管理工作有方向、有目标、有计划地进行。

3）严格执行汽车维修质量检验制度，对维修车辆从进厂到出厂的维修全过程以及维修过程中的每一道工序，实施严格的质量监督和质量控制。

4）积极推行全面质量管理等科学、先进的质量管理方法，建立健全汽车维修质量保证体系，从组织上、制度上和日常工作管理等方面对汽车维修质量实施系统的管理和保证。

（2）汽车维修企业的全面质量管理（TQC）　全面质量管理源于美国，国际标准化组织把它定义为“一个组织以质量为中心，以全员参与为基础，目的在于通过让客户满意和本组织成员及社会收益而达到长期成功的管理途径”。

1）全面质量管理的特点。企业经常用最简单的一句话来概括全面质量管理的特点就是“三全一综合”，即以系统的观点和方法实施全面的、全过程的、全员的管理。具体如下：

① 提高工作质量，保证产品质量。工作质量是形成产品质量的原因，产品质量则是工作质量的结果。因此，产品质量是企业全面工作质量的综合反映。

② 全过程的质量管理。全过程包括设计、制造、辅助生产和使用四个过程。

③ 全员的质量管理，即企业的全体员工参与质量管理。

④ 预防为主，防检结合。产品质量不是检验出来的，产品质量有一个逐步产生和形成的过程，所以就要层层把关；当然，以预防为主并不排斥事后的检验，而是将预防与检验结合起来。

⑤ 把数理统计方法作为全面质量管理的重要手段。把质量问题数量化，用数据反映质量状况，做到“心中有数”；更要从数据的分析中，找出质量变异的规律来提高产品的质量。

2）全面质量管理的程序。全面质量管理的工作程序可分为四个阶段：

第一阶段——计划（Plan）。确定质量目标、方针，制订质量活动计划和管理项目等。

第二阶段——实施（Do）。根据第一阶段的计划组织员工付诸行动。

第三阶段——检查（Check）。对实施的情况进行检查、总结，肯定成绩和经验，并找出存在的问题和原因。

第四阶段——处理（Action）。根据检查的结果，采取相应的措施。

以上的计划、实施、检查、处理四个阶段，简称PDCA，画成一个圆环，叫做“戴明环”，如图2-4所示。PDCA工作循环的特点是：

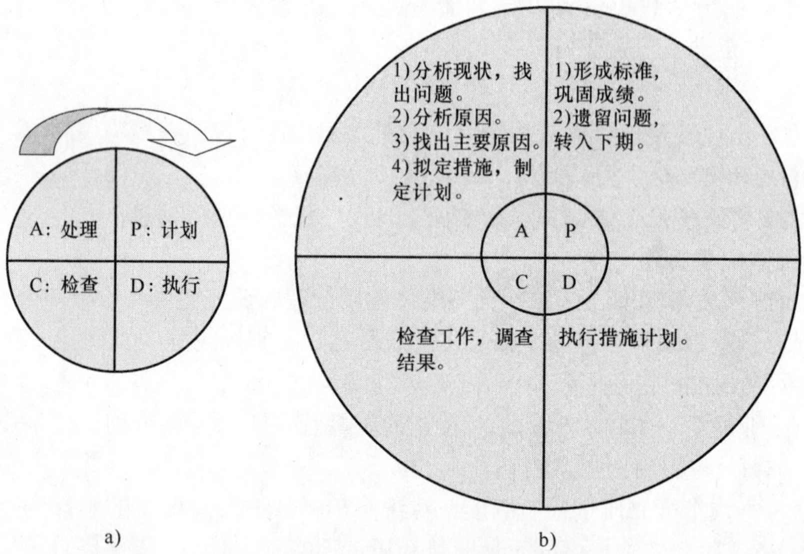

图2-4 “戴明环”的管理内容

① 每一个阶段内部也是按PDCA方式运转并循环的，即所谓的“大循环套小循环”，循环每转动一周，水平就提高一步（如图2-5所示）。

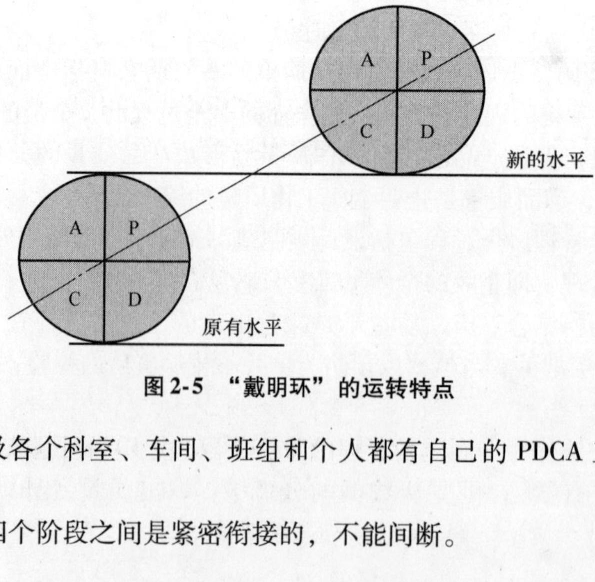

图2-5 “戴明环”的运转特点

② 整个企业以及各个科室、车间、班组和个人都有自己的PDCA工作循环，并且相互协调、相互促进。

③ 工作循环的四个阶段之间是紧密衔接的，不能间断。

④ 工作循环的四个阶段是周而复始的，不能停顿。

⑤ 每一个循环结束后，下一个循环便又在更高的水平上进行，即每转动一圈就上升一步、就实现一个新的目标。如此反复不断地循环，使质量问题不断得到解决，管理水平、工作质量和产品质量就得到步步提高（如图 2-6 所示）。

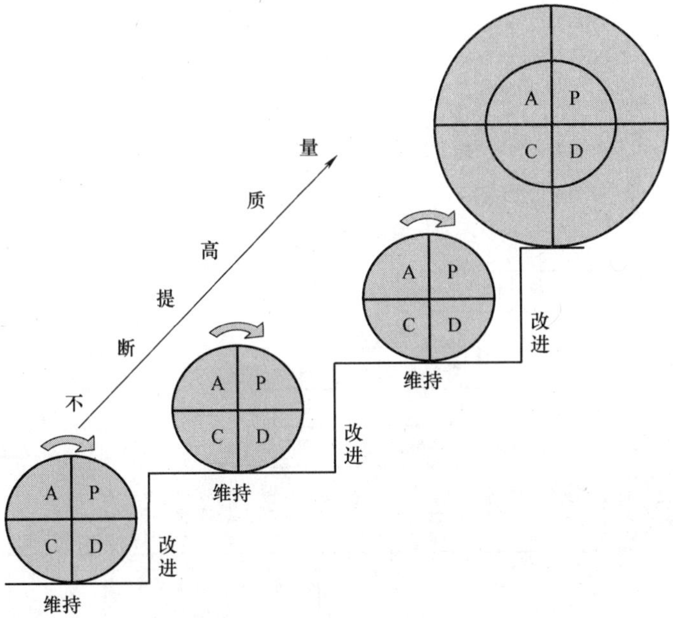

图 2-6　“戴明环”的循环示意图

3）全面质量管理的方法。汽车维修企业全面质量管理常用的方法为数理统计法。数理统计法又分为排列图法、因果分析图法、直方图法、控制图法和相关图法这五种方法。

① 排列图法。又称主次因素分析法、巴雷特法，它是找出影响产品质量主要因素的一种简单而有效的图表方法。其原理是“关键的少数和次要的多数”，也就是将影响产品质量的众多影响因素按其对质量影响程度的大小，用直方图形顺序排列（图 2-7），找出主要因素。

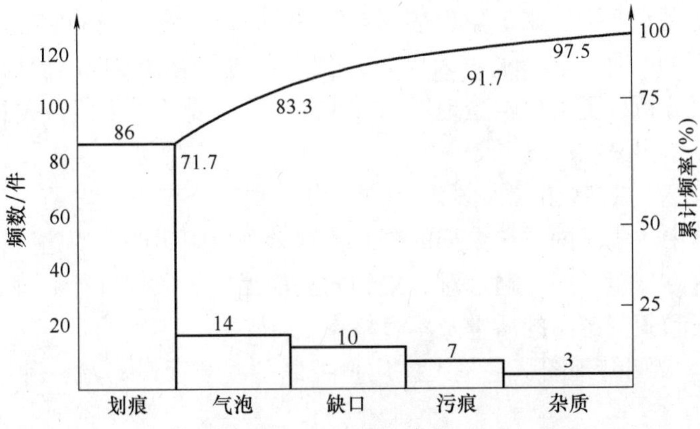

图 2-7　汽车车身涂漆质量问题排列图

② 因果分析图法。又叫鱼骨图法（又称石川图，图 2-8、图 2-9），它是一种透过现象看本质的分析方法。

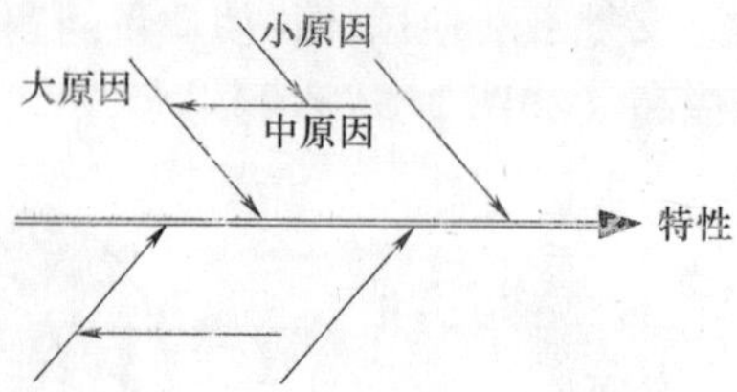

图 2-8　常用的“原因型鱼骨图”（即因果关系分析图）

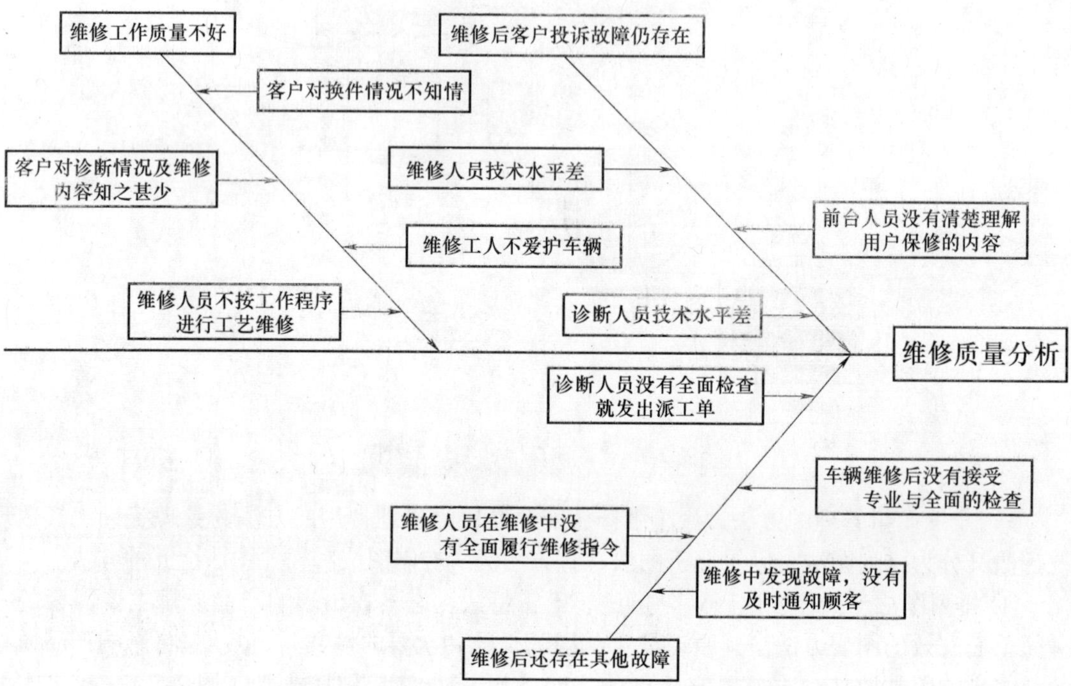

图 2-9　汽车维修企业维修质量因果关系分析图

鱼骨图经常用在生产中，来形象地表示生产车间的流程，是整理和分析影响质量（结果）的各因素之间的一种工具。通过因果分析图，可以形象地表现出探讨问题的思维过程，通过有条理地逐层分析，更可以清楚地看出“原因——结果”“手段——目标”的关系，使问题的脉络完全显示出来。

③ 直方图法。又称柱状图（如图 2-10 所示）、质量分布图，它是一种几何形图表，它是根据从生产过程中收集来的质量数据的分布情况，画成以组距为底边、以次数为高度的一系列连接起来的直方型矩形图。通过对收集到的貌似无序的数据进行处理，来反映产品质量的分布情况，判断和预测产品的质量及不合格率。

④ 控制图法。又叫管理图，它是工序质量控制的主要手段，是一种动态的质量分析与控制的方法。

控制图以取样时间或子样号为横坐标，以零件尺寸或其他质量特性值为纵坐标。在图上

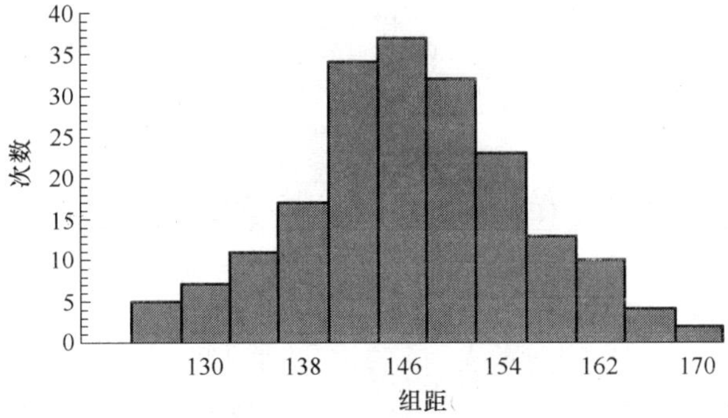

图 2-10　汽车维修质量问题柱状图

(如图 2-11 所示) 分别画出公差的上、下限以及上、下控制界限和中心线。在工艺过程进行中，按规定的时间抽取子样、测量尺寸或其他特性值，并将测得的数据用点一一描在图上，得到控制图。

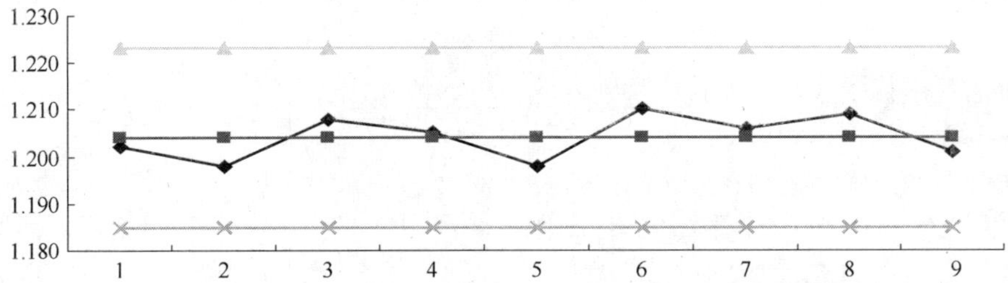

图 2-11　汽车配件质量问题控制图

⑤ 相关图法。又称散点图 (图 2-12)，它是表示两个变量之间关系的图，用于分析两测定值之间的相关关系，具有直观简便的优点。通过作相关图对数据的相关性进行直观地观察，不但可以得到定性的结论，而且可以通过观察剔除异常数据，从而提高用计算法估算相关程度的准确性。

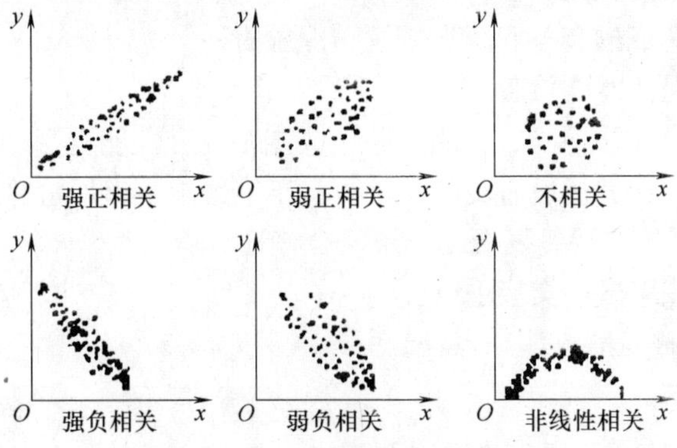

图 2-12　汽车维修质量问题控制图

(3) 汽车维修企业的质量检验

1) 汽车维修质量检验的任务。在汽车维修企业中，维修质量检验工作的基本任务包括以下三个方面：

① 测定维修的整车、总成、零部件等部位的质量特性。

② 对汽车维修过程实施质量监督与控制。

③ 对汽车（包括整车、总成、零部件）维修质量进行评定。

2）汽车维修质量检验的工作内容和步骤。汽车维修质量检验工作的基本内容和步骤是：

① 掌握标准。

② 进行测定。

③ 数据比较。

④ 做出判定。

⑤ 结果处理。

3）汽车维修质量检验的类别及检验内容。

① 进厂检验。

a. 车辆外观检视。

b. 车辆装备情况检查。

c. 车辆技术状况检查，并听取驾驶人或车主的情况说明。

d. 填写车辆进厂检验单。

e. 查阅车辆技术档案和上一次的维修技术资料。

f. 判断车辆的技术状况，确定维修方案。

g. 签订维修合同，办理交接车手续。

② 汽车维修过程检验。

a. 零件分类检验。

b. 零件修理加工质量检验。

c. 各总成装配及调试的过程检验。

③ 汽车维修竣工出厂检验。

a. 整车外观技术状况检查。

b. 整车及各主要总成的装备和附属装置情况检查。

c. 发动机运行状况及性能检验。

d. 汽车运行状况及性能检验，可通过路试或汽车综合性能检测线检验。

e. 对检验合格的车辆进行最后验收，填写汽车维修竣工出厂检验记录单。

f. 对维修质量合格的车辆签发机动车维修合格证。

g. 办理汽车维修竣工出厂交接手续。

4）汽车维修质量检验的方法。

① 人工检视诊断法。

② 仪器设备检测诊断法。

5）汽车维修质量检验的相关标准

我国现行的汽车维修技术标准与技术规范主要有：

①《汽车大修竣工出厂技术条件》（GB/T 3798—2005）。

②《汽车发动机大修竣工技术条件》（GB/T 3799—2005）。

③《汽车修理质量检查评定方法——附录 A 汽车整车修理质量评定》（GB/T 15746—2011）。

④《汽车维修质量检查评定方法——附录 B 汽车发动机修理质量评定》（GB/T 15746—2011）。

⑤《汽车修理质量检查评定方法——附录 C 汽车车身修理质量评定》（GB/T 15746—2011）。

⑥《汽车维护、检测、诊断技术规范》（GB/T 18344—2001）。

⑦《营运车辆技术等级划分和评定要求》（JT/T 198—2004）。

四、汽车维修技术标准及质量管理模拟演练

案例导入 小曾从某高职院校汽车检测与维修专业毕业后，一直在一家汽车专项维修店里从事一线汽车维修工作。由于小曾勤劳能干又聪明好学，所以深受车间主管的器重，不论是一般维护还是机电维修，车间主管都喜欢交给他处理。日积月累，小曾的维修技术也越加娴熟，因此，店里决定重点培养小曾做质检员，来把把质量关，并出资让他参加质检员职业资格考证培训。小曾也不负众望，经过几个月的培训终于拿到了质检员证。可真正到了质检员工作岗位后，小曾便越发觉得力不从心，并清醒地认识到自己还不是十分熟悉汽车维修的各项技术标准，还没有熟练掌握汽车各种检测仪器设备的使用操作以及相关检验数据。对此，小曾充分利用店里的条件，经常进行练习。

1. 汽车维修技术标准及质量管理模拟演练设计

1）目标：通过模拟演练，让质检员和维修主管熟悉汽车专项维修企业车辆维修的技术标准和相关的质量管理制度。

2）道具：维修车辆、各种检测仪器设备、各种检验记录表等。

3）主要人物：质检员、维修主管、业务人员等。

2. 演练的主要步骤及侧重点

1）相关人员应事先熟悉汽车专项维修企业汽车维修的技术标准和维修质量的管理制度。

2）将学生按质检员、维修主管、试车人员等岗位分成若干小组，实际演练汽车专项维修企业汽车维修技术标准的运用和维修质量管理制度的具体实施。

提示：由授课教师担任总导演，以便于演练任务的顺利实施。

3. 汽车维修技术标准及质量管理流程练习

汽车专项维修企业赢得客户信任、不断扩大业务范围的前提条件是必须大力推行《全面质量管理制度》。而推行《全面质量管理制度》，不仅要熟悉汽车维修技术标准、严格执行质量管理制度、牢固树立质量至上的观念，还必须掌握实施《全面质量管理制度》的方式方法。因此，汽车维修技术标准及质量管理流程练习，可重点参考全面质量管理中常用的数理统计方法中的因果分析法（如图 2-8 所示）。汽车维修企业实际采用的维修质量因果分

析的基本表示方法如图 2-9 所示。

相关链接：鱼骨图的三种类型

① 整理问题型鱼骨图（各要素与特性值间不存在原因关系，而是结构构成关系）。

② 原因型鱼骨图（如图 2-8 所示，鱼头在右，特性值通常以“为什么……”来写）。

③ 对策型鱼骨图（鱼头在左，特性值通常以“如何提高/改善……”来写）。

4. 汽车维修技术标准及质量管理模拟演练评估

汽车维修技术标准及质量管理模拟演练的效果，可根据学生对车辆维修技术标准的熟悉程度和对汽车维修质量管理制度的执行情况来进行具体评估。

任务四　汽车维修物资及仪器设备管理

一、汽车维修物资及仪器设备管理概述

1. 汽车维修物资及仪器设备管理的定义

汽车维修物资及汽车维修设备均属于汽车维修企业的生产资料，其管理的好坏直接影响到企业的生产成本和生产安全。其中，汽车维修物资是指属于流动资产的汽车维修用配件、维修辅助材料、原材料以及汽车维修工具、夹具、刃具、量具等；汽车维修设备是指属于固定资产的，在汽车维修生产过程中可供长期使用，并能保持其物质形态的仪器、机械和机电设备等。

汽车维修物资管理是指汽车维修企业通过建立原材料和配件采购进厂入库检验制度和采购人员责任制度，在采购进厂入库前由专人逐件进行检验查收，并由采购人员和管理人员签字把关的全过程。

汽车维修仪器设备管理是指汽车维修企业对仪器设备的采购保管、操作规程、使用维护、技术检验等环节所采取的一系列制度措施。

2. 汽车维修物资及仪器设备管理的目标及意义

通过对汽车维修物资进行管理可加快汽车维修企业流动资金的周转，提高企业的经济效益；可节约物资，减少资源消耗，提高汽车维修企业管理效率；还能保证汽车维修业务的正常进行。

由于现代汽车维修越来越多地采用换件维修方式，所以汽车维修企业能否严把维修原材料及配件采购供应关，坚决杜绝采购假冒伪劣产品，加强汽车维修配件及原材料的质量管理对确保汽车的维修质量具有重要意义。

通过加强对汽车维修仪器设备的管理来达到提高其完好率、使用率、精确度以及降低损耗折旧、延长使用寿命的目标。此外，汽车维修仪器设备管理的好坏对保障维修人员的生命安全、保障维修质量、降低企业生产成本具有重要意义。

二、汽车维修物资及仪器设备管理情境设计

汽车专项维修企业严格进行汽车维修物资及仪器设备的管理是确保维修质量、保证员工及车主生命安全、提高市场竞争力、增大业务量的重要任务。其管理的场景图片、工作情境以及相关知识见表2-9。

表2-9　汽车专项维修企业维修物资及仪器设备管理的情景设计

场景图片	工作情境	相关知识
 	情境： 某专项维修企业为了严把汽车零配件质量关，专门组织了店长（厂长）、业务接待、维修主管及修理工、质检员等人员现场进行零配件质量鉴定 领导对此次活动高度重视，特意安排了经验丰富的配件主管来进行现场示范。大家看过示范、听过讲解后，感觉汽车维修物资的来源、质量、价格等都有许多奥妙。特别是修理工小吴看过现场鉴别后，再也不为错加油品而发愁了，脸上流露出放心的笑容	汽车维修物资的需要量和储备量 1）汽车维修物资的需要量 ① 按车型类别、汽车维修作业计划中的维修类别和次数以及维修物资消耗的费用定额进行计算，得出汽车维修物资消耗的费用总额 ② 根据各级维修类别中汽车维修配件与汽车维修辅助材料的比例，计算出主要汽车配件和汽车维修辅料的需要量 2）汽车维修物资的储备量 ① 根据物资特征和供应渠道以及对日常汽车维修任务的影响程度，来制订数量合理的物资储备量 ② 数量合理的物资储备定额不仅是组织物资供应、保证合理库存、节约采购费用、减少库存资金积压的有力工具，也是编制物资供应计划的重要依据

三、汽车维修物资及仪器设备管理任务实施

汽车专项维修企业实施汽车维修物资及仪器设备管理的主要任务是严把汽车维修物资的采购、检验、入库、供应、选配的各个环节，并严格执行汽车维修仪器设备的操作规程、使用维修、技术检验及折旧报废等各项制度措施。

1. 汽车维修物资管理的主要任务

汽车维修物资可分为汽车配件（低值易耗配件、一般配件、重要基础件及贵重总成）、汽车维修辅料（棉纱、砂纸、锯条、密封纸垫、开口销、通用螺钉、螺母、垫圈、胶带等低值易耗品）及其他维修用原材料或型材等（金属型材与非金属型材、动力和能源设备、各类维修工具）。其管理的主要任务如下：

（1）搞好汽车维修物资的市场调查和分析统计　用以充分掌握维修物资的供需信息。

（2）根据汽车维修物资的消耗规律制订或修订汽车维修物资的消耗定额　编制物资供应计划和采购计划，积极合理地组织维修物资的采购和储备。

1）编制维修物资的供应及采购计划。在汽车维修物资的仓储管理中所产生的信息，是汽车维修企业物资供应部门编制物资采购计划的重要依据，也是了解企业中主要或重要物资流动情况的重要方法。根据库房信息反馈，及时补充、调整或控制库存；既要杜绝停工待料，也要杜绝库存超储，以保证汽车维修企业整体经营目标的实现。

2）合理地开展维修物资的采购管理。汽车维修物资的采购管理包括：采购计划管理、采购方式管理和采购点管理。其管理的主要任务是控制好采购环节。

① 要尽量选择距离最近、交通最便利、供货速度最快的配件供应商（包括利用电子商务、由配件供应商直接进货等）。

② 要与配件供应商建立良好而长期的合作关系，以选择最好的配件供货方式（正确选择期货与现货）。

③ 要随时掌握配件供应行情，搞好市场预测。

④ 所采购的汽车物资要有质量保证，而且还要加以比较与选择，货比三家。

（3）做好汽车维修物资的入库验收、储存保管和审核发放　以确保汽车维修生产的顺利进行；还要配合生产技术部门严格检查维修物资消耗定额的执行情况。

汽车维修物资的入库验收　是指对汽车维修物资在入库前的检查和验收。其主要内容有：

① 根据购货发票和认购合同，核查和验收汽车维修物资的数量、品种和规格。

② 根据技术标准或合同规定，核对和验收汽车维修物资的产品质量。

注意：库房在进行汽车维修物资的入库验收时，一定要把好数量、质量、单据这三关，坚持“四不收”制度，即凭证不全不收、手续不齐不收、数量不符不收、质量不合格不收。

汽车维修物资的储存保管

① 汽车维修物资储存保管的基本要求。

a. 摆放科学、数量准确、质量不变、消灭差错。

b. 对于有毒、易燃等危险物资应该严格按照国家的保管条例进行仓储。要做好“十防”（防锈、防尘、防潮、防霉、防腐、防磨、防水、防燃、防变质、防漏电）；同时要做到不短缺、不损耗、不变质、不混号（规格和型号）及账、卡、物相符。

② 汽车维修物资的库房管理方法。汽车维修物资在验收入库后，就要根据其物资的理化性能、体积大小、包装情况等分类保管。其具体管理办法如下：

a. 分类分区：就是根据物资类别合理规划物资的固定存放区域。

b. 四号定位：就是按库号、架号、层号、位号四者统一的编号进行存放。如2A23表示为2号库房、A号货架、第2层、第3货位。

c. 立牌立卡：就是对存放定位并已经编号的各种物质建立料牌卡片。料牌卡片上应写明物资的名称和编号并需记录物资进出数量和结存数量等，以便库管人员掌握该物资的进、出、存等情况。

d. 五五摆放：就是按照各类物资的形状，以五为基数，五五成行、五五成方、五五成串、五五成层，以方便盘点库存物资数量。

(4) 做好库存物资的清仓盘点和回收利用，管好和用好汽车维修物资。

汽车维修企业必须经常或者定期地做好库房仓储的清仓查库工作，一般为“日清、月结、年盘点”。盘点的主要内容有：

① 检查账、卡、物是否相符。

② 检查物资收发是否有差错。

③ 检查各类物资是否超储积压、变质或损坏。

③ 检查库房及安全设施等有无损坏等。

注意： 发现库存物资盘亏或盘盈、超储积压、变质损坏，不仅应查明原因并采取补救措施，而且还应按规定申报，经企业主管审批后才能核销或处理。

1）汽车维修物资的发放与回收利用。

① 汽车维修物资的发放。汽车维修物资的发放主要是指汽车维修配件及维修辅助材料的发放，一般采用核料领料制度与交旧领新制度。

② 汽车维修物资的回收利用。汽车维修企业更换下来的所有废旧配件均为企业所有，并由生产部门统一处理。为此，汽车维修企业配件库房应附设旧件库，以便将旧件分类集中管理，搞好废旧物资的回收利用工作。

2）制定维修物资管理的岗位责任制。汽车维修物资库房管理，必须明确库房管理人员的职责，严格执行库房管理办法。库房管理人员的岗位职责如下：

① 编制材料采购计划及急需材料采购计划，采购工作由采购员负责完成。

② 负责材料的入库验收、保管及发放。

③ 清仓查库、编制库存报表、编报材料消耗情况及报废调拨情况。

④ 按“车头”做好单车材料消耗统计。

2. 汽车维修仪器设备管理的主要任务

汽车维修仪器主要有蓄电池容量测试仪、点火正时灯、制冷剂检漏仪、机油油品检验仪、制动液品质检验仪、冷却液品质检验仪以及解码器等。汽车维修设备可分为通用设备（用于冷加工的车、铣、刨、磨和用于热加工的锻、压、焊、铸等设备）和专用设备（清洗设备，补给设备——润滑油加注器、蓄电池充电器、空气压缩机，拆装整形设备——电动扳手、液压器、矫正器等，专用加工设备——气缸、曲轴连杆、配气机构和制动等部分所用的专用设备，举升搬运设备——举升机、液压小吊车、翻转架、叉车随车吊等检测诊断设备）两大类。其管理的主要任务如下：

1）仪器设备管理员应根据仪器设备的维护要求以及仪器设备的技术状况，制定本厂仪器设备的维护细则和维护周期，并做好仪器设备的维修记录台账。

2）仪器设备操作工在独立使用设备前，应掌握该仪器设备的操作技能。

3）仪器设备使用应定人定机，公用仪器设备应由专人负责维护。

4）操作工要养成自觉爱护仪器设备的习惯。班前班后认真擦拭仪器设备并注油润滑，使仪器设备经常保持良好的润滑度与清洁度。

5）操作工要遵守仪器设备操作规程，合理使用仪器设备，管理好仪器设备附件。

6）对私自操作仪器设备的人员，要进行严肃的批评教育，由此产生的一切后果由私自操作者承担。

7）仪器设备发生故障应及时停机，使用部门应立即通知仪器设备管理员或领导，由修理人员检查排除故障。当修理人员在排除故障时，操作人员应积极协助修理人员排除故障。

8）对仪器设备使用年久，部件严重损坏，又无法修复和没有改造价值的，可办理报废手续报请单位领导批准。

9）对仪器设备的检查、维护、修理应做好记录，由仪器设备管理员归档，以便检查。

四、汽车维修物资及仪器设备管理模拟演练

案例导入 老谭在一家五金加工厂长期从事仓库管理工作，可以说对各种物资设备的管理很有经验。由于近年来五金加工行业连连遭受市场冲击，同时又看到雨后春笋般崛起的品牌不同、规模各异、大小不一的汽车维修店，于是老谭辞去了现在的工作，并顺利应聘到了一家规模较大的汽车专项维修企业，仍然做物资设备管理员。但是面对琳琅满目的汽车配件、辅料、油料等物资以及种类繁多的工量具、举升机、检验仪等仪器设备时，感觉眼花缭乱、不知如何下手。对此，老谭大发“隔行如隔山”的感叹，同时又积极寻找对策，除了“充电”自学外，还主动向同行“前辈”讨教，并向领导提出让设备主管手把手教他练习操作各种仪器设备的请求。

1. 汽车维修物资及仪器设备管理模拟演练设计

1）目标：通过模拟演练，让物资设备采购员、物资设备管理员、仓库保管员、仪器设备操作工等人员熟悉汽车专项维修企业车辆维修物资的采购、验收、入库、供应、盘点、保管等各个环节的制度措施和各种仪器设备的操作规程、使用维护、技术检验、折旧报废等各项管理规定。

2）道具：各种维修物资、各种仪器设备、各种表格等。

3）主要人物：物资设备采购员、物资设备管理员、仓库保管员、仪器设备操作工等。

2. 演练的主要步骤及侧重点

1）相关人员应事先熟悉汽车专项维修企业汽车维修物资和维修仪器设备的管理制度。

2）将学生按物资设备采购员、物资设备管理员、仓库保管员、仪器设备操作工等岗位分成若干小组，实际演练汽车专项维修企业汽车维修物资的采购、验收、入库、供应、盘点、保管等各个环节的制度措施和各种仪器设备的操作规程、使用维护、技术检验、折旧报废等各项管理规定。

提示：由授课教师担任总导演，以便于演练任务的顺利实施。

3. 汽车维修物资及仪器设备管理流程练习

汽车专项维修企业欲尽可能地减少物资消耗、延缓仪器设备的报废折旧年限，从而最大限度地降低企业的生产成本，除了不断完善各项制度措施以外，最重要的是必须严格按照汽

车维修物资及仪器设备管理的各项规程来完成各项维修作业。

由于汽车配件在各个汽车维修企业所有物资设备中所占的资金比例最大，而且其质量的好坏、采购供应价格的高低将直接影响到汽车维修的质量、企业的运行成本及社会信誉度；因此，在汽车维修物资及仪器设备管理的流程练习中，应重点演练汽车配件这一重要物资的采购、验收、入库、供应、盘点、保管等各个环节。目前，汽车维修企业基本上都采用计算机进行各项汽车维修物资及仪器设备的管理，因此其演练可参考如图 2-13 所示的库存管理页面进行。

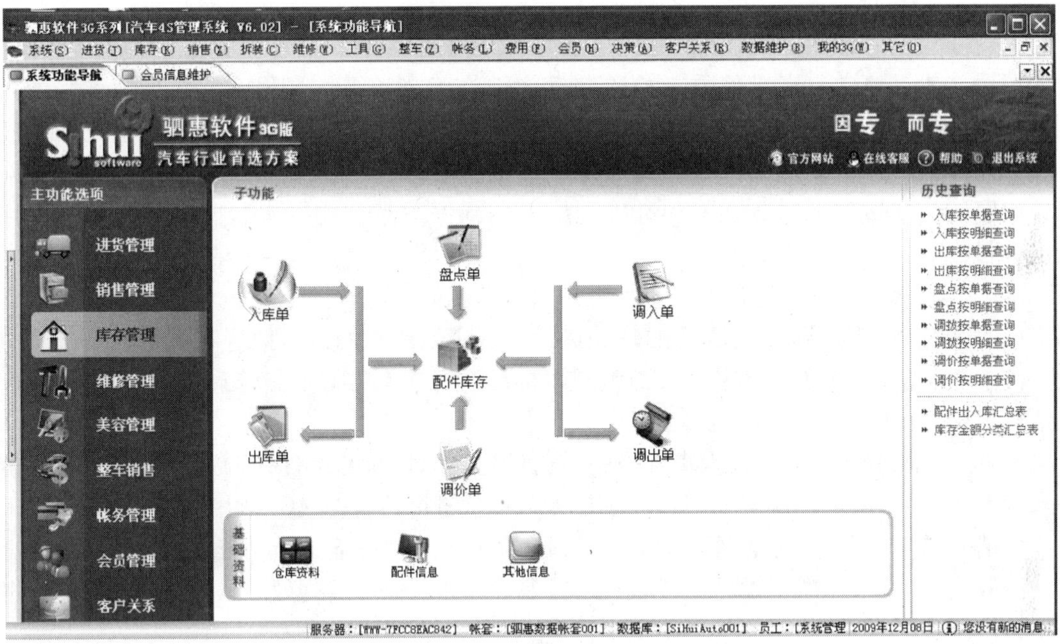

图 2-13　汽车维修企业常用的管理软件

4. 汽车维修物资及仪器设备管理模拟演练评估

汽车维修物资及仪器设备管理模拟演练的效果，可根据学生对车辆维修物资使用管理的熟悉程度和对汽车维修仪器设备操作的熟练程度及对管理制度的执行程度来进行具体评估。

项 目 小 结

1. 汽车专项维修企业是指从事汽车发动机、车身、电气系统、自动变速器、车身清洁维护、涂漆、轮胎动平衡及修补、四轮定位检测调整、供油系统维护及油品更换、喷油泵和喷油器维修、曲轴修磨、气缸镗磨、散热器修补、空调维修、汽车装潢、门窗玻璃安装等专项维修作业的企业。

2. 汽车专项维修企业的管理任务主要包括：业务接待、检测诊断故障、签订维修合同及确定维修内容、填写派工单及车间维修、进出厂登记、填写检验记录及技术档案、确定维修标准及质量、准备材料及仪器设备等内容。

3. 汽车进出厂登记管理是指由业务部门用进厂登记本（或计算机）对进厂维修车

辆的进厂时间、车型、车牌号、驾驶员姓名、车辆所属单位、驾驶员报修项目、车辆装备的齐全情况、油箱中的存油量等内容进行登记记录；并在车辆修竣且检验合格后，与托修人当面按进厂时的登记清单清点交接签字，在出厂登记本（或计算机）中做好记录并开具出厂证；厂门卫凭出厂证查对车牌号后放行出厂的全过程。通过对汽车进出厂进行登记管理，有利于业务部门对进厂车辆进行标识，使业务部门协同厂保卫部门将待修车、在修车、竣工车分别有序地停放于不同区域，从而实现节约场地、便于车辆进出、以免发生意外等目标。

4. 汽车检验记录及技术档案管理是指汽车专项维修企业及其质量检验员严格执行汽车维修行业质量管理的有关政策法规、规章及维修故障诊断和质量检验的有关技术标准、作业规范，贯彻落实汽车维修质量检验制度、维修工艺和操作规程，负责车辆维修的过程检验，如实填写检验记录，建立车辆维修技术档案的全过程。通过汽车检验记录及技术档案管理，使汽车技术服务部门和道路运输经营者能够科学建立车辆技术档案，并对相关内容的记录做到及时、完整和准确，从而达到保障车辆的技术状况完好和车辆使用安全的目标。

5. 汽车维修企业的质量管理主要是指按照汽车维修质量检验制度，对维修车辆从进厂到出厂的维修全过程、维修过程中的每一道工序，实施严格的质量监督和质量控制的全过程。汽车专项维修企业严格按照汽车维修技术标准进行汽车维修质量管理是确保维修质量、保证行车安全、扩大企业规模的重要任务。

6. 汽车维修物资管理是指汽车维修企业通过建立原材料和配件采购进厂入库检验制度和采购人员责任制度，在采购进厂入库前由专人逐件进行检验查收，并由采购人员和管理人员签字把关的全过程。通过汽车维修物资管理可加快汽车维修企业流动资金的周转，提高企业的经济效益；节约物资，减少资源消耗，提高汽车维修企业管理效率；保证汽车维修业务的正常进行。

7. 汽车维修仪器设备管理是指汽车维修企业对仪器设备的采购保管、操作规程、使用维护、技术检验等环节所采取的一系列制度措施。通过加强对汽车维修仪器设备的管理来达到提高其完好率、使用率、精确度以及降低损耗折旧、延长使用寿命的目标。

8. 汽车专项维修企业严格进行汽车维修物资及仪器设备的管理是确保维修质量，保证员工及车主生命安全，提高市场竞争力，增大业务量的重要任务。

理论思考

1. 为什么说当前我国汽车专项维修企业的维修质量还没有得到社会的广泛认可？

2. 为什么说汽车专项维修企业进行汽车进出厂登记管理，对进一步强化汽车售后服务管理，维护正常的维修工作秩序，确保客户车辆和员工人身安全具有重要意义？

3. 为什么说汽车专项维修企业进行汽车检验记录及技术档案管理，对确保汽车专项维修企业的维修质量，对汽车技术状况实施有效监控，保障行车安全具有重要的意义？

4. 为什么说汽车专项维修企业进行维修技术标准及质量管理，对确保维修质量、保障行车安全、提高客户满意度和企业知名度均有重要意义？

5. 为什么说汽车专项维修企业进行维修物资及仪器设备管理，对保障维修人员生命安全、保证维修质量、降低企业生产成本具有重要意义?

能力训练

1. 根据所学相关知识，设计汽车专项维修企业进行汽车进出厂登记管理模拟训练的情境、流程及内容。

2. 根据所学相关知识，设计汽车专项维修企业进行汽车检验记录及技术档案管理模拟训练的情境、流程及内容。

3. 根据所学相关知识，设计汽车专项维修企业进行维修技术标准及质量管理模拟训练的情境、流程及内容。

4. 根据所学相关知识，设计汽车专项维修企业进行维修物资及仪器设备管理模拟训练的情境、流程及内容。

项目三

汽车特约维修企业管理

（以4S店为主进行介绍）

学习目标

◇ 知道汽车特约维修企业前台接待、透明车间、汽车精品、交车、日常制度、文档资料、部门之间的协调、客户投诉等管理的概念

◇ 熟悉汽车特约维修企业前台接待、透明车间、汽车精品、交车、日常制度、文档资料、部门之间的协调、客户投诉等管理的目标

◇ 理解汽车特约维修企业前台接待、透明车间、汽车精品、交车、日常制度、文档资料、部门之间的协调、客户投诉等管理的重要性

◇ 掌握实施汽车特约维修企业前台接待、透明车间、汽车精品、交车、日常制度、文档资料、部门之间的协调、客户投诉等管理任务的要领

业务流程

预约→准备→接待→环车检查→问诊→确认维修项目与价格→安排客户休息或送走（对价格不满意）→送车间维修→交车前准备→交车确认→结账送行→回访

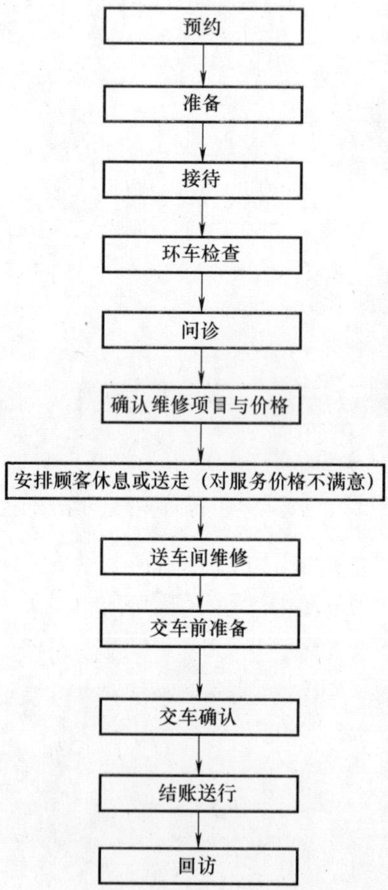

图3-1　汽车特约维修企业管理业务流程图

项目概述

汽车特约维修企业主要是指汽车4S店和汽车特约维修站（即3S店）。其优点是：整体形象好，服务规范化、周到化、专业化；同时，内部人员素质较高，且受过生产厂家的系统培训；服务流程系统化、标准化；汽车维修、配件质量有保证，同时有生产厂家的支持和监督。但同时存在地理位置受局限，投资成本、运作成本、服务费用较高，维修车型比较单一，过了维护

期很难留住客户等缺点。汽车特约维修企业的管理项目主要包括：前台接待、透明车间、汽车精品、交车、日常制度、文档资料、部门之间的协调、客户投诉等管理内容。

特别提醒： 各个经营模式之间的相同或相近的管理内容不再重复（其内容可按需相互参考），以重点突出不同经营模式的管理特点。

任务一　汽车前台接待管理

一、汽车前台接待管理概述

1. 汽车前台接待管理的定义

汽车前台接待即SA（Service Advicer），也可以称为维修接待或者服务顾问。在汽车4S店中，汽车前台接待是一项与客户打交道的工作。汽车前台接待管理就是指对托修车辆的客户给予预约、接车、环车检查与车内检查、制定工单与确定维修内容、客户指引、维修进度跟进、完工检查与交车、结算以及跟踪回访等各个环节进行规范的全部过程。

2. 汽车前台接待管理的目标及意义

汽车维修前台接待是汽车4S店企业形象及专业化水平的代言人，是展现维修服务品质的重要窗口，也是汽车4S店促成交易及提高利润的主要渠道。通过维修接待可协调双方（托修方和承修方）利益，增加双方的信任度，从而凝聚广大客户，达到提高企业经济效益和社会效益的目标。做好维修接待管理对于了解客户所需、促进与车间管理人员之间的有效沟通、带动和协调各个管理环节、提高工作效率并体现汽车维修企业的经营管理规范化程度，具有十分重要的意义。

二、汽车前台接待管理情境设计

提高汽车前台接待的业务水平、专业素养及话语、话术是汽车前台接待管理的主要任务。其场景图片、工作情境以及相关知识见表3-1。

表3-1　汽车特约维修前台接待的情景设计

场景图片	工作情境	相关知识
	情境1：车间外阳光明媚，由于车辆较少，技师们闲坐在休息室里聊天，与平时车间内熙熙攘攘的情况截然不同。售后经理看着大家比较清闲的景象，觉得是需要预约客户进厂维修的时候了，于是通知前台主管进行主动预约	业务接待素质要求 1）良好的语言表达能力 2）丰富的行业知识及经验 3）熟练的专业技能 4）优雅的形体语言及表达技巧 5）思维敏捷，具备洞察客户心理活动的能力 6）具备良好的人际关系和沟通能力 7）具备专业的客户服务电话接听技巧 8）良好的倾听能力

（续）

场景图片	工作情境	相关知识
	情境 2：最近，4S 店的生意特别好，作为服务顾问的小王刚送走一位客户，还没坐稳，一位新进厂的客户又鸣响了喇叭	前台接待人员必须具备以下三个要素 1）态度：诚实、谦虚、微笑并使人有信赖感、共同感、安心感、亲切感等 2）技巧：表达技巧、提问技巧、倾听技巧、诊断技巧、客户应对技巧、电话沟通技巧等 3）知识：车辆知识、客户知识、市场知识、关于维修车型的知识、心理学知识等
	情境 3：前台主管小李正忙着整理资料，忽然间电话铃声大作，一位客户焦急地向小李反映自己的车在某高速路段出现了事故	与客户寒暄时的话语话术 1）欢迎光临！先生/小姐，您好！（热诚之心） 2）是的，我了解。（谦虚之心） 3）请稍候。（体贴之心） 4）很抱歉。（反省之心） 5）我确认后，再向您报告。（自信之心） 6）谢谢！（感激之心） 7）谢谢光临！（诚挚之心）

三、汽车前台接待管理任务实施

汽车特约维修企业前台接待管理的任务包括：预约、接车、环车检查与车内检查、制定工单与确定维修内容、客户指引、维修进度跟进、完工检查与交车、结算以及跟踪回访等内容。

（一）预约及一般维修任务实施

如图 3-2 所示，预约维修与一般维修的主要区别在于，预约服务需要预约步骤，而一般维修则需要将部分预约维修中的工作内容加入到接待工作中。

1. 预约

（1）预约目的

1）预约维修对顾客的好处。

① 客户可以方便地根据自己的日程安排服务时间。

② 缩短客户的等待时间。

③ 获得更多的个别关照。

④ 可以有更多的咨询时间。

⑤ 拥有更充分的诊断时间，从而得到质量更好的服务。

2）预约维修对汽车维修企业的好处

① 可以合理地安排维修工作量，节约时间，从而提高生产效率。

② 确保接待时间，以免遗漏客户要求。

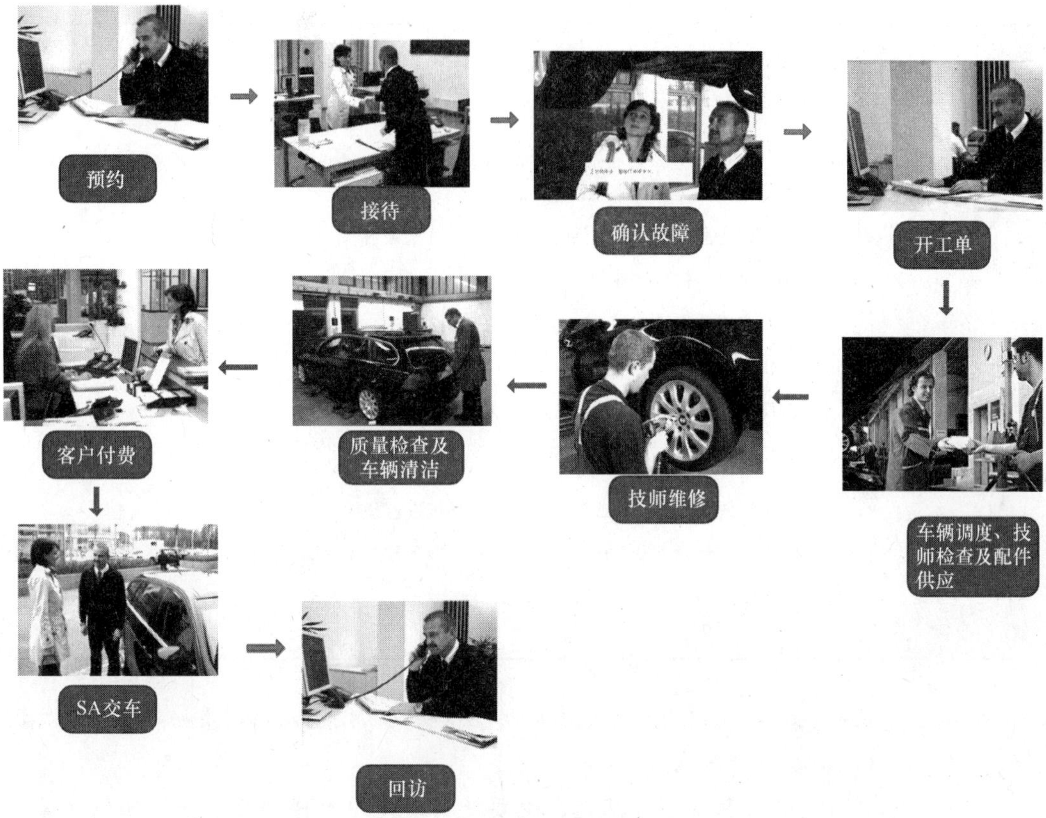

图 3-2　预约维修中的接待环节

③ 使客户的车辆得到迅速、优质的维修，提高客户的满意度和忠诚度。

④ 避免客户集中出现，可以从容应对，避免不必要的纠纷。

⑤ 可以实现计划工作和单车过程控制。

⑥ 可以事先准备配件、实行计划作业，减小配件准备和查询对工作效率的影响。

⑦ 可以预先安排工作协作，加强计划性。

（2）预约准备、内容及要求　预约工作一般以电话预约的方式实现，其电话预约前的准备工作、电话预约时的主要内容以及电话预约时的具体要求，见表 3-2。

表 3-2　汽车特约维修前台接待的预约准备、内容及要求

电话预约前的准备工作	① 草拟派工单，包括目前为止已了解的内容，以节约接车时间（一般维修企业都会制作相应的预约单，大多数 4S 店的计算机维修系统也会有预约服务这一项） ② 检查是否为返修，如果是，就要填写《返修车处理记录表》，以便特别关注 ③ 检查上次维修时发现但没有纠正过来的问题，并记录在本次订单上，以再次提醒客户 ④ 通知有关人员（车间、备件、接待、资料、工具）做准备 ⑤ 客户未到厂时，提前检查各方面的准备情况（技师、备件、专用工具、技术资料）

（续）

电话预约时的主要内容	① 询问客户及车辆的基础信息（核对用户数据，登记新用户数据） ② 询问行驶里程 ③ 询问上次维修的时间及是否为返修 ④ 确认客户的需求及车辆故障问题 ⑤ 介绍特色服务项目并询问客户是否需要这些项目 ⑥ 确定维修接待员的姓名 ⑦ 跟客户确定车辆到厂时间，并暂定交车时间 ⑧ 提供相关维修价格信息 ⑨ 提醒客户携带相关资料（随车文件、维修记录等）
电话预约时的要求	① 使用格式预约登记表或汽车维修管理系统进行预约 ② 引导客户预约、设立预约客户欢迎板、展示预约流程图、进行预约宣传、采取优惠手段激励客户预约

相关链接：预约快速通道介绍

多数汽车4S店都有预约快速通道，主要是针对简单维修项目，如机油维护等。其特点包括提前预约、专人负责、专用工位及快速维修等，能够大大节约4S店的资源及客户的宝贵时间。

2. 接车

接车是指客户车辆到达后，维修店对客户及车辆进行妥善安排的过程。接车的对象包括客户及车辆两个方面，而接车的参与部门则包括安保（门卫）、售后（前台接待）以及客服这三个部门。其中，门卫在4S店的入口处出现交通堵塞或交通不便时，主动进行交通疏导，让客户车辆方便进入；前台接待则负责将预约车辆及客户引导至预约工位及预约前台，或将非预约车辆及客户引导至一般维修接待前台，就车辆故障与客户进行有效沟通，并引导客户进入客户休息室（如果等待时间长，应做好客户离厂安排，如安排代步车辆或者安排车辆送客户出厂等）；客服人员应妥善安排客户在等待时间内的休闲等活动。

3. 环车检查与车内检查

环车检查与车内检查亦可称为预检，即在客户的车辆进入预定工位后，服务顾问对车辆外观及内饰、常用电器等进行的一系列检查。预检对于4S店来说是很重要的内容，必须做到仔细、避免纰漏，从而规避不必要的风险。预检结束后要及时将检查结果反馈给客户。接车预检的基本流程如图3-3所示。

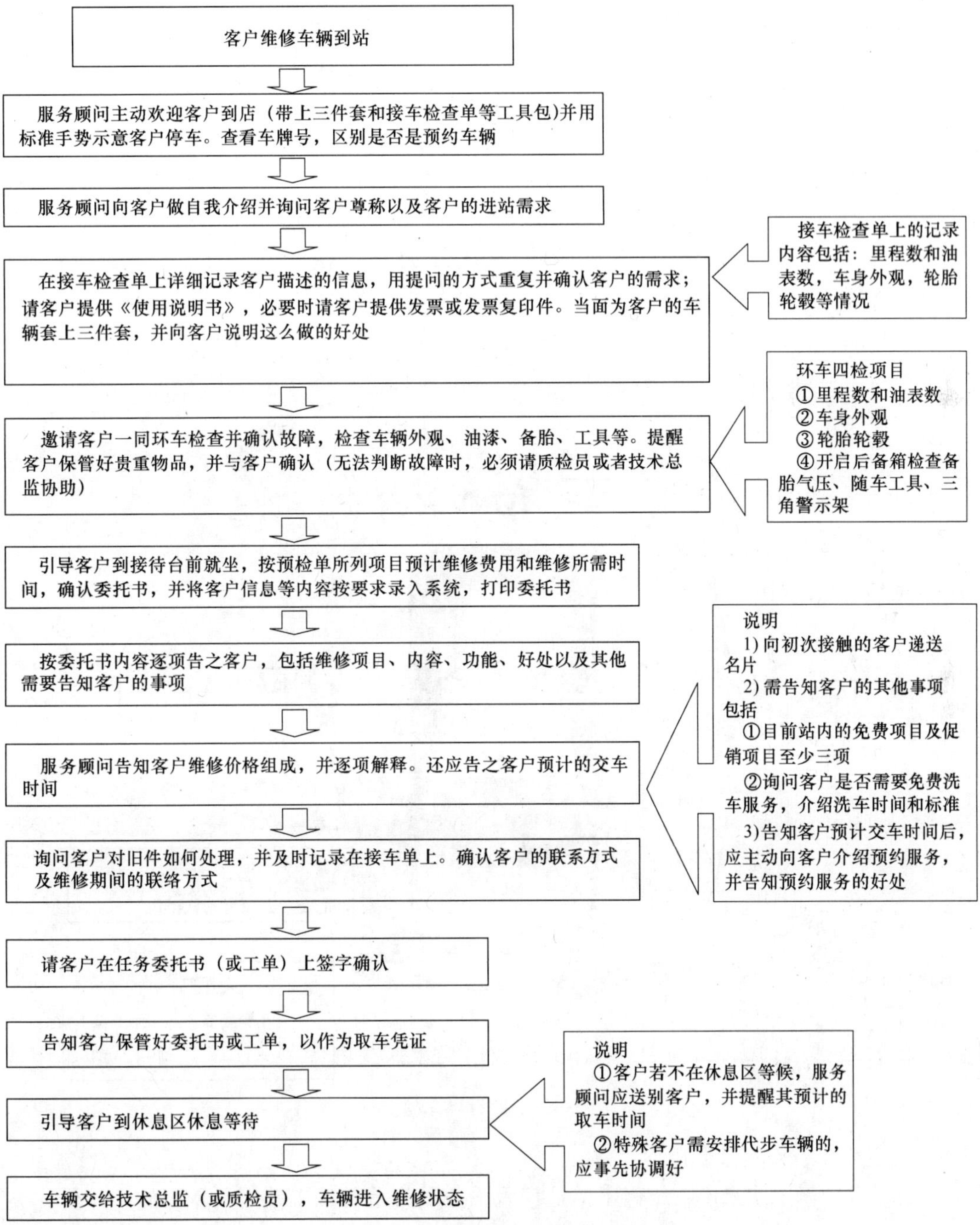

图 3-3　接车预检的基本流程

特别提醒：

1）一般进站车辆可分为：常规维护、技术故障、肇事车辆等三类。

2）常规维护类按正常流程处理。

3）技术故障及肇事维修类车辆，进站后服务顾问应进行预检，填写好接车检查单或预检表等预检单据，由服务经理带领会诊小组进行故障会诊；由技术总监填写车辆故障会诊维修单，诊断车辆故障，确定维修方案，并根据维修技术需要建议指派工班。会诊维修单由服务经理、技术总监、参与会诊的小组成员等人员签字，经客户确认后，由服务总监签批，最后打印计算机派工单，进行派工作业。

环车检查一般分为顺时针检查和逆时针检查（如图 3-4 所示），其总体原则是检查仔细、避免纰漏。

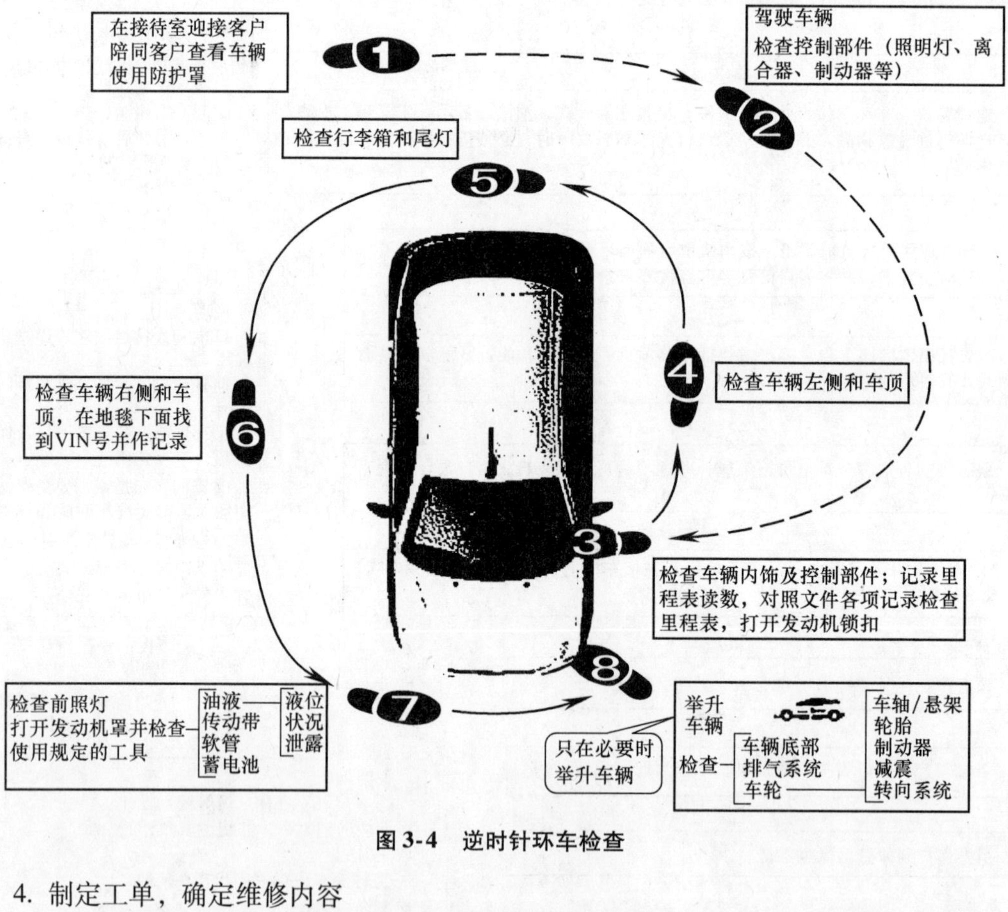

图 3-4　逆时针环车检查

4. 制定工单，确定维修内容

对于一家维修企业来说，维修工单是售后服务最为重要的串接工具，因此，一份完整、详细、实用的工单是整个售后服务流程所必备的一个工具。

各个品牌的 4S 店维修工单不尽相同，但是一份完整的维修工单应该包括以下内容：

1）详细的客户信息，包括客户的姓名、住址、联系电话（家庭和公司的固定电话或手机号码）、费用支付方式、客户的签名或认可等。

2）详细的车辆信息，如完整的车辆型号、生产日期或版本代号、车牌号码（底盘号码、车身颜色码及内饰颜色码）、行驶里程、燃油剩余量、车辆首次登记日期等。

3）车辆故障信息，如车主描述的故障现象、所怀疑的故障点等，以供维修技师参考。

4）车辆维修信息，如检查、维修及更换零部件、故障排除说明等信息，一般由技师填写，作为返修或故障查询依据。

5）车间主管、技师、质检员签字等信息。

6）车辆进厂及出厂时间（维修效率依据）；如为预约客户，应注意在工单中提前说明预约出厂时间。

7）补充信息及特殊说明。（如打折信息及特殊情况说明）

工单在4S店维修管理中有着不可替代的作用，因此，工单的制定、传递、保管都应遵循统一的管理秩序，以保证工单在传递过程中不至于丢失；同时应对业务人员进行统一培训，以对工单中涉及的每一个岗位的职责进行认定。如图3-5所示为吉利汽车4S店的工单传递流程。

提示：某些4S店将报价单、结算单、质量检查单等几个单据与维修工单放在一起进行统一管理，以便对每一笔交易进行查询。

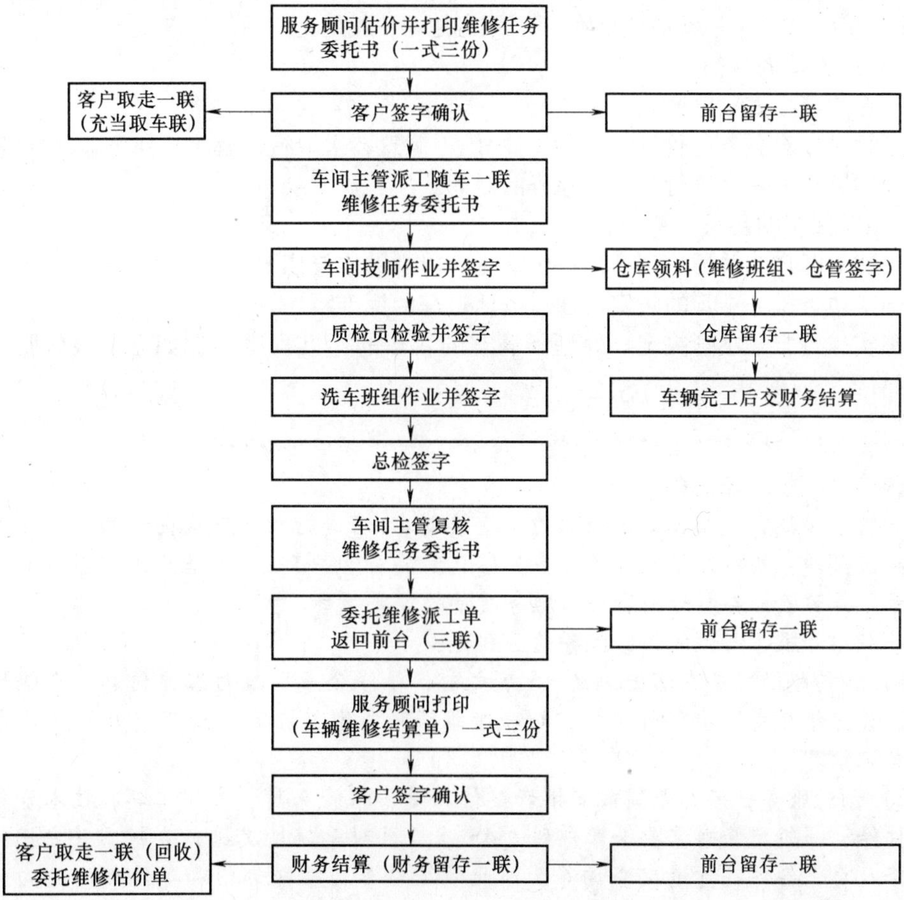

图3-5　吉利汽车4S店工单传递流程

5. 客户指引

客户指引是指客户进厂后在维修等待期间进行的让客户感觉舒适的安排。一般包括就店等待、送走客户或安排代步车辆等方式。

6. 维修进度跟进

维修进度跟进主要是指前台接待与维修车间、配件仓管进行维修进度的询问并适时向客户报告维修情况的过程。

7. 完工检查及交车

车辆维修完成后，必须由质量检查员对维修情况进行测试（试车），并填写质量检查单。部分4S店的交车程序一般分为两个步骤：

1）质检员将车辆及有技师签字的维修工单及质量检查单交给前台服务顾问。

2）前台服务顾问将车辆正式交与客户。这样做的好处是能够增加服务顾问与客户之间的沟通，也便于服务顾问推销4S店的某些附加产品与服务。

8. 结算

前台服务顾问将车辆交给客户之前，必须将客户引导至财务部门进行结算。遇有特殊情况，如有折扣、特殊活动等，需提前将结算单送到主管或售后经理处签字确认。

9. 跟踪回访

跟踪回访是指车辆交还客户使用以后，及时与客户取得联系，询问车辆维修后的使用情况的过程。回访的时间一般是交车后的三天以内（一般是交车后的第二天）。

（1）跟踪回访的目的

1）对客户惠顾表示感谢。

2）了解客户对服务是否满意：如果他/她不满意，采取行动解决任何可能存在的问题。

3）通知客户下一次例行维护、检查的时间。

（2）跟踪回访的要求

1）表达对客户的关怀，请客户提供意见，以帮助维修店改进服务。

2）确实执行服务主管的决定，通过电话追踪的标准程序。

3）确实执行服务主管决定，处理不满意的客户的标准程序（比如立即报告服务主管，以便其能与客户及时联络）。

相关链接：一般维修服务

一般维修服务是指客户未经预约，直接到4S店进行维修服务的过程。由于客户并未提前预约，所以维修服务的大多数信息需要在客户到达4S店后进行有效的沟通与记录，是考验业务员专业素质与服务质量的重要项目。

一般维修服务与预约维修服务的区别是：

1）预约维修服务在客户到达4S店之前，维修企业已经对客户信息、车辆故障现象、客户维修意图等有所了解。而一般维修服务则需在客户到厂（店）后再进行沟通与记录。

2）预约服务一般都是提前安排好接待人员、维修人员、专用工具、技术资料以及备件等；一般维修则需要等客户到达4S店后再对车辆情况进行分析，并安排相应的维修人员、备件存货情况查询等，因此涉及与车间维修部门和备件部门的沟通环节。这就对服务顾问的业务熟练程度提出了更高的要求。

（二）事故车服务任务实施

1. 事故车服务一般处理流程

鉴于事故车维修过程中需要与第三方（保险公司）进行沟通的特性，因此在实际维修中除了遵守上述“预约维修服务流程”的基本原则外，还应遵守“事故车维修服务流程”，两者相互补充，共同形成了事故车维修服务的一般处理流程。如图3-6所示为目前大部分汽车特约维修企业对事故车的一般处理流程。

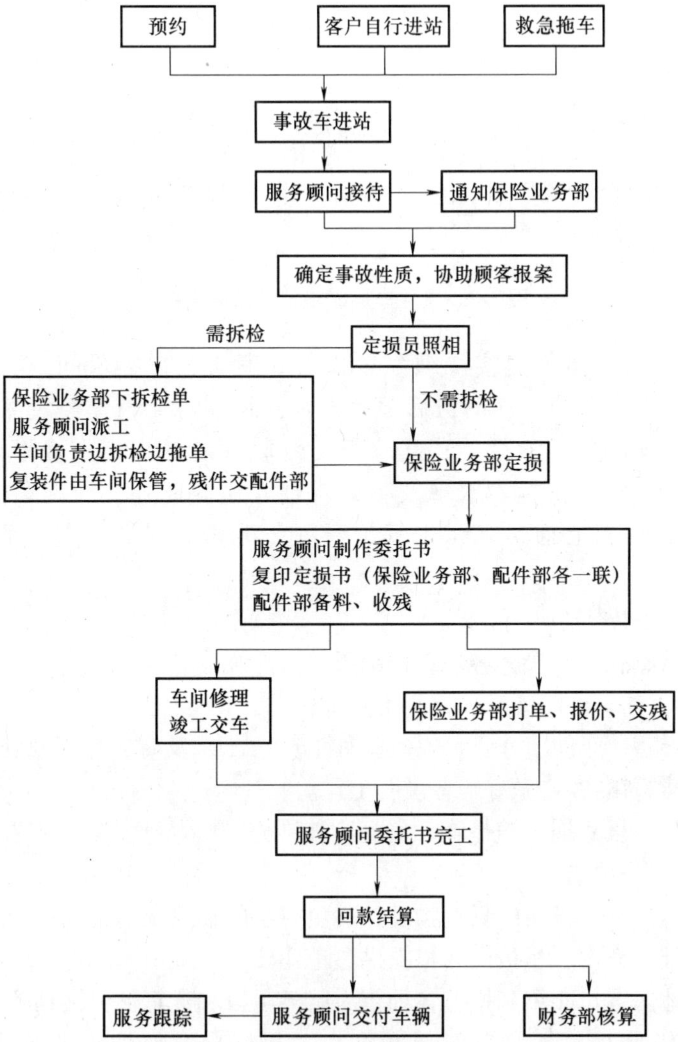

图3-6　大部分汽车特约维修企业对事故车的一般处理流程

2. 道路救援服务

许多汽车4S店等汽车特约维修企业与道路救援公司合作开展的道路救援服务也可为客户进行事故车的相应处理，汽车维修服务顾问在其中也扮演着比较重要的角色。如图3-7所示为事故车辆道路救援的服务流程。

（三）汽车前台接待的关键岗位及相关岗位职责

汽车特约维修企业前台接待的关键岗位是维修服务顾问。维修服务顾问是指隶属于

图 3-7 事故车辆道路救援服务流程

4S 店售后服务部门，专门负责接待维修客户，从事为客户提供问题答疑、技术咨询、保险理赔、协调维修业务等工作的售后服务人员。该岗位是汽车特约维修企业的窗口，是连接维修企业与客户之间的桥梁，其履行岗位职责的好坏将直接影响到企业形象和企业收益，并能反映出企业技术水平及整体管理素质。此外，与汽车前台接待相关的岗位还包括：维修前台主管、车间主管、调度、维修人员、仓管、索赔员以及质检员等。

1. 服务顾问岗位职责

1）积极、热情、友好地接待客户，详细了解客户需求，当着客户的面积极配合完成客户车辆的故障诊断工作，确定维修项目和维修价格。

2）根据客户愿望、车间工作负荷以及备件供应情况，及时、合理地安排维修计划并积极跟进其全过程，同时向客户做好解释说明工作。

3）负责对车辆积极实施防护措施，负责给被维修车辆的座椅、转向盘、变速杆、脚踏垫等直观的部件安装防护罩。

4）及时提醒客户拿出车内的贵重物品，避免客户的损失及相关纠纷问题的出现。

5）在修理和维护方面，积极向客户提供参考建议，并提出基本准确的报价。

6）积极努力地向客户介绍和推荐各种售后服务项目和优惠促销活动项目。

7）如需追加维修项目，需及时通知客户，和客户友好协商并征得客户的许可和确认。

8）如在维修工作过程中出现延误而不能按预定时间交车的，需尽早通知客户，对客户做好解释说明工作并采取相应的补救措施。

9）如因重大维修而需要向客户提供代步车辆的，需及时报上级领导，并根据公司的实际安排对客户做出积极的回应。

10）根据车间的维修工作负荷及客户的相关需求，积极实施并合理完成预约修理项目。

11）认真填写维修派工单、车辆档案卡、维修登记表、客户的维修档案等资料，并对其规范性、完整性、准确性及保密性负责。

12）负责按照公司的规定对维修服务项目的结算收银和交车相关手续的办理。

13）负责向客户解释所有的维修服务内容，并提供车辆维护方面的常规知识和建议。

14）积极主动地收集和反馈各种质量信息、技术信息和故障信息，为公司相关服务提供决策依据。

15）积极做好配件缺件的订货登记、过程跟进和到货通知工作。

16）严格按照厂家要求的步骤进行客户接待、维修进度跟进和车辆交付等。

17）完成领导交办的其他工作。

2. 前台主管岗位职责

1）配合企业完成年、季、月度工作计划及营业目标，合理安排本部门的工作。

2）负责客户联络，电话应对客户投诉等事务的处理。

3）配合企业的市场推广和客户开发工作。

4）带领本部门的维修服务顾问，做好客户服务工作，积极协助相关部门争取更多的客户入店（站）维修，以完成营业目标。

5）合理安排客户的回访，建立良好的客户关系并建档立卡。

6）在企业决定开展优惠服务或免费服务活动时，将利好消息提前通知客户。

7）合理安排维修服务顾问进行业务知识培训，促进本部门员工的业务水平持续提高。

3. 车间主管岗位职责

1）车间主管负责管理全车间的人员，必须充分调动车间维修人员的积极性，合理安排好每项工作，掌握维修进度和动态，根据业务要求保质保量地按时完成任务。

2）车间主管必须根据每张接车单要求及相关部门要求进行生产调度，督促维修人员按操作规程和操作工艺维修车辆。

3）车间主管必须与质检部门相互协调，尊重检验结果，调度好返修或返工工作，保证车间正常运作。

4）车间主管必须全面负责维修人员在维修中的操作规程、工作进度、维修质量、设备性能、用户车辆的保洁和保管。

5）车间主管应按接车单中的修理项目组织生产，并帮助维修人员开展工作；遇见疑难问题时组织有关人员进行攻关，出现未规定的项目时及时会同业务人员共同解决。

6）车间主管必须督促维修人员保持每个工位的清洁以及使用设备的完好性，还要掌握生产场所的安全生产情况。

7）车间主管应根据生产情况合理安排和调整好车间人员的作息时间，保证车间生产的正常进行。

8）遵守企业的各项规章制度。

4. 调度岗位职责

汽车特约维修企业的调度岗位一般由车间主管兼任，这里不再赘述。

5. 维修人员岗位职责

1）服从车间主管的工作安排。

2）严格按照车辆维修手册、行业标准、维修工艺和操作规程进行维修作业。

3）做好维修过程中的自检、记录工作。

4）维护好维修设备，保持工作场地的清洁。

5）遵守企业规章制度。

6. 仓管岗位职责

1）仓库保管员要做好配件库房内货品的标牌。仓库有关人员要注意产品标志的保护，发现配件、附件、辅助材料标志不清或缺少时，应及时查清，经配件负责主管确认后再重新补上标志。

2）仓库保管员对进货配件、附件、辅助材料必须根据进货清单按规格、数量、型号、外观包装、车辆的配件编号等质量要求进行验收。

3）仓库保管员必须对已验收合格的配件按要求存入货架，做好入库登记手续。

4）仓库保管员对检验不合格的配件或未经验证的配件不准入库，并应及时向配件主管或上一级汇报。进货验收发现不合格的配件，仓库保管员要做好记录，做好标志、应隔离存入不合格配件存放区域内。

5）工具保管要做好工具台账，入库的检测仪和工具应分类分批摆置到位，并做好工具标志物的保护工作。工具摆放要整齐对号，如有损坏要及时汇报。

6）库内资料应设台账，设立工具资料借用手续，借用前应提醒各借用人保证其所借物的完好性及按时归还（所有工具资料都不得过夜），收回时要检查数量及完好情况。

7）给维修人员发放的工具都必须具有使用人员工具明细，每年由车间主管或经理协助检查每位维修人员工具车内的实物情况，发现缺损按规定补足并做好记录、签收工作。

7. 索赔员岗位职责

1）索赔员必须认真负责地开展工作，严格执行汽车生产企业有关索赔条例，正确鉴别索赔件，保证索赔正确率达到95%以上。

2）对于用户提出的索赔项目必须认真查证有关手续，在鉴别中与用户产生分歧时要耐心、和气地做好解释工作，使用户达到满意。

3）索赔员必须根据汽车生产企业的有关规定做好登记造册工作，保管好旧件，并及时送往汽车生产企业，根据要求做好标签。

4）索赔员应负责好索赔款返回到款的全部过程，做好索赔款返回清单，并对各种索赔清单进行核对、保存。

5）索赔员要经常反馈有关索赔的新规定，掌握并反馈配件生产厂商代码，使索赔工作更加完整。

6）遵守企业规章制度。

8. 质检员岗位职责

1）根据国家质量保证体系和车辆的质量标准对所有维修车辆进行过程检验，并对所有维修车辆进行终检。

2）写出检验报告，进行质量分析，及时向领导汇报，及时与保修签定员沟通，必要时及时向车间主管汇报。

3）协助车间主管对车间进行管理。

4）遵守企业规章制度。

四、汽车前台接待管理模拟演练

案例导入　小赵是一名汽车专业刚毕业的大学生，最近进入一家新开的汽车4S店做服务顾问。由于学历以及新店的特殊性，小赵经过简单的入职及工作流程培训就顺利上岗了。假如你是小赵，应如何顺利完成第一次预约维修服务呢？

1. 前台接待管理模拟演练设计

1）目的：完整演练汽车前台服务顾问接车服务的全过程，以熟悉预约服务的整体过程。

2）道具：电话、接车单、工单、实训车（客户车）。

3）主要人物设计：服务顾问（小赵）、客户（车主）、前台主管、调度、车间主管、维修人员、仓管、索赔员（对事故车而言）及质检员。

要求：具体演练时，由老师扮演车主，而其他角色则全部由学生轮流承担，但必须让学生事先熟悉各自的岗位职责。

2. 前台接待管理模拟演练要点

1）电话预约（语言表达、姿势、话术、客户关怀），客户可以发挥自己的想象力，如简单的技术问题等来为难服务顾问。

2）接车（接车时的语言表达、姿势、话术、客户关怀以及专业态度、聆听等）。

3）环车检查与车内检查（检查的项目、注意事项、与客户沟通的方式方法等）。

4）工单制定与维修内容确定（开具工单、维修询问、记录客户反映的故障及怀疑点）。

5）维修派工及进度跟进（可简要演练）。

6）完工检查、结算（可简要演练）。

7）交车（交车时语言表达、话术）。

8）电话回访（回访内容、回访话术、客户提醒）。

要求：服务顾问为主角，其他人员为配角。让学生轮流扮演服务顾问进行现场演练。

3. 前台接待岗位流程练习

服务顾问（实为在校学生或新进员工）在模拟演练前应事先熟记汽车特约维修企业前台接待的所有相关工作流程，并带领相关岗位工作人员逐一进行练习。有关前台接待的工作流程分别如图3-8至图3-12所示。

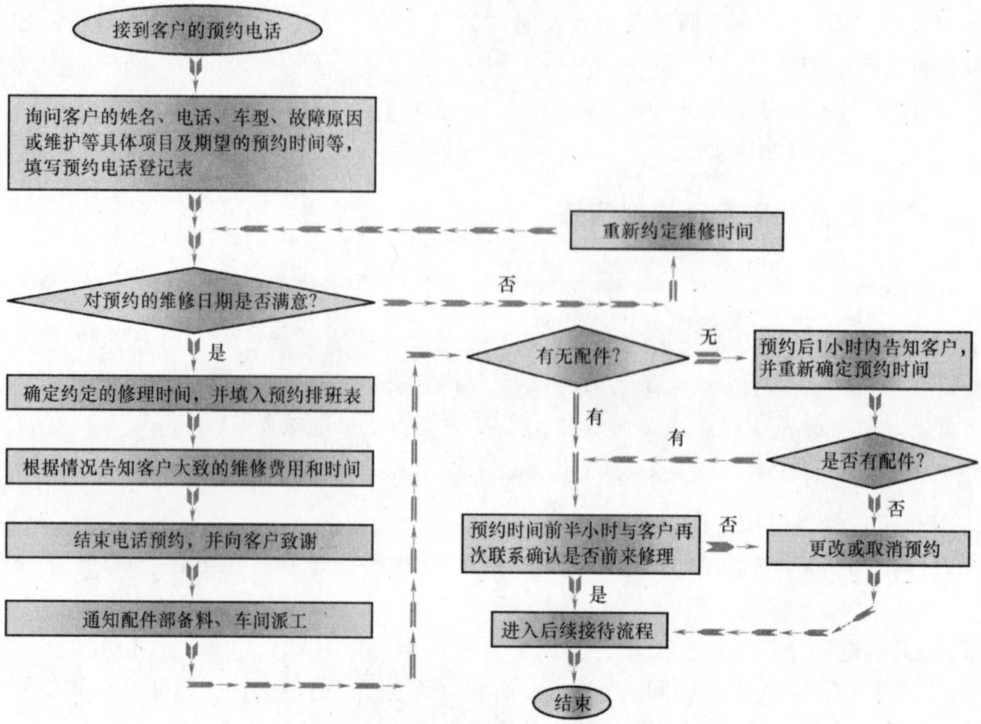

图 3-8　电话预约的标准规范流程图

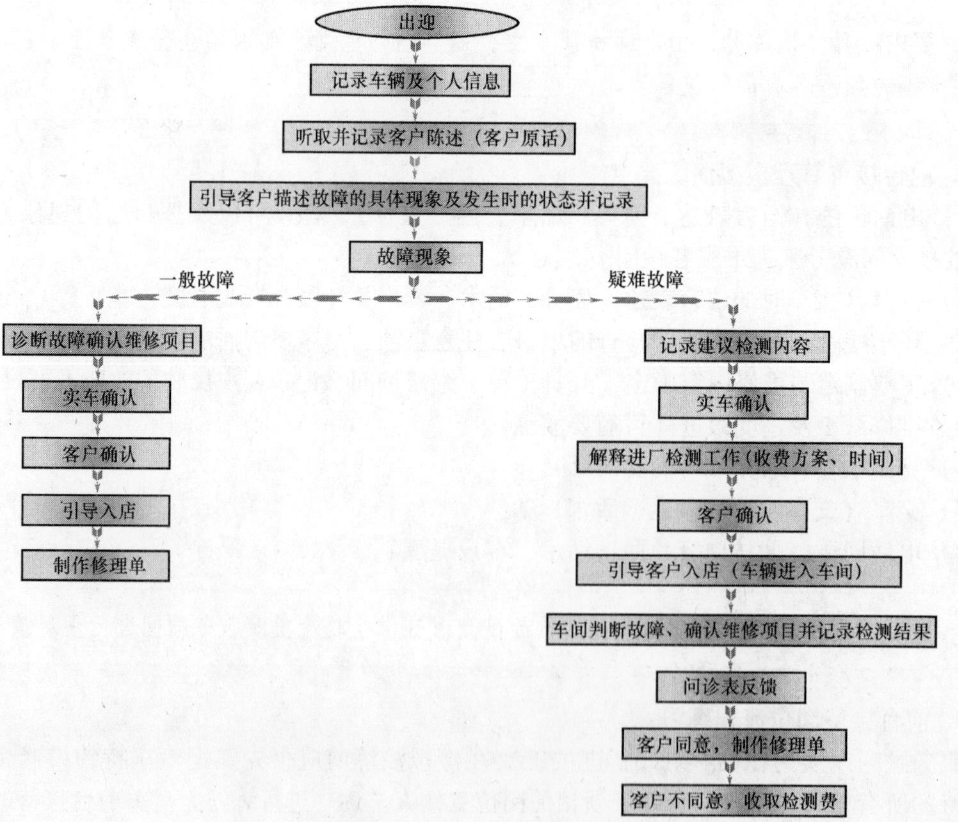

图 3-9　出门迎接（接车）的标准规范流程图

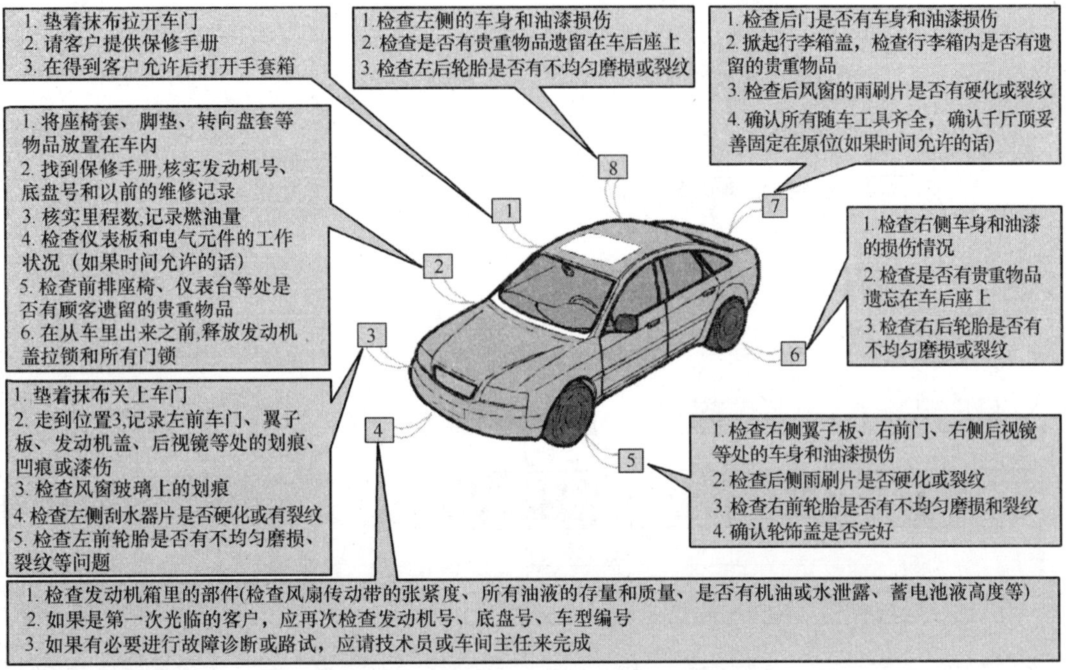

图 3-10　环车检查作业的标准规范流程图

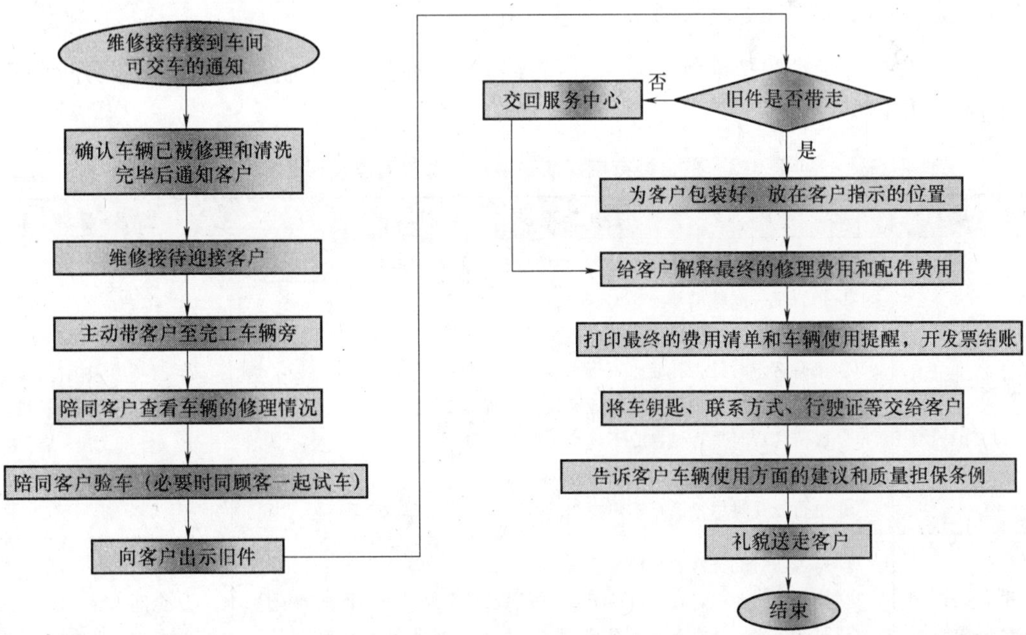

图 3-11　结算/交车作业的标准规范流程图

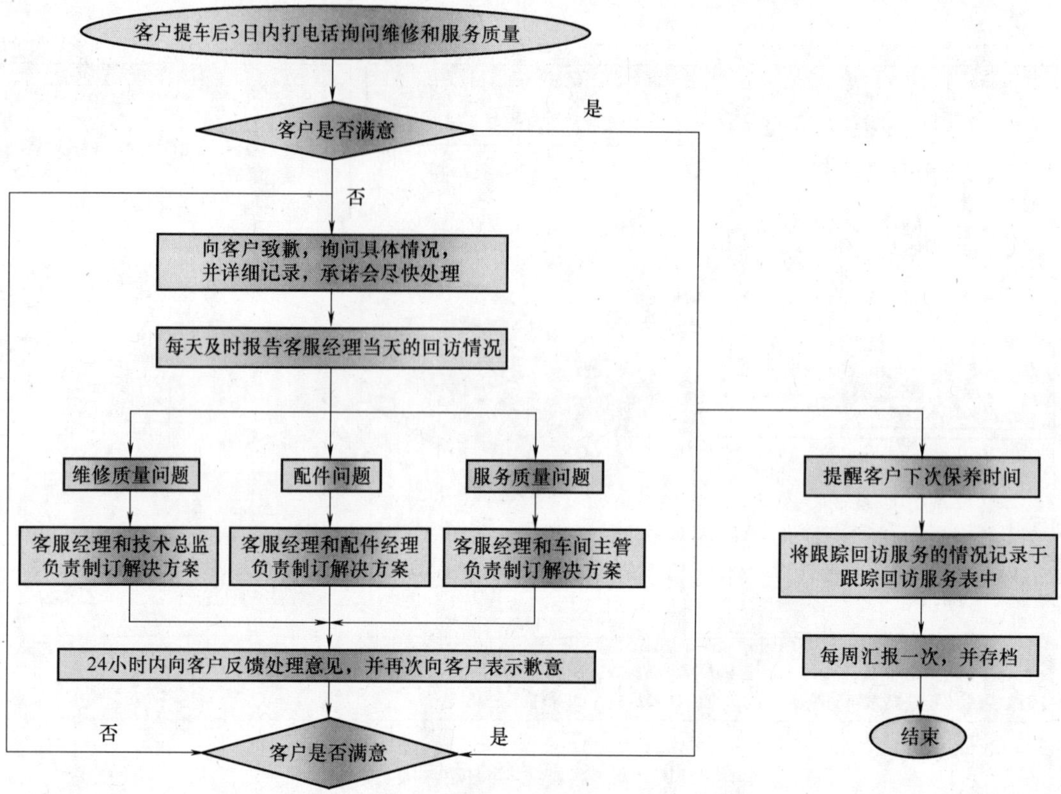

图 3-12 跟踪回访服务的标准规范流程图

4. 前台接待管理模拟演练评估

汽车前台接待管理模拟演练的效果，可参考上海通用 SGM 业务接待接车服务评估手册进行评估，具体见表 3-3。

表 3-3 前台接待模拟演练项目、考查要点及评分标准

演练项目	考查要点	评分标准
迎接客户	① 是否按 SGM 要求统一着装，并保持良好的外表形象 ② 是否统一佩戴徽章 ③ 是否在客户进厂后 1 分钟内接待且态度积极 ④ 接待客户时是否礼貌，不得采取无礼态度 ⑤ 每一位客户是否有专门的业务接待全程负责 ⑥ 接待客户时是否诚恳，不随意中断客户谈话 ⑦ 中断客户谈话时，是否向客户说明理由 ⑧ 是否能及时尽量满足客户提出的合理要求	① 全部执行：2 分 ② 有一项未执行：1 分 ③ 有一项以上未执行：0 分
建立或查询客户车辆档案及车辆以往的维修档案	① 是否随时配备好客户档案填写表 ② 如是预约客户，在客户到来之前是否已准备好了书面形式的记录 ③ 对老客户，是否查看了客户档案、车辆档案及以往的维修档案，了解客户上次在本售后服务站维修的时间和维修项目，是否有过投诉记录等 ④ 对新客户，是否在建立客户档案时征得了客户同意，并说明了好处	① 全部执行：2 分 ② 有一项未执行：1 分 ③ 有一项以上未执行：0 分

（续）

演练项目	考查要点	评分标准
倾听故障描述	① 客户在描述故障的过程中，是否随意中断了客户的讲话 ② 中断客户讲话时，是否向客户说明了理由 ③ 是否将客户的描述记录于工单中 ④ 是否询问客户有无特殊要求，并将客户的要求记录于工单中 ⑤ 工单应忠实于客户的描述，对于不清楚之处是否征求了客户的意见 ⑥ 是否请客户对工单中的描述进行确认 ⑦ 如是老客户，是否注意此次维修情况与车辆以往维修记录有何关联，如有关联是否予以标识 ⑧ 是否将客户车辆按维修种类进行了分类	① 全部执行：2分 ② 有一项未执行：1分 ③ 有一项以上未执行：0分
实车检查	1）业务接待 ① 检查车辆时，是否使用坐椅防尘套、转向盘防尘套和脚踏垫等 ② 是否向客户确认过有无贵重物品或遗留物？如有遗留物，是否当面交还了顾客 ③ 是否将所有车身及内饰的损伤处予以标明，避免出现不必要的误解 ④ 如诊断时间较长，是否向客户解释清楚，征求了客户的意见；如客户休息，是否开具了暂时收车单 ⑤ 是否将能观察、检查到的全部信息记入了工单 ⑥ 是否在工单中记录检查的已完工事项和需进一步进行的事项 ⑦ 是否将所有检查的结果告知了客户，并予以解释 ⑧ 是否要求客户在工单上签字	① 全部执行：2分 ② 有一项未执行：1分 ③ 有一项以上未执行：0分
	2）车间主管 ① 是否仔细倾听客户的描述 ② 是否陪同业务接待和顾客一同验车、一起发现问题 ③ 对顾虑太多的客户，是否给予耐心地释疑	① 全部执行：2分 ② 有一项未执行：1分 ③ 有一项以上未执行：0分
诊断和确定维修项目	业务接待： ① 是否对于诊断的确定和不确定事项予以明确标识 ② 是否对确定需要维修的项目予以明确标识 ③ 对于可能有疑问的维修处是否予以标识	① 全部执行：2分 ② 有一项未执行：1分 ③ 有一项以上未执行：0分
估价解释、开维修委托书和签收	1）业务接待 ① 是否及时开具工单，是将工单转交零件主管并请求零件的查询 ② 当配件库存有短缺时，是否及时地告知了客户？当客户同意调拨或订货时，是否告知了客户调拨或订货的到货期及价格？当客户取消作业时，是否及时将零件从零件出库单中取消，同时取消工单 ③ 是否能尽快而又准确地制作报价单 ④ 是否能使用简单易懂的词句向客户解释估价的内容和需要的修理时间 ⑤ 免费修理时，是否能记得向客户解释免费修理的地方、期限及好处 ⑥ 在解释的过程中是否提示过客户有不清楚之处 ⑦ 作业费用和完工时间是否征得了客户的同意 ⑧ 是否与客户签订了维修委托书 ⑨ 是否与客户签订了维修合同	① 全部执行：2分 ② 有一项未执行：1分 ③ 有一项以上未执行：0分

（续）

演练项目	考查要点	评分标准
估价解释、开维修委托书和签收	2）车间主管 ① 本售后服务站是否在价格上具有竞争力 ② 是否定期对服务价格进行检验、更新 ③ 是否对报价进行了详细的分析，以备应对客户	① 全部执行：2分 ② 有一项未执行：1分 ③ 有一项以上未执行：0分
安排客户休息或送走	业务接待 ① 是否安排客户到预定地点休息 ② 对维修时间较长的，是否礼貌送走客户 ② 当客户取消作业时，是否及时送走客户，并向客户表示歉意和谢意	①全部执行：2分 ② 有一项未执行：1分 ③ 有一项以上未执行：0分
零部件的车间调度	业务接待 待料零件取得时，是否及时通知了客户	
维修	1）车间主管 ① 维修时间的安排能否尽量配合客户的时间安排 ② 是否合理地安排维修工人的维修作业 ③ 是否能够给予在场等候的客户优先分派 ④ 是否将在修理的车辆及其他需注意的车辆识别出来 ⑤ 维修作业管理看板设置是否合理、清晰 ⑥ 当维修内容或进度改变，或维修费用改变（包括追加作业）时，是否能及时通知业务接待	① 全部执行：2分 ② 有一项未执行：1分 ③ 有一项以上未执行：0分
	2）维修人员 ① 是否马上开始维修作业 ② 在维修过程中是否使用了保护措施，或非常小心地对待客户的车辆 ③ 是否按维修作业管理看板的要求控制维修进度 ④ 是否能留心发现新增的维修问题 ⑤ 发现维修内容、进度或维修费用发生改变（包括追加作业）时，是否能及时通知车间主任，并在工单上注明 ⑥ 是否按时完成了维修作业 ⑦ 是否一次修复率达到90%以上 ⑧ 完成维修后，是否将客户车辆上的电台、音响、座位或时钟复位 ⑨ 是否将更换下来的旧零件装入袋中并放在了规定处；是否将各种零件（保修件、索赔件等）分类摆放 ⑩ 是否在维修联上记录了此次维修的全部内容、时间及在该车辆今后使用方面的建议	① 全部执行：2分 ② 有一项未执行：1分 ③ 有一项以上未执行：0分
	3）业务接待 ① 维修内容改变（包括追加作业）时，是否及时征得了客户的同意；是否及时向客户说明了改变后的维修项目、预计费用、支付方法、交车时间；是否向客户表示了歉意和谢意 ② 是否将正在等待中的客户与其他客户加以区别管理 ③ 是否时常确认正在等待的客户的状况并保持联系？关心客户是否有一些新的问题 ④ 对于不能马上对车辆进行维修作业的车主是否说明了原因	① 全部执行：2分 ② 有一项未执行：1分 ③ 有一项以上未执行：0分

（续）

演练项目	考查要点	评分标准
质检（维修站三级检验制度）	如发现问题且影响到交车时间、维修项目或维修费用时，是否与客户及时取得联系并获得谅解	① 全部执行：2分 ② 有一项未执行：0分
交车准备	业务接待：确认维修完成后，是否及时与客户联系	① 全部执行：2分 ② 有一项未执行：0分
交车结账	1）业务接待： ① 是否礼貌规范地按时迎接客户 ② 是否带客户进行交车前检查；是否当着客户的面取掉座椅防尘套、转向盘防尘套和脚踏垫等 ③ 是否询问了客户需不需要查看更换件；是否询问了客户需不需要要更换下来的旧零件 ④ 是否将最终的维修费用打印给客户；是否用通俗易懂的语言向客户说明了维修费用单；最终费用清单是否逐项列出了更换的零件价格和工时费等各方面的信息 ⑤ 是否针对价格向客户做了详细的说明；是否请客户在上面签了字？在估价和实价不同的情况下，是否向客户作出过正确的解释；对客户提出的要求是否一一予以说明 ⑥ 是否打印并告诉客户质量保证条例及今后车辆使用方面的建议；在提出下次车辆检查建议时，是否充分说明了理由？当顾客提出打折时，能否进行灵活的应对 ⑦ 是否给客户留下了联系方式，并提醒客户如发现问题请随时打电话联系 ⑧ 是否询问过客户愿不愿意接受售后跟踪服务活动，并向客户说明了其好处；是否确认后续跟踪服务的最佳联系方式和最佳联系时间；在客户配合的情况下，是否确认了车辆再次入站的时间 ⑨ 是否提醒过客户系上安全带、注意行车安全 ⑩ 建立客户档案时，是否将特殊用户和大用户车辆档案分开存放了	① 全部执行：2分 ② 有一项未执行：1分 ③ 有一项以上未执行：0分
	2）出纳： ① 是否检查或核对过费用的正确性 ② 是否有友好礼貌地对待客户 ③ 客户付款时，是否唱收 ④ 客户付款后，是否将发票及出门条及时交给客户并请客户小心保管	① 全部执行：2分 ② 有一项未执行：1分 ③ 有一项以上未执行：0分
后续跟踪服务	1）后续跟踪服务准备 ① 能否对所有客户进行后续跟踪服务 ② 后续跟踪服务是否在客户取车后3个工作日内进行 ③ 是否按客户认为的最佳后续跟踪服务时间联系 ④ 在用电话进行后续跟踪服务时，是否已做好了充分的准备 ⑤ 后续跟踪服务的负责人是否清楚近期维修工人所做修理的性质及基本内容 ⑥ 后续跟踪服务人员的权限和职责是否明确 ⑦ 后续跟踪服务所调查的项目是否制作成了一览表格 ⑧ 对于返修车辆的处理、对抱怨客户的处理，是否能在3天内与该客户联系	① 全部执行：2分 ② 有一项未执行：1分 ③ 有一项以上未执行：0分

（续）

演练项目	考查要点	评分标准
后续跟踪服务	2）后续跟踪服务过程 ① 是否礼貌热忱地倾听客户的感受及倾诉 ② 是否将客户的倾诉忠实地记录下来 ③ 是否对抱怨或问题采取迅速且正确的行动 ④ 抱怨内容超出零件担当责任范围时，是否及时向经理汇报 ⑤ 是否能迅速应对在跟踪服务中接到的客户投诉 ⑥ 对听到的抱怨能否明确责任 ⑦ 不能立刻答复客户的质问或抱怨时，是否向客户说明了将由具有权威性的负责人与客户直接联系	① 全部执行：2分 ② 有一项未执行：1分 ③ 有一项以上未执行：0分
	3）后续跟踪服务结果的处理 ① 对后续跟踪服务的相关信息是否记入了客户档案 ② 有关维修中的客户不满意之处是否及时反馈给了维修车间 ③ 是否定期向服务部经理汇报后续跟踪服务的结果，然后分发给相关工作人员 ④ 后续跟踪服务中的客户意见对今后的服务工作的改善是否有良好的帮助 ⑤ 是否能定期分析、整理后续跟踪服务中客户意见 ⑥ 新车销售经理和维修服务经理是否定期交流信息	① 全部执行：2分 ② 有一项未执行：1分 ③ 有一项以上未执行：0分
配件及仓库管理	1）配件库存：配件库存与平均月销售额之比是否达到SGM的相应要求 考核周期：每季度进行评分，供跟踪改进；每半年为一个考核周期，公布考核结果；年底总评取季度得分的平均值	① 全部执行：2分 ② 有一项未执行：0分
	2）配件订单：配件紧急订单与常规订单之比是否达到了SGM的相应要求 考核周期：每季度进行评分，供跟踪改进；每半年为一个考核周期，公布考核结果；年底总评取季度得分的平均值。	① 全部执行：2分 ② 有一项未执行：0分
	3）配件及仓库管理 ① 是否有明确的配件物流管理流程 ② 是否定期做好了仓库盘点并做好记录 ③ 是否将危险品隔离存放 ④ 有无备用金拖欠 考核周期：每季度进行评分，供跟踪改进；每半年为一个考核周期，公布考核结果；年底总评取季度得分的平均值	① 全部执行：2分 ② 有一项未执行：1分 ③ 有一项以上未执行：0分
索赔	索赔提交一次成功率是否达到SGM的相应要求 考核周期：每季度进行评分，供跟踪改进；每半年为一个考核周期，公布考核结果；年底总评取季度得分的平均值	① 全部执行：2分 ② 有一项未执行：0分

任务二　透明车间管理

一、透明车间管理概述

1. 透明车间管理的定义

透明车间管理是指目前大多数的汽车特约维修企业均采用现代电子信息技术及各类看板或现场透明车间，将车间内的各类维修信息通过互联网络、语音播报、大屏幕终端显示、手机短信或现场直观等手段对车辆从进厂维修到竣工出厂全过程进行透明化监控的一种综合手段。

2. 透明车间管理的目标及意义

通过预约客户电子看板、车辆维修状态看板、完工信息智能语音自动播报和完工信息手机短信自动通知等多种手段相结合的方式，使客户在休息室里就能轻松愉悦地随时了解和掌握爱车的维修和维护进度。这种先进的管理方法不仅节省了客户的等待时间，让车主感觉温馨和放心，而且还提升了品牌服务形象及赞誉度，提高了客户忠诚度，吸引了更多客户，从而使维修业务步入良性循环的发展目标。“透明车间”管理系统所带来的技术先进性和服务高效性对汽车特约维修企业的可持续发展具有重要意义。

二、透明车间管理情境设计

通过互联网络、语音播报、大屏幕终端显示、手机短信或现场直观等手段，对车辆从进厂维修到竣工出厂的全过程进行透明化监控，是特约维修企业进行透明车间管理的主要任务。其场景图片、工作情境以及相关知识，见表3-4。

表3-4　透明车间管理的情境设计

场景图片	工作情境	相关知识
	情境1：老是抓不准时间。服务顾问小赵正与车主进行被动预约维护服务。按照惯常的思路，小赵告知客户快速维护车辆到厂后，一般一个小时内就可以提车。但是客户车辆到厂后发现，车间根本没有技师是空闲的，由于对其他车辆的维修进度无法准确掌握，所以调度协调起来非常困难，车辆两个多小时后才出厂。客户对此次维修服务的质量非常不满意，回访时只给小赵打了2分。	“透明车间”电子管理系统优势一可以通过一定手段将客户车辆的维修状态实时显示在服务顾问的计算机上。如在大众品牌4S店，维修车间内的条形码扫描系统与服务接待环节的信息管理系统之间形成了连接，维修技师通过扫描接车单上的条形码，就能将车辆维修进度信息及时告知服务顾问。宝马的“车间透明”管理系统则通过技工触摸屏将车辆维修实时动态与前台管理系统DMS进行连接，这样就大大缩短了服务顾问与维修技师进行信息沟通的时间，提高了服务效率

（续）

场景图片	工作情境	相关知识
	情境2：调度工作不好做。调度员老李工作认真负责，经常去车间查看技师们的工作进度，和技师的私人关系也处理得比较好；但总是被车间的维修技师埋怨派工不公道，有些技师的工作量非常大，而有些技师的工作量却小得可怜。面对技师的这种评价，他只能苦笑	“透明车间”电子管理系统优势二：服务顾问能够随时掌控维修车间内各个工位的使用状态和维修技师的忙闲状态，便于安排即将进厂的客户车辆；同时还能使调度人员能够根据这些信息进行合理派工，从而实现各种服务资源的最优化调配。
	情境3：客户要进车间。服务顾问小张接待了一位刚买车不久的客户回4S店进行首保。由于对自己车辆比较爱惜，客户要求进入维修车间查看技师的维修情况，小张百般解释，甚至带他到能够看到车辆维修的透明玻璃墙旁边查看，但客户仍然执意要进厂查看维修进度。小张和服务经理沟通后，陪同客户进入车间，但因客户的安全意识较差，直接站到了车底，头部险些碰到消音器。	“透明车间”电子管理系统优势三：能对包括接待时长、维修时长、质检时长、洗车时长、交车时长等在内的各种服务数据进行采集和量化管理，并对维修车间的工位利用率、设备利用率、劳动利用率等数据进行统计分析。这些统计数据和分析结果为经销商优化服务流程、提高维修效率提供了强有力的数据支持，同时也为经销商不断改善服务质量提供了科学的理论依据。

三、透明车间管理任务实施

（一）汽车特约维修企业进行透明车间管理的手段

车间透明管理一般通过透明车间管理系统来实现，不同品牌的汽车4S店所采用的透明车间管理系统有一些差别，但其作用和效果是一致的。

1. 用各类格式看板进行透明车间管理

如图3-13所示，用维修车间管理看板、维修车间5S看板等各种形式的看板进行透明车间管理，使服务顾问、前台接待主管、维修主管及广大车主能够间接了解和掌握汽车维修企业生产车间的管理和使用状况，从而便于企业内部管理和客户监督。

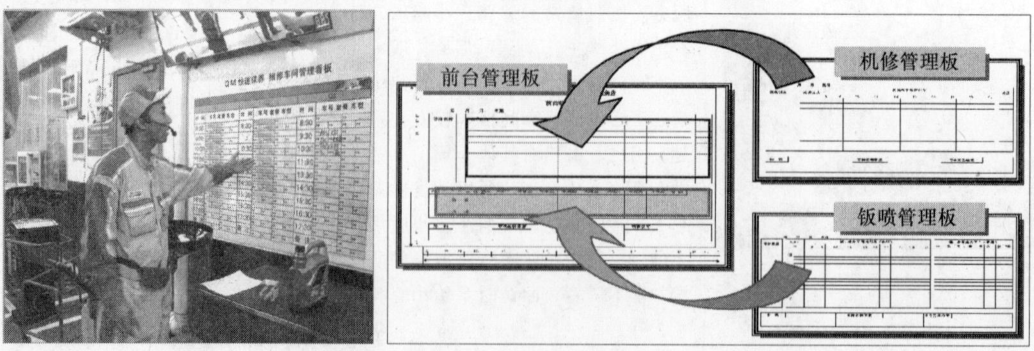

a)　　b)　　c)

图3-13　用各类格式看板进行透明车间管理

2. 用各类电子信息进行透明车间管理

如图 3-14 所示，用各类电子信息进行透明车间管理，可将车辆维修的整个过程和所有进厂车辆的全部信息实时地显示在电子看板上或以短信形式发送到客户的手机上，从而帮助维修企业实现电子化、透明化、智能化的车间维修作业管理。

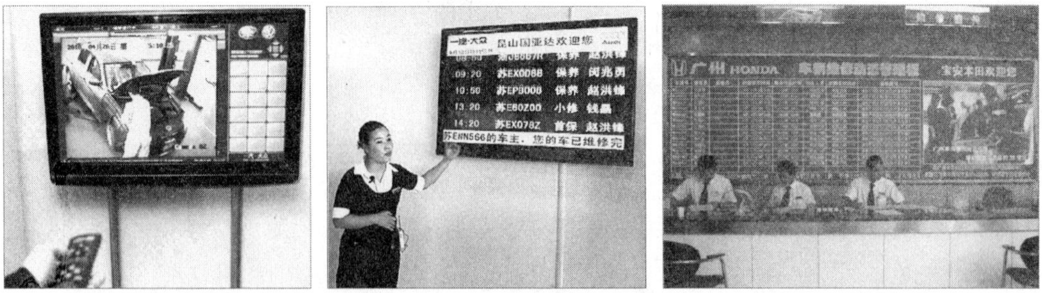

a)　　b)　　c)

图 3-14　用各类电子信息进行透明车间管理

3. 用真实透明维修车间进行透明车间管理

如图 3-15 所示，广汽丰田、一汽大众以及奔驰、宝马等知名企业和品牌开始用真实透明维修车间进行透明车间管理。这种更加直观的现场管理，大大提高了企业的信誉度和客户的信任度，取得了良好的社会效益和经济效益。

a)　　b)

图 3-15　用真实透明维修车间进行透明车间管理

（二）透明车间管理系统实施构成及工作流程

透明车间管理通过透明车间管理系统来实现，如图 3-16 所示为一汽大众 4S 店的透明车间管理系统实施构成示意图。

成熟的透明车间管理系统一般由以下要素组成：

1）要有对车辆到店信息进行识别的媒介，如摄像头、对讲机等，以方便服务顾问及主管能够清楚地知道客户的到店情况。

2）要有对客户信息及维修状态进行查看的媒介，如计算机、维修看板等，以方便服务顾问、仓管、维修主管及调度员能够清楚地知道车辆的维修进度以及工位的忙闲状态。

3）车间要有能够记录客户车辆维修信息的媒介，如扫描器、触摸屏、打卡计算机等，以记录车辆到厂、车辆维修中、车辆竣工以及维修班组分配、工位使用中或空闲状态等信息。

4）要有客户能看到车辆维修情况的媒介，如客户看板、计算机视频查询、语音、短信等。

5）要有对接待时长、维修时长、质检时长、洗车时长、交车时长等在内的各种服务数据进行采集和量化的媒介，以方便各业务主管对维修业务进行调整或改进。

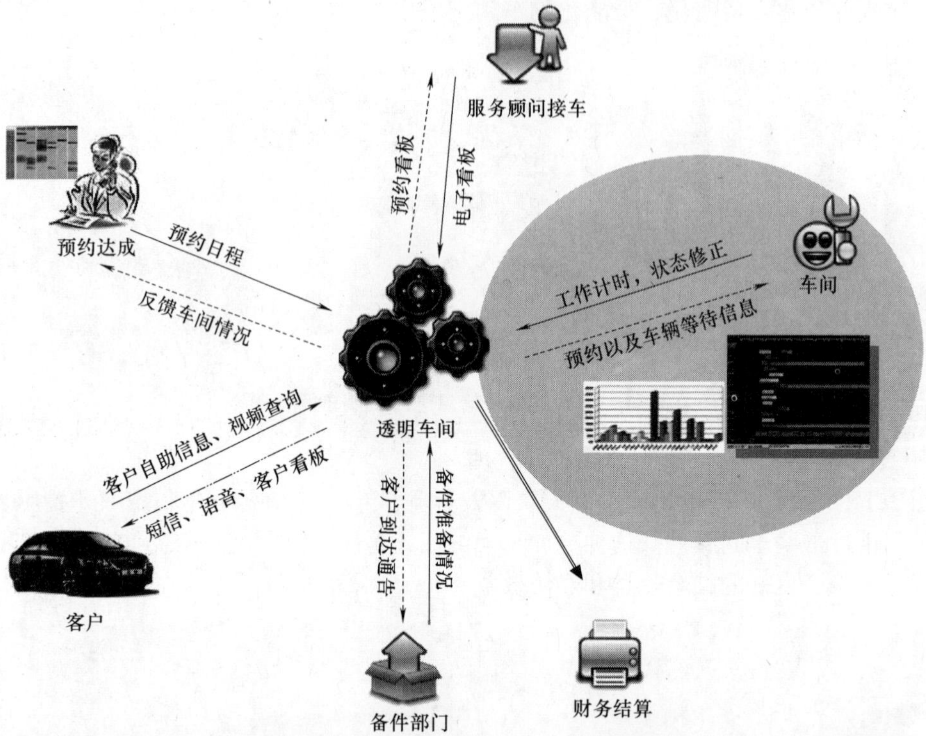

图 3-16　一汽大众 4S 店的透明车间管理系统

通过将上述媒介应用到车辆维修流程中，可达到车间透明管理的目的。如图 3-17 所示为一汽大众服务流程与“车间透明系统”功能模块切入点示意图。

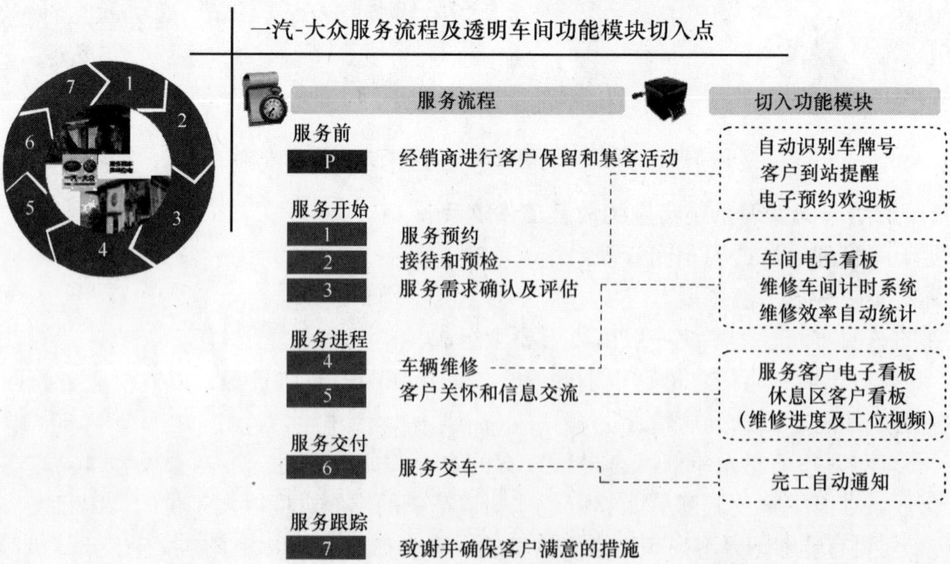

图 3-17　一汽大众服务流程与“车间透明系统”功能切入

（三）透明车间管理任务实施

1. 预约维修

由于工位资源规划和维修班组的工作计划是透明的，所以能够准确地建议客户预约来店的时间段，节省客户的等待时间。另外，预约的工单也需要预约排程。

2. 前台接车及施工单制作

如图 3-18 所示，车辆到店时，服务顾问能提前知道车辆及客户信息，可以主动迎接客户并准备话语话术；调度能够立刻精确派工，仓管部门能迅速准备配件（预约客户），因此能更准确地得出预计完工时间，而不是根据感觉大概得出。同时，可以通过大厅看板对客户进行欢迎（如图 3-19 所示）。

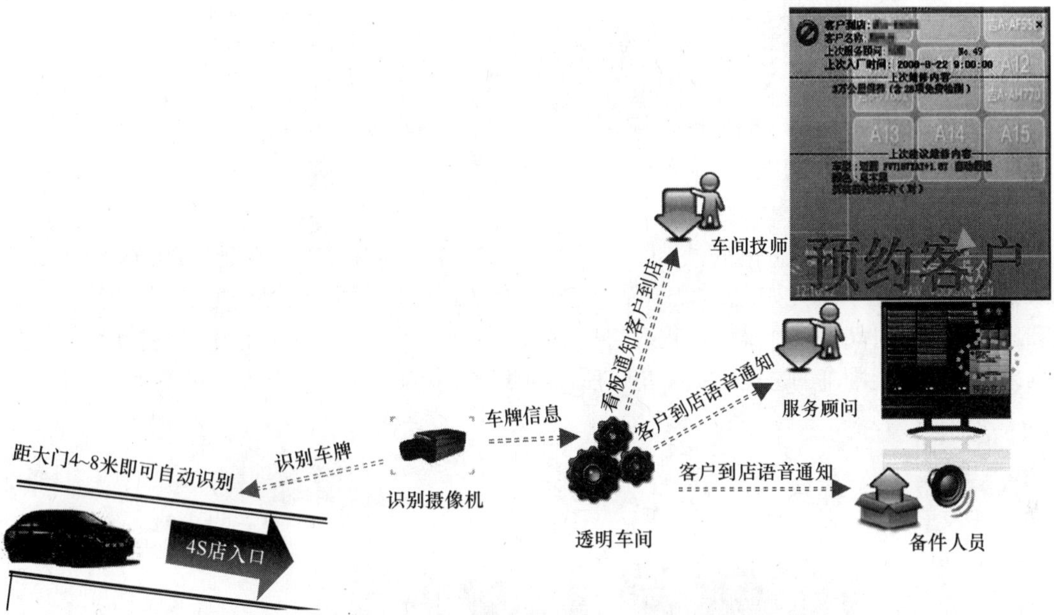

图 3-18 “车间透明系统”的预约与客户接待流程

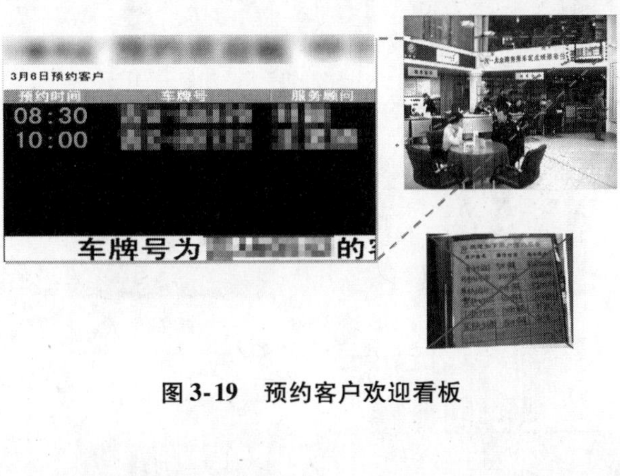

图 3-19 预约客户欢迎看板

3. 调度派工

为每一个维修项目准确规划用哪个维修工位、由哪（几）个班组来施工以及何时开工。如图 3-20 所示，可以通过车间工位看板迅速了解这些信息并进行分配。

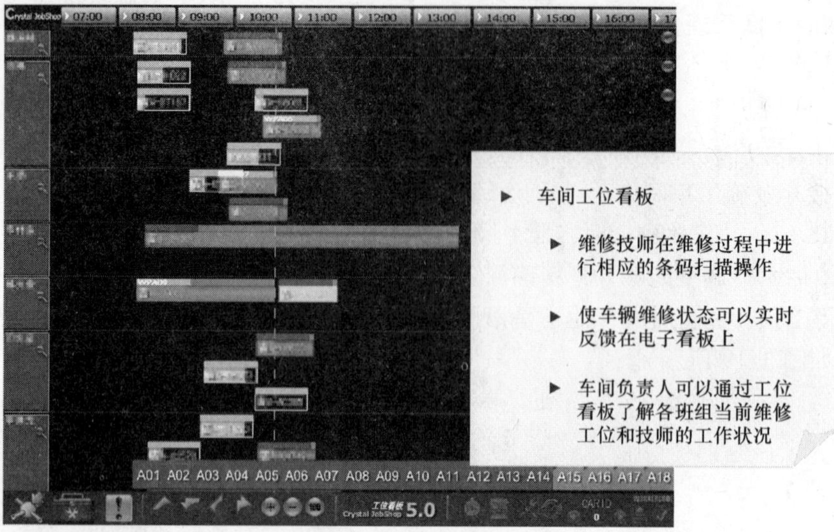

图 3-20 车间工位看板

4. 工位施工

如图 3-21 所示，与服务顾问开单的车辆及客户的条形码对应，在施工的过程中，通过无线扫描进行数据采集（如图 3-22 所示），录入项目的开工时间、中断时间、完工时间以及工位和班组的忙闲时间等整个维修过程及状态（如图 3-23 所示）。施工过程中，各种电子看板的数据来源于工位上准确的进度数据采集，所以这些数据构建了透明车间系统的基础。

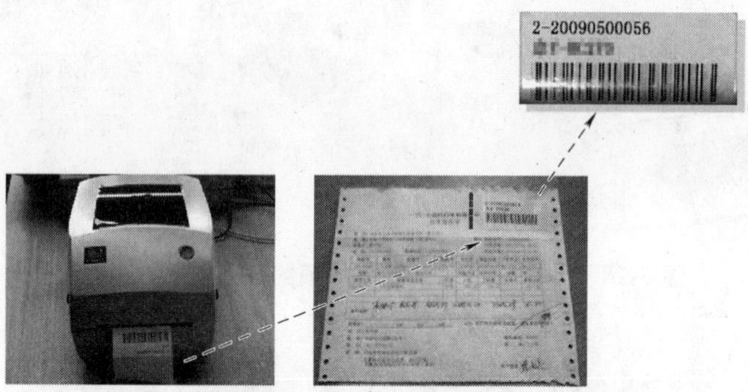

a) 条码打印机自动打印条码　　b) 条码粘贴在工单右上角

图 3-21 服务顾问填写施工单及打印条形码

员工条码　　中断条码

工位条码　　工单条码

图 3-22 施工状态条形码

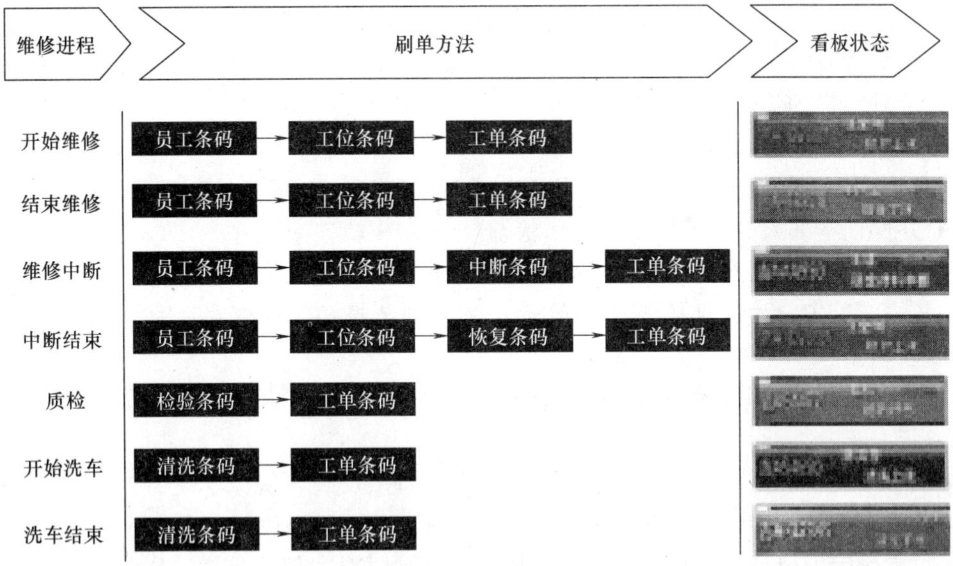

图 3-23　维修进程、刷单方法及看板状态

5. 总检完工

总检完工后，通过短信、语音、字幕、看板（如图 3-24 所示）等各种途径通知到客户前来结算提车。

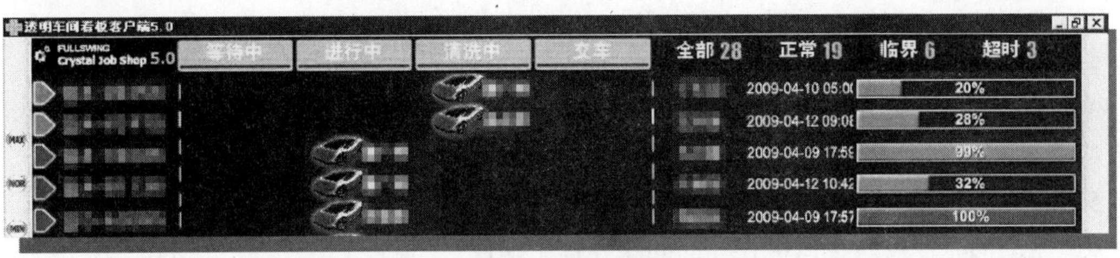

图 3-24　交车看板

6. 维修结算/缴款出厂

通过即时评价、短信回访、电话回访来实现与客户的沟通交流，让客户也变得透明。

（四）透明车间管理系统关键岗位及相关岗位职责

汽车特约维修企业透明车间管理的关键岗位是调度员。调度员是指在 4S 店透明车间中专门协调服务总台、业务接待台以及车间调度室等部门和相关人员，并引导客户通过各种看板适时观看各个服务环节等工作的售后服务人员。调度员在“透明车间”管理中起着引领团队效应的作用，其对自身岗位职责的熟知程度和配合默契度将直接关系到“透明车间”管理的先进性、可信性和高效性。此外，与透明车间管理系统相关的岗位还包括：车间主管、机电和钣喷技师以及维修接待员和质检员等。

1. 透明车间调度员

1）对进店维修的车辆进行合理化派工，不断提升透明车间的整体作业效率。负责与车间机修、钣喷各班组之间的沟通与协调。

2）对前台服务顾问提供支持，确定预交车时间，确保客户满意。

3）在车辆进店高峰期，协助服务顾问接待进店维修车辆。

4）在车辆进店高峰期，协助服务顾问及接待员安排客户在客户休息区等待，并引导客户适时观看预约看板、人员管理看板以及维修车辆管理看板等，使客户及时了解车辆的维修动态，以提升客户的信任度和满意度。

2. 车间主管岗位职责

1）负责合理安排维修人员的工作及车间看板的管理，开展并控制车间5S工作制的具体实施，并保证本部人员具备良好的工作状态。

2）负责督促员工对车间工具、设备的定期维护，并作记录。

3）负责车间安全生产环境卫生的管理、物品规范摆放，监督员工做到油、水、物件“三不落地”。

4）负责协调与各部门的关系，控制维修质量及生产成本，确保车辆维修能够按时、按质完成。

5）负责车间管理过程中的事务处理并及时向管理层反映。

6）负责定期召开会议，使车间工作流程不断优化与改进，以提高工作效率。

7）负责确定维修员工的培训需求及计划制订，平时对本部人员进行岗位考核并及时上报结果和存档。

8）负责质量管理体系中的相关工作。

9）负责公司各项制度在本部门的宣传及信息的传递。

3. 机电和钣喷技师岗位职责

1）严格按照汽车维修手册、行业标准、维修工艺和操作规程进行维修作业。

2）做好维修过程中的自检、记录工作。

3）维护好维修设备，保持工作场地清洁。

4）遵守电焊工安全操作规程；严禁无证动用焊割设备。

5）自觉维护企业的声誉和利益。

6）主动向企业反映工作中存在的问题并提出建议。

7）自觉提高自身技能并参加企业组织的各种培训。

8）服从上级和车间主管的工作安排。

9）遵守本企业的规章制度。

4. 维修接待员岗位职责

1）服从企业总经理和服务站长的领导，严格执行企业的各项规章制度，并对自己所负责的工作承担相应的责任。

2）按标准业务作业流程开展工作。

3）负责受理客户提出的预约维修请求或向客户提出预约维修建议，经客户同意后，办理预约手续。

4）负责接待咨询业务的客户或前来送修车辆的客户，认真询问客户的来意与要求。

5）负责配合技术人员对送修车辆进行技术诊断，确定维修内容和大致的交车期限。

6）负责维修报价，安排客户的进厂维修时间或预约维修时间。

7）负责与客户及生产部门维修人员办理维修车辆的交接手续。

8）负责维修业务的日常进度监督。

9）负责对维修增项意见的征询与处理。

10）负责将竣工车辆从维修车间接出来，检查车辆外观、技术状况及有关随车物品，通知客户提车，准备客户接车资料。

11）负责接待前来企业提车的客户，引导客户视检竣工车辆，向客户汇报维修情况，办理结算手续，恭送客户。

12）负责客户的咨询解答、电话回访与投诉处理。

13）负责企业的业务统计、业务档案管理以及服务品牌商家通知通告的反馈。

5. 培训师岗位职责

1）负责本企业内部培训的授课工作和透明车间的技术指导工作。

2）切实落实授权企业对本单位的专业技术培训计划。

3）切实掌握企业内部的技术培训率，并对员工的内部技术培训进行考核与评估跟踪工作。

4）收集和分析重大技术案例及故障案例，做到及时传达、及时学习。

5）负责组织技术难题的攻关工作。

6）协助企业开展有关培训的其他工作。

6. 服务经理岗位职责

1）负责监督和指导业务接待、索赔员的具体工作并进行月度考核。

2）负责索赔事务，严格按授权公司的索赔政策开展工作。

3）负责参与重要客户和万元以上消费客户的相关工作。

4）制订、安排和协调售后服务工作的具体开展，协调业务接待、索赔、收费、维修车间、配件之间的关系，保证全体员工有良好的工作状态。

5）严格按公司的运作标准或相关要求开展工作。

6）定期对本部门的工作进行审核及改进。

7）积极开展和推进各项业务工作，控制管理及运作成本，完成内部拟定的工作目标。

8）做好业务统计分析工作，定期填写并上报各种报表。

9）负责控制和提高车间的维修质量、控制安全生产成本并进行环境管理。

10）组织本部门开展各项活动及评估工作。

11）负责各项会议的召开及各项售后工作的不断优化和改进。

12）负责质量管理体系中的相关工作。

13）负责公司各项制度在本部门的宣导及相关信息的传递。

注意：与其他经营模式相同或相近的工作岗位职责不再赘述。

四、透明车间管理模拟演练

案例导入　4S店新增了一套透明车间管理系统，为了能够迅速应用这套系统提高车间的工作效率及售后服务的客户满意度，售后经理老周向培训讲师谭文布置了培训任务，要求谭文将这套系统所涉及的每一项岗位职责及提高效率的方法都传授给相关员工。

1. 透明车间管理模拟演练设计

1）目标：熟悉透明车间管理系统的理念及对每一岗位的操作要求。

2）道具：车辆、图板（图板上由教师填写相应的看板名称）。

3）主要人物：培训师（谭文）、4S店内各岗位人员（服务顾问、接待员、调度员、服务经理、维修技师、质检员、车间主管）、车主。

提示：具体演练时，可由老师扮演调度员，而其他角色则全部由学生轮流担任，但学生必须事先熟悉各自的岗位职责。

2. 透明车间管理模拟演练要点

1）服务顾问根据报表预约客户（语言表达、手势、话术、客户关怀）。

2）接车（接车时的语言表达、手势、话术、客户关怀以及专业态度、聆听等）。

3）调度派工（引导客户的话术、手势，协同车间调度合理派工；依据服务流程，运用走动式检查和看板管理来督促服务顾问、接待人员和维修车间做好对维修进度的实时跟进）。

4）技师打卡（接受任务打卡、维修中途打卡、竣工交车打卡）。

5）质检（可简要演练）。

6）结算、交车（交车时的语言表达及话术）。

7）电话回访（回访内容、回访话术、顾客提醒）。

要求：调度员为主角，其他人员为配角。让学生轮流扮演调度员来进行现场演练。

3. 透明车间管理流程练习

调度员（实为在校学生或新进员工）在模拟演练前应事先熟记汽车特约维修企业透明车间管理的所有相关工作流程，并带领其他岗位工作人员逐一进行练习。相关透明车间管理的工作流程如图3-25所示。

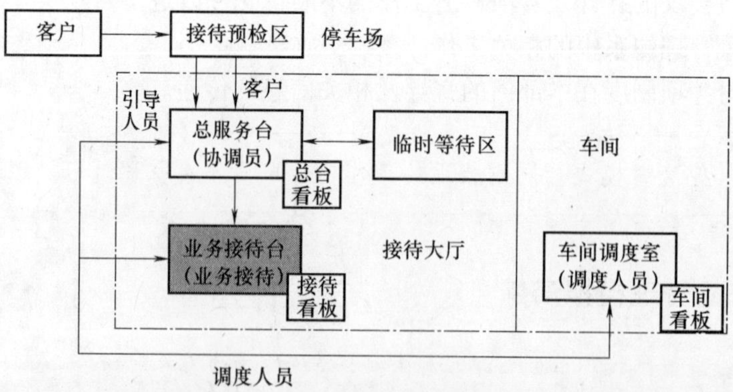

图3-25 透明车间看板管理流程

4. 透明车间管理模拟演练评估

透明车间管理模拟演练的效果，可参考丰田汽车业务标准手册中有关岗位标准工作流程的检查核对要点来进行评估。具体见表3-5。

表3-5　透明车间管理模拟演练项目、检查核对要点及评分标准

演练项目	检查核对要点	评分标准
客户接待服务规范	① 通往服务台的入口是否明显？入口处是否设有明显的指引标牌 ② 是否备有足够多的客户专用停车位 ③ 接待处的设置是否便于客户找到？是否设置了带有防雨棚的接待处，以保证不受天气的影响，使接待专员能与客户一起检查车辆 ④ 接待处的周围是否放有未经整理的废旧书籍、垃圾或者废弃物？在接待处及零件展示台的摆放上是否充分考虑了客户的方便 ⑤ 室内的照明设施、空调和香气是否令客户感到不快 ⑥ 伞挂、衣钩、垃圾箱、洗手间等设施是否为客户提供了充分的便利 ⑦ 是否为客户准备了舒适的客户休息厅 ⑧ 对客户是否能做到笑脸相迎、亲切问候 ⑨ 是否注意了不得对客户采取无礼的态度 ⑩ 客户是否能享受到负责的接待（如有问题，客户应该对谁提出） ⑪ 接待专员是否能够做到诚心诚意地听取客户的要求 ⑫ 谈话中断的时候，是否向客户说明了理由 ⑬ 接待专员是否能做到对客户提出的服务内容进行再度确认，以保证真正理解 ⑭ S/A接待专员在最忙碌时，是否能够及时应对客户的要求 ⑮ 检查车辆时，是否当着客户的面铺上了脚垫和椅套 ⑯ 是否向客户确认了有无贵重物品或遗留物 ⑰ 接待专员是否能做到与客户一起对照车辆、写出可以看到的服务需要并就此与客户进行商量 ⑱ 遇有追加作业、车内的划伤或凹陷等问题，是否能与客户一起对照车辆并一一确认 ⑲ 如遇客户顾虑太多的情况，是否能请车间主任出面帮忙 ⑳ 车间主任能否做到倾听客户的问题并与客户一起发现问题	① 全部执行：2分 ② 有一项未执行：1分 ③ 有一项以上未执行：0分
看板及调度管理规范	① 是否使用入库车进度管理板进行管理 ② 工厂内是否有工作调度员 ③ 是否能够识别再维修的车辆等需要注意的车辆 ④ R/0（作业指示书）中是否填写了维修完成时间 ⑤ 是否可以目视管理未开始维修的作业指示书 ⑥ 是否按照优先顺序进行维修 ⑦ 工作调度员是否能够推测出各车的维修完成时间 ⑧ 是否能够正确地准备了更换零件	① 全部执行：2分 ② 有一项未执行：1分 ③ 有一项以上未执行：0分
维修前说明服务规范	① 是否能告知客户是以最短时间来定购零件的 ② 是否能想方设法地、快速而准确地制作报价单 ③ 在价格方面有竞争力吗（是否能同其他对手竞争） ④ S/A是否有注意竞争对手服务价格的意识？是否定期对服务价格进行检验、更新 ⑤ 是否对报价进行过详细的分析，以备应对客户 ⑥ 对于比较繁忙的客户，是否提供了估价表，并事先提示客户，如有不明白的地方请客户一定问清楚	① 全部执行：2分 ② 有一项未执行：1分 ③ 有一项以上未执行：0分

（续）

演练项目	检查核对要点	评分标准
维修前说明服务规范	⑦ 为了使客户清楚价格以及所经营的服务内容，是否在接待处加以了明确的表示 ⑧ 是否知道与客户联系时应如何做？在受理时是否确认了与客户的联系方式 ⑨ 接待专员与客户间有些事情有变动时，是否立即通知了维修技工、车间主任、零件担当 ⑩ 报价单有变化时，接待专员是否事先争得了客户的认可？填写R/O时是否能让客户知道今后所要维修维护的地方	① 全部执行：2分 ② 有一项未执行：1分 ③ 有一项以上未执行：0分
维修作业服务规范	① 维修作业是否能马上开始 ② 不能马上开始维修作业的时候，S/A是否向客户说明了原因 ③ S/A是否时常确认正在等待的客户的情况，并与客户保持联系 ④ S/A是否时把正在等待中的客户的R/O与其他客户的加以区别管理 ⑤ 能否识别再维修车辆及需要注意的车辆 ⑥ 有无舒适的客户休息厅 ⑦ 是否非常小心仔细地对待客户的车 ⑧ 在维修过程中，是否能留心发现新增的维修问题 ⑨ 免费维修时，是否能记得向客户解释说明哪些是免费维修的地方以及给客户带来了什么好处	① 全部执行：2分 ② 有一项未执行：1分 ③ 有一项以上未执行：0分
检查服务规范	① 对于维修技工、检查人员的说明或特别标记的事项以及补充等，是否记录进了R/O ② 检查比预定时间推迟时，是否通知了S/A，是否与客户取得了联系 ③ 维修技工是否把零件整齐地放入了袋子中 ④ 是否在客户的车内抽过烟、吃过东西 ⑤ 车内音响、杯托、座椅位置、钟表等在维修完成后是否恢复了原状 ⑥ S/A是否收到过维修技工在维修中发生的损坏或弄脏客户车辆的报告 ⑦ S/A把维修工作和维修技工的说明加以对照，能否亲自对客户解释说明 ⑧ 能否亲自对客户讲清楚由客户承担费用的维修零件 ⑨ 保修零件是否做上了标记，并交给了零件保修人员	① 全部执行：2分 ② 有一项未执行：1分 ③ 有一项以上未执行：0分
交车服务规范	① S/A是否以第一次接待客户的基本姿态来接待客户 ② 是否利用了足够多的时间向客户介绍说明车辆的维修服务及价格 ③ 是否针对价格向客户作出了详细的说明，以求得客户的理解 ④ 向客户说明维修内容、价格等情况时，是否使用过深奥的专业术语 ⑤ 对客户提出的要求，是否一一对其结果进行了说明 ⑥ 在向客户提出车辆下次检查的建议时，是否充分说明了其理由 ⑦ 是否向客户确认了车辆的再次入厂时间 ⑧ 在交车时，是否在客户面前将座椅套、脚垫等用于保护的东西取下，以显示对客户车辆的爱护意识 ⑨ 发生估价和实价不同的情况下，是否向客户作出了正确的解释 ⑩ 面对客户提出打折或削价的情况能随机应变吗	① 全部执行：2分 ② 有一项未执行：1分 ③ 有一项以上未执行：0分

（续）

演练项目	检查核对要点	评分标准
跟踪服务规范	① 维修结束后的跟踪服务活动是否告知了客户，并向客户说明了其好处 ② 能否对所有客户都进行跟踪服务？是否确认了服务活动中的跟踪服务的最佳时间段 ③ 跟踪服务的负责人是否清楚近期维修技工所做维修是什么 ④ 跟踪服务时所调查的项目是否制作成了一览表格？在跟踪服务时期，各工作人员的责任和权威是否明确 ⑤ 对再维修车的处理，对抱怨的处理是否能在3天内与该客户联系 ⑥ 抱怨内容超出零件担当责任范围时，是否能及时向经理汇报 ⑦ 能否倾听客户的苦衷并把内容记录下来？听到抱怨或问题，能否采取迅速且正确的行动？对听到的抱怨能否明确责任 ⑧ 不能立刻答复客户的质问或抱怨时，是否向客户说明了将由有权威的负责人与客户直接联系 ⑨ 跟踪服务中的客户意见是否对今后服务工作的改善有帮助？是否能定期分析、整理跟踪服务中的客户意见 ⑩ 新车销售经理和维修服务经理能否定期交流信息	① 全部执行：2分 ② 有一项未执行：1分 ③ 有一项以上未执行：0分

任务三　汽车精品销售管理

一、汽车精品销售管理概述

1. 汽车精品销售管理的定义

汽车精品是指汽车专营店及特约维修企业根据用户的需求，按照精品零部件设计规范标准，由备件部主持开发的，用于装饰、防护汽车的非维修类的加装总成件、套件、单件（包含辅件、辅料）以及以汽车自身品牌为依托而出售的各类汽车用品等。

广义的汽车精品一般可分为：汽车附属精品及汽车品牌生活精品（如图3-26所示）。狭义的汽车精品即汽车附属精品，又可分为内装类精品（如图3-27所示）、外装类精品（如图3-28所示）、电装类精品（如图3-29所示）、养护类精品（如图3-30所示）等。

汽车精品销售管理就是指对精品的采购、验收、货架摆放、保管、盘点、客户接待、商品说明及签单、派工及安装、车辆交付以及售后跟进等各个环节进行规范的全部过程。

2. 精品销售管理的意义

汽车精品销售对于4S店来说是非常重要的，其意义概括起来主要有：

1）提高整车吸引力，并使车辆更多样化。随着客户品位的提高，对车辆个性化的需求也越来越多，汽车精品可以满足不同客户对于车辆的诉求，从而提高整车的吸引力。

2）提高利润。如图3-31和3-32所示，汽车精品销售可以大大增加汽车整车销售与售后业务的利润附加值，从而增加汽车4S店的利润。

3）增加品牌的影响力及美誉度，提高客户满意度。品质优良的原厂精品可以增加客户对4S店品牌的信任，更能激发起他们的忠诚度。

图 3-26　宝马品牌生活类精品

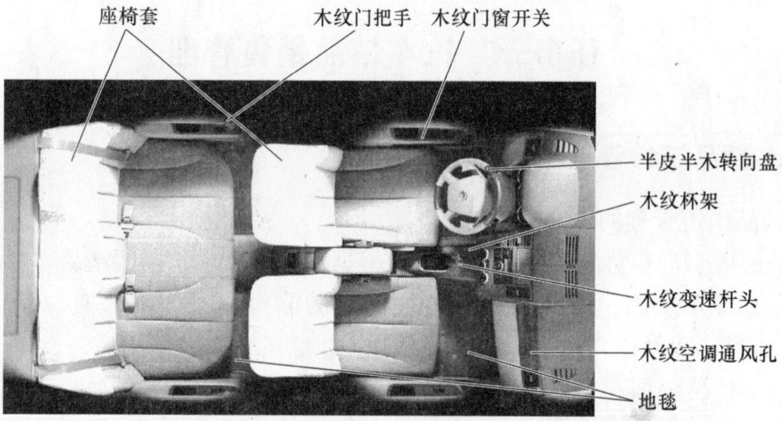

图 3-27　内装类精品

图 3-28　外装类精品

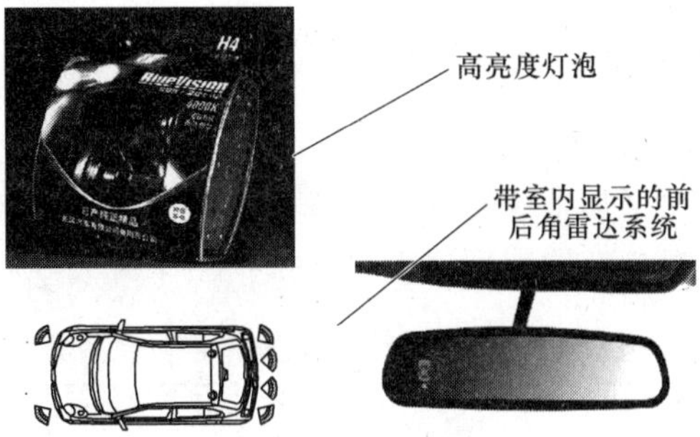

图 3-29　电装类精品

图 3-30　养护类精品

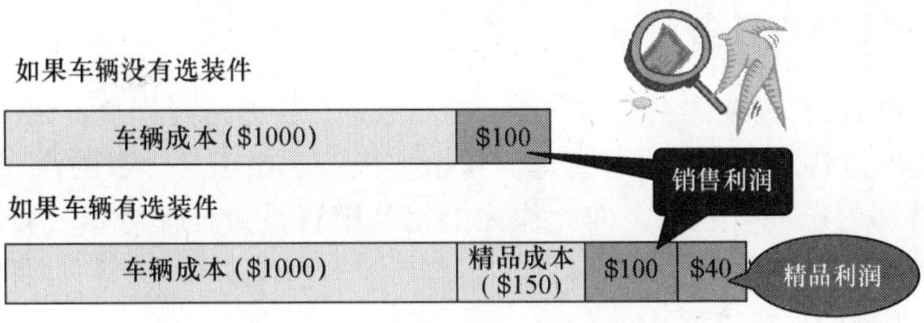

图 3-31　某品牌精品销售利润对比

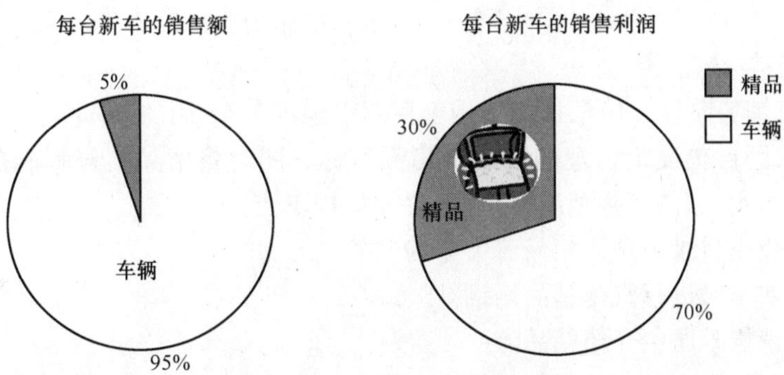

图 3-32　汽车精品的销售利润比重

二、汽车精品销售管理情境设计

汽车特约维修企业进行精品销售管理的主要任务是通过汽车精品来提高整车吸引力，用以提高企业的销售利润，并增加企业及汽车品牌的影响力及美誉度，从而提高客户满意度。其场景图片、工作情境以及相关知识，见表3-6。

表3-6 汽车特约维修企业精品销售管理情境设计

场景图片	工作情境	相关知识
	情境：从快修店升职上来的零件经理小罗刚上任就遇到了麻烦事，汽车精品销售本来是销售部门主打的业务，但是总经理却把精品管理的任务放在了自己肩上。小罗对汽车精品还不够熟悉，对涉及零件、车间、销售多部门需要协调的工作一时间不知道如何开展。她的疑问主要有以下几点 ① 精品销售的流程是怎样的 ② 哪些人来销售汽车精品？如何将汽车精品专业知识及销售技巧传授给他们 ③ 如何展示精品 ④ 精品销售的利润如何分配	常见及畅销汽车精品 1）真皮座椅 2）儿童座椅 3）底盘防锈 4）隔热防爆膜。该膜具有提高安全性、保护乘员健康、防爆防伤司乘人员、隔热降温以及提高私密性等功能。目前，几乎所有的新购车辆均安装有防爆膜 5）引擎下护板 6）平衡杆 7）氙气灯。该类型前照灯具有亮度高、颜色丰富、使用安全、安装方便以及防水性强等诸多优点

三、汽车精品管理任务实施

部分汽车4S店设有选装件主管的职位，但是大部分实行总经理负责制的汽车4S店的精品销售业务都是通过特定的精品销售管理流程来实现的。由于大多数的汽车4S店都将配件及精品通过配件部门统一管理的，因此往往由精品销售员兼任库管员（如图3-33所示），并将协调的任务交给配件主管。

（一）精品销售的一般流程

由于汽车4S店品牌价值有相应的差距，因此各汽车4S店都有符合自身特点的精品销售管理流程，如图3-34所示为一汽丰田汽车4S店的精品销售标准流程。

1. 目标设定与管理

在汽车新车销售阶段，应根据汽车销售目标设定汽车4S店的新车单台精品销售额目标；售后则应根据入厂台次设定合理的精品销售额目标，同时将精品销售利润提成方案确定好（具体可根据汽车4S店的实际情况而定），并做好以下支持：

1）在新车介绍目录中贴入精品着装车的照片。

2）在推广新车时进行汽车精品培训。

3）在新车销售手册中介绍精品。

4）以月为单位发布出色的案例。

5）对于养护类精品，则将相应精品展示在显眼的位置。

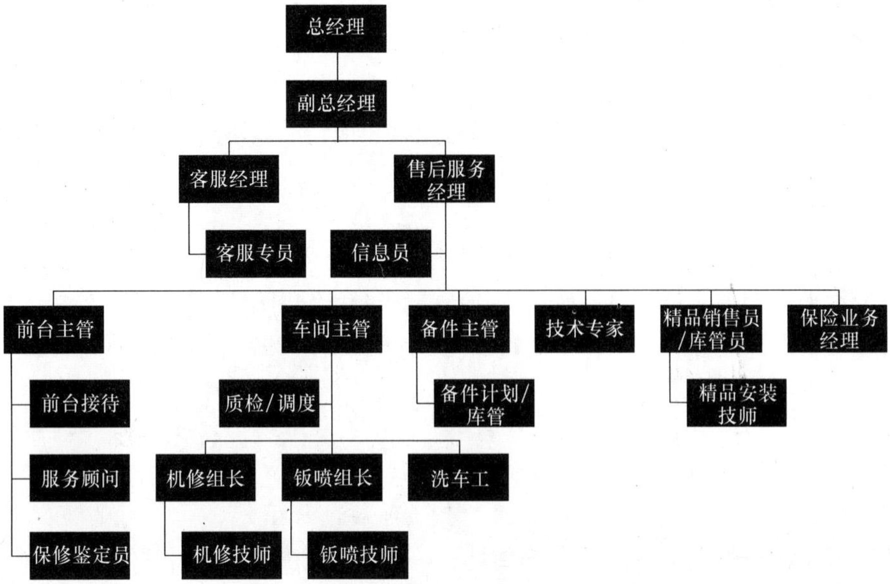

图 3-33　大多数汽车 4S 店的人员结构

2. 客户接待

客户接待在精品销售过程中是最为关键的环节，因为这一环节决定了客户是否会购买汽车精品，因此对精品销售的接待环节应十分重视。

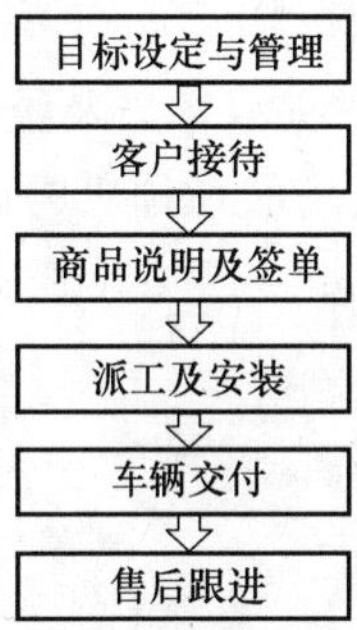

图 3-34　汽丰田 4S 店的精品销售标准流程

1）精品销售接待培训。汽车 4S 店首先要制订详细的培训计划和实施方案，确定培训目标及对象，选择培训方式，制订培训日程；其次是要按计划组织实施培训，选好培训讲师（如精品专业知识可以由技术讲师或专业技师讲解，话语话术则可由销售经理或者销售指导员进行针对性的培训），整合培训内容（如精品知识、精品销售话术等），准备好培训场地，按计划进行培训。

2）精品销售的演练。多数汽车 4S 店会在特定的时间内对培训过的销售流程进行演练，可由各部门负责人监督进行。

3）精品销售的一般技巧。

① 精品销售的针对性。针对可持续性的消费精品，如养护类精品的销售，4S 店一般会采用打折促销、年卡消费、附加赠送等方式进行销售；而对于防爆膜、大包围、坐垫、座套、头枕、脚垫、香水等装饰及环境类的精品，在汽车销售过程中打包销售也是比较好的一种方式。

② 用“切割”的原则来树立汽车 4S 店的“专业化”定位。汽车 4S 店的消费比普通汽车快修店的消费相对要高，因此服务必须要专业。除了汽车 4S 店的品牌形象要专业、维修技师要专业以外，服务顾问与销售顾问也同样要提高自己的素质。

③ 为客户创造出更多“超值感”。汽车 4S 店的产品价格贵是消费者的普遍感觉，所以许多汽车 4S 店都会努力去平衡消费者的这种感觉，除了以专业化角度向客户介绍产品以及

给客户安全保障外，还可以通过强调产品的多功能或赠送相关产品及服务的方式给客户以超值感。

3. 商品说明及签单

客户确定购买精品后，销售人员必须注意应将相应精品展示给客户，不应怕麻烦，签单时需由专人负责引导。

4. 派工及安装

4S 店精品销售人员在客户确认购买后（零件仓库有货时），应迅速联系服务顾问或车间主管，由调度分派相关人员快速高效地安装精品，以免客户等待过久。但应注意的是，安装过程是有工时的，因此应严格按照车间管理流程进行工作，销售人员切不可自己到车间找技师安装。

5. 车辆交付

车辆交付过程按照维修车辆服务流程进行。

6. 售后跟进

售后跟进是指精品安装以后的客户回访，一般由服务顾问及销售顾问完成（部分汽车4S 店设有客服部门，那么客服部门也有跟踪回访的责任）。

（二）精品展示

汽车精品一般可通过精品展厅（如图 3-35 所示）、客户休息区内的精品展柜（如图 3-36所示）以及维修服务前台接待处的精品宣传手册等途径向客户进行展示。汽车精品的选装一般无须店内服务人员尽力推销，而是往往依靠客户的欣赏、咨询和交流来达成交易。因此，要求客服人员尤其是精品销售人员应随时迎接并跟随客户，以便一一解答。

图 3-35　汽车 4S 店内的精品展厅

图 3-36　客户休息区内的精品展柜

（三）汽车精品管理关键岗位及相关岗位职责

汽车特约维修企业精品销售管理的关键岗位是精品销售员。精品销售员是指汽车 4S 店内专门负责汽车精品计划、采购、库管、销售、售后服务等工作的售后服务人员，在汽车4S 店内也往往兼任库管员。该岗位在汽车精品销售管理中起着能否完成精品库存量、月度精品销售额、个人精品销售达成等关键绩效指标的作用，也关乎汽车 4S 店的销售利润。此外，与精品销售管理相关的岗位还包括：配件主管、车间主管等。

1. 精品销售员（兼库管）

1）精品库存管理、精品到货管理、精品摆放区及精品库房管理等。

2）售后及销售精品安装派工与协调。

3）精品销售，月度销售目标达成。

4）辅助信息员（前台接待员）对前台及客户休息区进行日常5S的维系。

5）完成精品库存量、月度精品销售额、个人精品销售达成等关键绩效指标。

2. 配件主管

1）备件人员管理（考勤、绩效、考评），备件现场5S管理。

2）制定备件（含精品）管理规章制度并有效执行。

3）严格执行备件业务流程，确保专营店售后服务核心流程能被有效执行。

4）对前台及车间提供必要的支持。

5）每月对备件相应（Key Performance Indicator，即企业关键绩效指标）的达成，并符合厂家及公司的相关要求。

6）完成备件周转率、备件满足率、当月备件销售额及成本毛利等关键绩效指标。

四、汽车精品管理模拟演练

案例导入　小罗经过一段时间的工作，对汽车精品的知识有了一定了解，也积累了经验，现在需要做的是如何使汽车4S店的精品销售业务迅速提升。她大胆地提出了对精品销售进行模拟演练的方法。

1. 汽车精品管理模拟演练设计

1）目标：知道如何设计汽车精品展示（针对零件顾问兼精品销售员）；知道怎样销售汽车精品（针对销售顾问及服务顾问）。

2）道具：车辆、汽车精品（从零件库存中抽出一部分）。

3）主要人物：客户、零件顾问（兼精品销售员）、销售顾问、服务顾问。

2. 精品销售模拟演练要点

1）零件顾问：精品展示、报价。

2）销售顾问：在接待新客户的过程中推介汽车精品，演练客户进店准备买车及销售附属精品的过程（话术、侧重推荐的精品类型、该类型精品的优点等）。

3）服务顾问：在接待维修客户的过程中推介汽车精品，演练客户进店维修时销售汽车精品的过程（话术、着重推荐的精品类型、该类型精品的优点等）。

3. 精品销售管理流程练习

精品销售员（实为在校学生或新进员工）在模拟演练前应事先熟记汽车特约维修企业精品销售的所有相关工作流程，并带领其他相关岗位工作人员逐一进行练习。相关精品销售管理的工作流程如图3-37所示。

4. 精品销售管理模拟演练评估

汽车特约维修企业进行精品销售管理模拟演练的效果，可参考上海通用SGM业务接待服务中相关精品销售规范管理的评估手册进行评估，具体见表3-7。

图 3-37　汽车 4S 店内的精品管理流程

表 3-7　精品销售模拟演练项目、考查要点及评分标准

演练项目	考查要点	评分标准
精品销售管理	1）配件计划（订购员） ① 是否熟悉本中心车辆维修业务的需求；是否能合理安排库存，以确保售后服务中心业务的正常开展 ② 能否根据 SGM 有关精品及配件的计划、订购的规定，开展精品及配件的计划、订购工作；能否准确、及时地填写和传递精品及配件订货单 ③ 能否对精品及配件供应的及时性、准确性负责，并保证订购 SGM 纯正配件 ④ 能否跟踪保证金余额，遇到保证金不足的情况时能否及时向配件经理汇报	① 全部执行：2 分 ② 有一项未执行：0 分
	2）配件销售员 ① 是否熟悉汽配市场的需求并能合理开展配件的销售工作 ② 能否保证向客户提供 SGM 的纯正精品及配件 ③ 发现非纯正精品及配件时，能否按规定及时向 SGM 售后服务科汇报 ④ 能否及时向 SGM 售后服务科汇报有关精品及配件销售方面的市场信息	① 全部执行：2 分 ② 有一项未执行：0 分
	3）配件收发员 ① 能否认真负责精品及配件的仓储收发管理及库存盘点 ② 能否及时向精品及配件计划员通报精品及配件的库存情况 ③ 能否及时向精品及配件计划员通报新列精品及配件的损坏情况，并按 SGM 的要求组织破损件的回运	① 全部执行：2 分 ② 有一项未执行：1 分 ③ 有一项以上未执行：0 分
车间主管	① 车间维修人员的工作安排是否妥当 ② 能否承担维修车间的现场技术指导 ③ 能否胜任维修车间的安全生产和环境保护 ④ 遇到困难时，能否同 SGM 售后服务科联系，以得到技术援助	① 全部执行：2 分 ② 有一项未执行：1 分 ③ 有一项以上未执行：0 分

任务四 交车管理

一、交车管理概述

1. 交车管理的定义

交车管理是指车辆维修竣工以后，由维修技师对工单维修质量确认后将车辆及工单交与质检，质检将质检单、维修工单交与维修接待，维修接待将维修工单、质检单、结算单统存档并交还车辆给客户的整个过程。

2. 交车管理的目标及意义

由交车管理的定义可知，交车管理包括内部交车与外部交车两部分。内部交车是技术层面的，外部交车则为人际交往层面的。不管是内部交车还是外部交车，其目标都是一致的，都是为给客户提供更好的服务，提高客户满意度。尤其是外部交车，可借助交车机会展示服务成果，使服务增值，利于将商情变成友情，可以说是两者相辅相成，对汽车4S店的管理具有重要的意义，如图3-38所示。

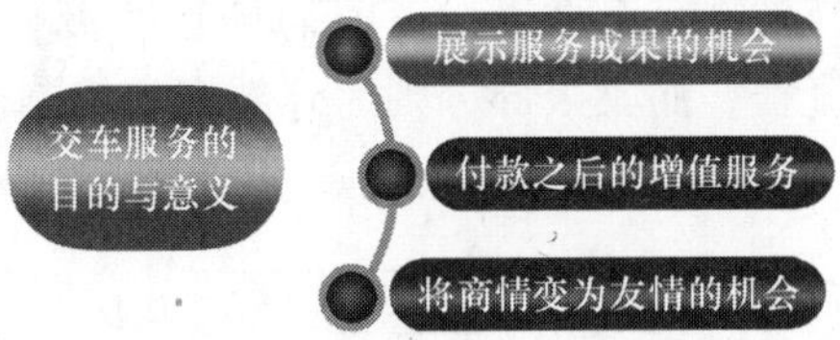

图3-38 交车服务的目的及意义

二、交车管理情境设计

汽车特约维修企业交车管理的主要任务是控制内外交车服务的流程和相关内容。其场景图片，工作情境，以及相关知识，见表3-8。

表3-8 交车管理的情境设计

场景图片	工作情境	相关分析
	情境1：老陈40多岁，以前是一家汽车快修店的技师，最近新应聘到一家高档品牌的4S店担任质检员。老陈修车开车几十年，汽车维修和质检经验都十分丰富。但在开始工作不久后的一次部门会议上，老陈却被点名批评了；会后还被服务经理叫到门口，进行了面对面的沟通和交流。	受到批评的原因是 1）工作进行相当混乱，质量检查单填写不认真，没有质量检查和内返统计 2）不按4S店的规定流程进行质检工作，与客户直接接触，甚至给有些客户留下了不好的印象 面对会议室那些年轻的面孔，老陈觉得非常没面子。让他感到疑惑的是 1）我应该怎样填写质量检查单（竣工单）？如何进行质量检查的统计 2）为什么我不能与客户直接接触

（续）

场景图片	工作情境	相关分析
	情境2：作为前台服务顾问的小左同样十分郁闷，因为在交车的过程中他总是丢三落四的。自己的客户虽然不是特别多，但是他总感觉有做不完的事情，还接二连三地受到客户的投诉。 最近，小左又没有将出门条交给车主，导致客户无法出门，使得车主直接到前台投诉	客户投诉的问题是 1）拿车时等待的时间太长。本来预约过来拿车的，交钱就可以了，但往往还要再等上半个小时 2）客户提车时总不知道自己爱车的修理状况是怎样的，有时候开车出了4S店大门又满怀疑惑地又回来 3）有些客户在维修的内容上面与小左存在争执，客户本来没有要求完成维修的故障内容，店里却做了维修，客户不愿意承担这部分的费用

三、交车管理任务实施

汽车特约维修企业实施交车管理的主要任务是控制好交车管理的流程。由上述内容可知，交车管理包括内部交车与外部交车两部分，其总体控制流程如图3-39所示。图中虚线框内的部分为内部交车控制流程，而其余部分则为外部交车控制流程。

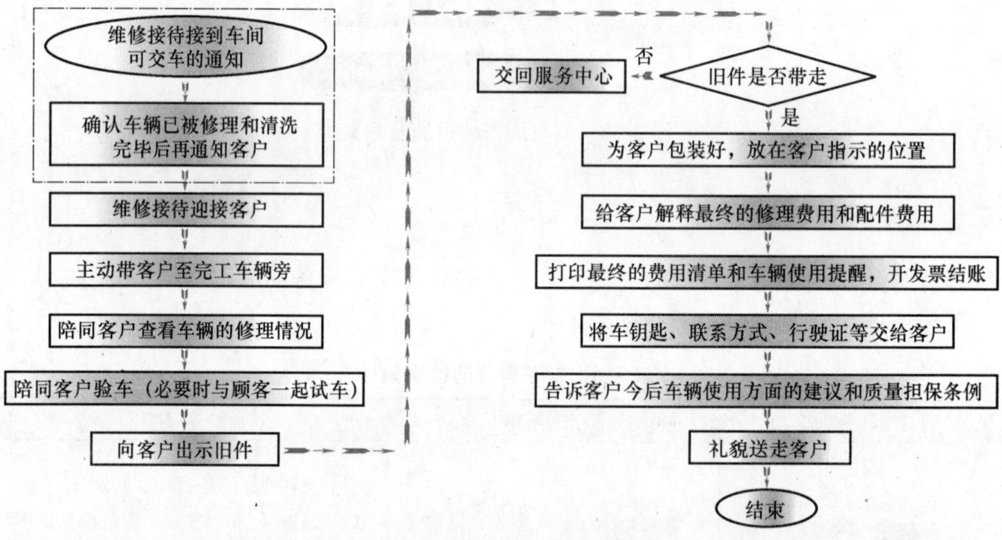

图3-39　4S店内的交车服务流程

1. 内部交车控制

内部交车一般是指由维修技师将维修竣工车辆交予质检员（或者将车辆开到完工工位），质检员质检后将质量检查单以及维修施工单交回给维修接待（服务顾问）的过程。对于质检员来说，维修施工单与质量检查单都是十分重要的，直接关系到维修质量，因此应多加关注。

（1）维修施工单、质检单以及维修质量统计表　维修施工单是汽车特约维修企业维修顾问（或前台接待员）必须事先准备并熟知的工作文件，接待员在绕车检查和客户描述故障时进行填写，以作为维修结算、客户投诉索赔的重要依据。该施工单一经客户签名确认就成为临时性的服务合同，经维修竣工和质检员检验合格签字、维修顾问结算交车后合同便自行终止。表 3-9 为大部分丰田车系所使用的维修施工单。

表 3-9　丰田车系常用维修施工单

(SRV103)代理店代号：62612　　　　　　　　　　单据存档，切勿遗失

TOYOTA　　[illegible]丰田维修施工单

客户签字：	(2)
接待员签字：	(3)

工单号：S626120　　(1)

车牌号	(4)	车型	(5)	VIN NO.	(6)
客户电话	(7)	客户名称	(8)	客户地址	(9)
行驶公里数	(10)	入厂时间	(11)	预交时间	(12)
客户故障描述：(13)					

委托修理项目	工时费	检查结果/故障原因/维修建议	必要的零件
□ (14) □		(15)	(16) 预计：工时费 材料费 预算总计金额：

环车外观检查 (17) 标记损伤/涂装/等外观问题问题部位用“×”标注	车身外观无损伤□	感恩节服务护照 已发放 □　未发放 □

钥匙状况：(18) 把 完好 □　损伤 □	(22) 燃油FUEL指示 E 1/2 F
钥匙挂牌：(19) 悬挂 □	旧件处置？　客户带走□ 废弃 (23)

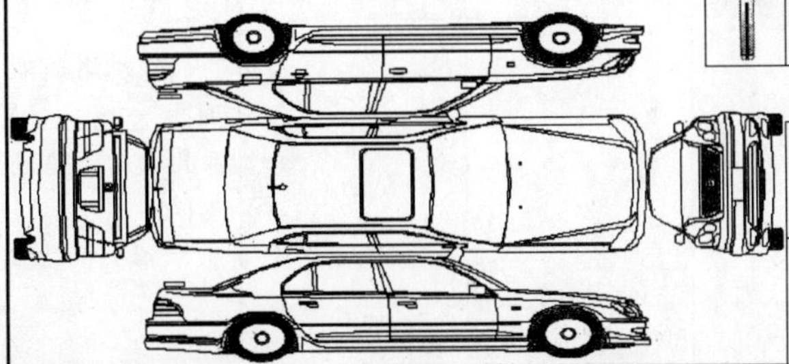

进场停车位：(20)	是否洗车？　是YES□　否NO (24)
	车内无贵重物品　是YES□　否NO (25)
竣工停车位：(21)	是否愿意接受跟踪服务？是 □ 否 最方便联系的时间是： (26)
	增项处置：　当面签(27)
要求完工时间：机电(　　) 钣金(　　) 喷漆(　　) (29)	在场等候？　预约客户 (28)

开始时间 (30)	完工时间 (31)	主修签字 (32)	主任签字 (33)	质检签字 (34)

质检单是汽车特约维修企业质检员和质检负责人必须事先准备并熟知的工作文件。质检员和质检负责人在维修车间维修竣工交车时进行现场质检并填写，一经签名确认便对车辆的维修质量进行负责。该单也同样作为维修结算、客户投诉索赔以及解决服务纠纷的重要依据。目前大部分汽车特约维修企业所使用的质检单见表3-10。

表3-10　大部分汽车特约维修企业常用的质检单

受检车辆牌号		受检车型	
班组及主修人		检验日期	年　月　日
维修项目			
受检项目			
检验结论			
第一次质检员： 月　日　时	第二次质检员： 月　日　时	质检负责人： 月　日　时	

维修质量统计表是汽车特约维修企业内部进行汽车维修质量控制的重要文件，也是提高企业内部工作效率和客户满意度的重要措施。表3-11为某汽车特约维修企业内部所使用的维修车辆质量、进度、5S控制表，可供同类维修企业参考。

表3-11　维修车辆质量、进度、5S控制表

序号	控制项目	机电	钣金	喷漆	备注
1	派工交接 故障描述、外观物品 交车时间、旧件保存 （技师确认签字）				二次承诺提车时间________ 再次承诺提车时间________
2	开工时间 （技师开工时填写）				
3	完工时间 （技师完工并经自检合格后填写）				

（续）

序 号	控制项目	机 电	钣 金	喷 漆	备 注
4	进度控制 （品牌技师长填写，如正常打√、如不正常打×，并在备注栏写明原因）				
5	一次合格 （品牌技师长填写，如正常打√、如不正常打×，并在备注栏写明原因）				
6	5S 保持 （品牌技师长填写，如正常打√、如不正常打×，并在备注栏写明原因）	□ 地面清洁 □ 拆件放置 □ 设备归位 □ 工具归还 □ 旧件处理 □ 四宝使用 □ 车辆清洁	□ 地面清洁 □ 拆件放置 □ 设备归位 □ 工具归还 □ 旧件处理 □ 四宝使用 □ 车辆清洁	□ 地面清洁 □ 拆件放置 □ 设备归位 □ 工具归还 □ 旧件处理 □ 四宝使用 □ 车辆清洁	
7	督查记录 （主管或专员填写，如正常打√、如不正常打×，并在备注栏写明原因）				

（2）内部交车质量检查制度　为了更好地保证车间维修车辆的质量、提高车间的工作效率和提高客户满意度，汽车维修企业应制定合理的质量检查制度。如下为某品牌汽车 4S 店的质量检查制度，可供相关维修企业参考。

1）车间所有维修完工的车辆必须执行三级质量检查制度，每个维修人员在完工后需检查自己所做工作是否合格。

2）每个班组所有完工的车辆，必须由班组长根据三级质量检查制度的要求进行互检，检查所进行的工作是否符合要求。

3）每个班组所完工的车辆需交到调度处，由质检员进行最终质量检查，没经过质检员检查的车辆不得交车（质检员暂时没全部到位时，可以由班组长代替部分质检员）。

4）快修组完工车辆的质检由快修组组长负责。

5）所有质检员在发现质量问题后，应第一时间要通知相关维修人员进行返工，并及时通知维修接待员，并开具返工单。

6）快修组长、质检负责人应详细登记每台车辆的竣工情况。

7）质检员每周需做车间班组工作情况汇总，并提出改进意见；在周一由质检员宣布上一周的返工情况。

8）质检员每个月需做车间班组工作总结报告，并提出改进意见。

9）车间班组维修竣工合格率不得低于95%，内返不得超过5%，超过5%的要在绩效考核时扣除10分。若发现外返修，则对主修技师及质检员分别处以100元/单的罚款；对隐瞒实情的相关人员，每人处以200元罚款。对于返修产生的额外损失，暂作如下处理：按照内部的责任事故处理办法，由相关负责人承担（组长及当事人各承担50%），同时责任人的主管承担相应处罚。

2. 外部交车控制

（1）外部交车控制流程　如图3-40所示为大部分汽车特约维修企业常用的外部交车控制流程。汽车维修服务顾问或前台维修接待员应反复演练、熟悉并牢记。

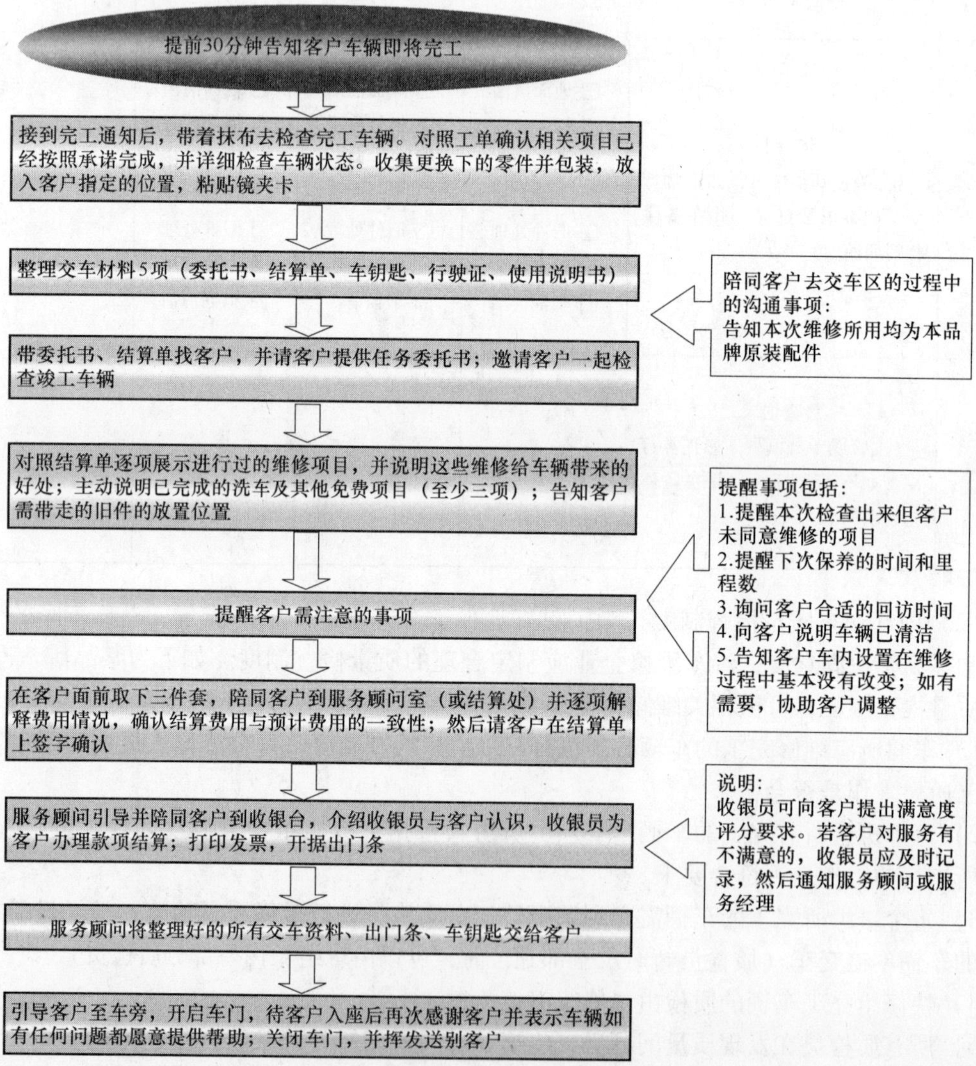

图3-40　外部交车控制流程

（2）外部交车注意事项

1）非客户本人取车时，需凭客户本人的身份证原件、接/交车单和任务委托书的客户联，并由服务顾问与客户本人进行电话确认后方可取车，而且电话必须录音。

2）服务顾问陪同客户验车时，交代要详尽，对客户提出的所有问题必须逐一回复、清楚解释。

3）服务顾问在解释项目时，应注意解释材料费、工时费及合计金额三项。

4）遇到维修项目及时间的变更，服务顾问必须按照维修项目变更申请表向客户逐一进行解释。

5）在支付过程中，如遇到问题，服务顾问应全力协助客户解决。

6）安排预约客户优先办理结算。

7）当客户使用现金支付时，收银员需提醒客户注意点钞机所显示的金额。

8）当客户使用信用卡支付输入密码时，收银员和服务顾问应主动回避。

9）门卫应检查出门条是否有效，服务顾问在条件允许的情况下应将客户送出大门。

四、交车管理模拟演练

案例导入　服务顾问小杨经过一段时间的工作后，对汽车交车的管理流程有了一定的了解，也积累了一定的经验；小杨现在需要做的是如何使汽车4S店的交车流程更加快速顺畅。他诚恳地提出：应对涉及交车管理的有关人员多进行模拟演练，以提高相关人员的服务水平。

1. 交车管理模拟演练设计

1）目标：加强车辆交车时与客户的沟通，减少交车误差。

2）道具：车辆、维修施工单、质量检查单、结算单、出门条。

3）主要人物：客户（模拟）、服务顾问、技师、质检员。

2. 演练的主要步骤及侧重点

1）服务顾问：演练将维修车辆交给客户的整个流程。（重点）

2）技师：技师检查自己的维修项目、填写维修施工单，并将车辆交与质检员。

3）质检员：维修施工单签字、质检单填写及签字，并将车辆交付给服务顾问。

3. 交车管理流程练习

服务顾问（实为在校学生或新进员工）在模拟演练前应事先熟记汽车特约维修企业有关交车管理的所有工作流程，并带领其他相关岗位的工作人员逐一进行练习。有关交车管理的工作流程可分别参考上海通用ASC车间维修和质检流程，如图3-41所示，以及上海通用ASC业务接待交车流程，如图3-42所示。

4. 交车管理模拟演练评估

交车管理模拟演练的效果，可参见前面所述及的上海通用SGM业务接待服务中相关岗位工作规范评估手册中的内容进行评估。

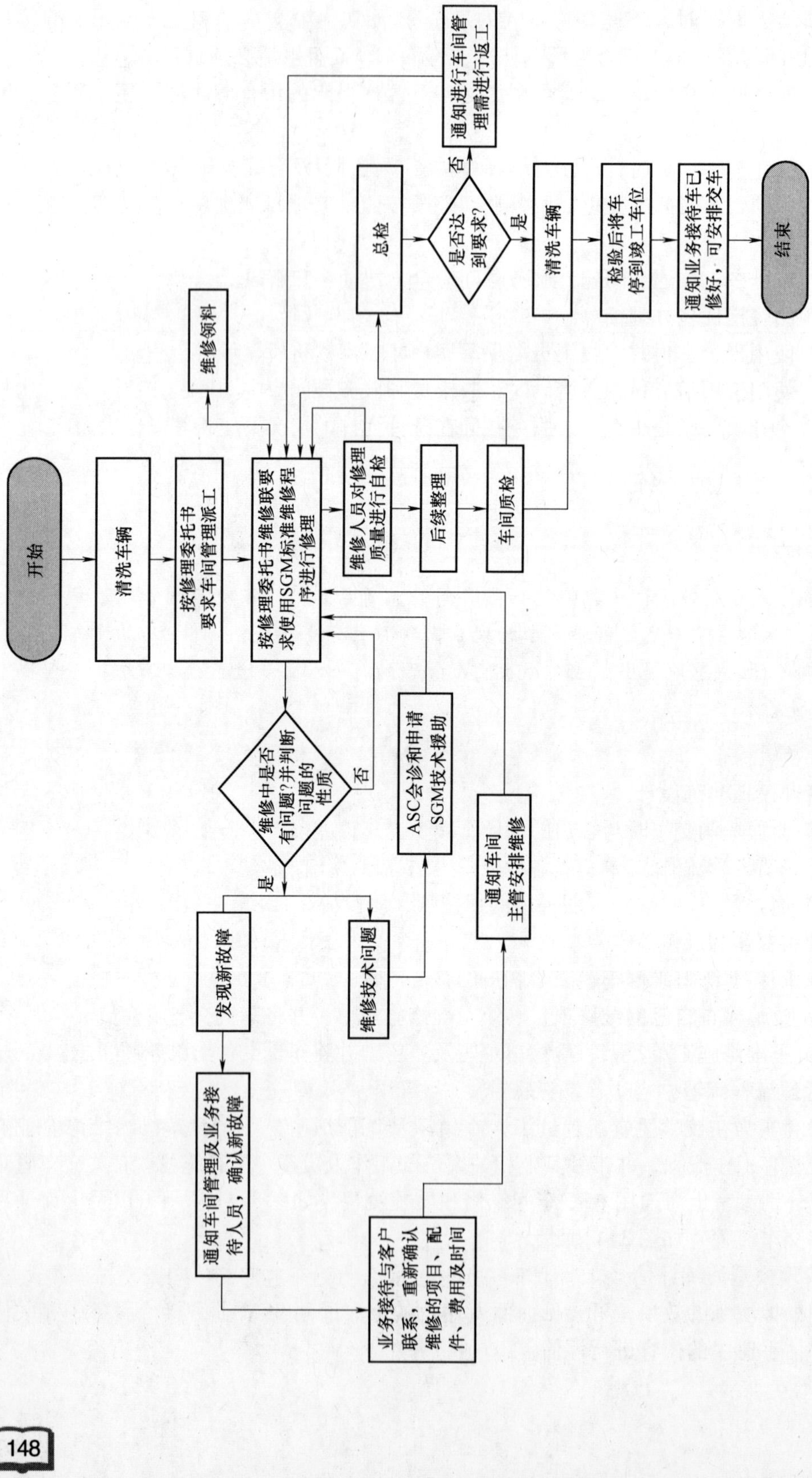

图 3-41 上海通用 ASC 车间维修和质检流程图（内部交车图）

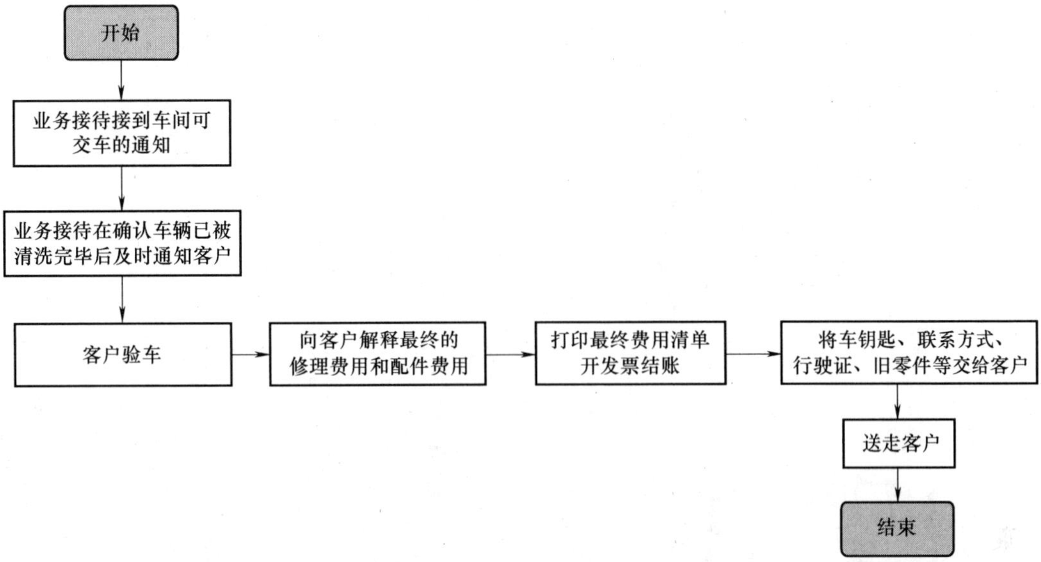

图 3-42　上海通用 ASC 业务接待交车流程图（外部交车图）

任务五　日常制度管理

一、日常制度管理概述

1. 日常制度管理的定义

古人云"没有规矩不成方圆"。汽车维修企业应有一系列的日常管理制度，从劳动纪律、员工守则、配件采购制度到财务管理制度等，这些都是企业的管理基础。汽车特约维修企业的日常制度管理主要是指各级管理部门和管理人员对照各职能部门工作责任制和各工作人员岗位责任制及其相应的各种规章制度，来检查和评价企业所有部门和人员对企业日常制度的执行情况及执行效果的管理措施。

2. 日常制度管理的目标及意义

汽车维修企业的各种日常管理制度是促进企业健康成长、明确管理任务和责任、规范和约束员工行为的基本保证。企业日常管理制度是约束每个人的，只有企业所有员工均按照规章制度办事，企业才能实现强盛的目标。因此，日常制度管理在汽车维修企业的各项管理中具有举足轻重的地位，制度实施得好坏对企业的发展壮大也具有重要的意义。

二、日常制度管理情境设计

4S 店等汽车特约维修企业的各项日常管理制度大多张贴于各部门、各岗位的显著位置。其中涉及零配件、工时费用、打折优惠、看板管理等的制度措施往往张贴或立于维修接待大厅的显著位置，以便客户能够及时了解。日常制度的管理场景图片、工作情境以及相关知识，见表 3-12。

表 3-12　日常制度管理的情境设计

场景图片	工作情境	相关分析
	情境1：小叶是某高职院校汽车检测与维修专业的一名顶岗实习生，由于在学校时养成了晚睡晚起的习惯，所以今早列队时又是匆匆赶来的，被维修主管批评了一顿	受到批评的原因是 1）上班经常迟到，影响了维修主管对布置当天的工作 2）不按4S店的员工守则规范自己的行为举止，经常衣衫不整
	情境2：老赵是一位刚从仓管岗位抽调到维修前台的临时替补维修服务顾问。坐在维修前台接待处的老赵面对客户对维修质量的投诉，竟无言以对，也不知找谁解决，并一脸茫然，结果招来客户的极大不满	招来客户不满的原因是 1）企业没有按用人制度办事，像维修接待这样的岗位尽量不要用仓管、财务、保洁等无维修技术和接待经验的人来代替 2）维修企业应加强对所有员工进行工作流程和各种规章制度的学习培训，让他们至少要熟悉企业内部各职能部门和关键岗位的工作职责

三、日常制度管理任务实施

汽车特约维修企业日常制度的管理内容主要包括：对员工劳动纪律管理制度、各种会议汇报制度、生产管理制度、部门管理制度、岗位工作制度以及安全环保制度的制定、执行、检查、评价和落实。如图 3-43 所示为常见的汽车 4S 企业组织架构及相关岗位示意图。

日常制度管理任务的实施，以上海通用 SGM 公司的相关规章制度为例进行介绍。其实施的关键是：各级管理人员和各岗位工作人员应熟记并认真遵守以下各项日常管理制度。

（一）劳动纪律管理制度

1）自觉遵守劳动纪律，不迟到、不早退、不无故缺席、有事先请假，班组长有权准假半天，一天以上（含一天）必须经部门有关领导同意批准方可离厂。

2）保证出满勤，提高工效，做到接受任务不讲价钱，工作主动积极不怠工；做到降低原材料消耗，不大材小用、优材劣用，不弄虚作假。

3）安心做好本职工作，工作期间要坚守工作岗位，服从分配、听从指挥、尽心尽职，兢兢业业地干好本职工作。

4）积极参加技术培训和文化技术学习，努力钻研技术，加强岗位练兵，不断提高职业技能。

5）工作期间不得外出就餐、饮酒、打牌、下棋等，发现后一律按旷工处理。

6）一律不准酒后上班，以免发生安全事故；如发现酒后上班者，应立即停止其工作，停工期间按缺勤处理。

7）严格遵守安全操作规程和技术规范，接受安全监督、检查，遵章守纪，做到安全文明生产，不发生任何人身、交通、设备事故。

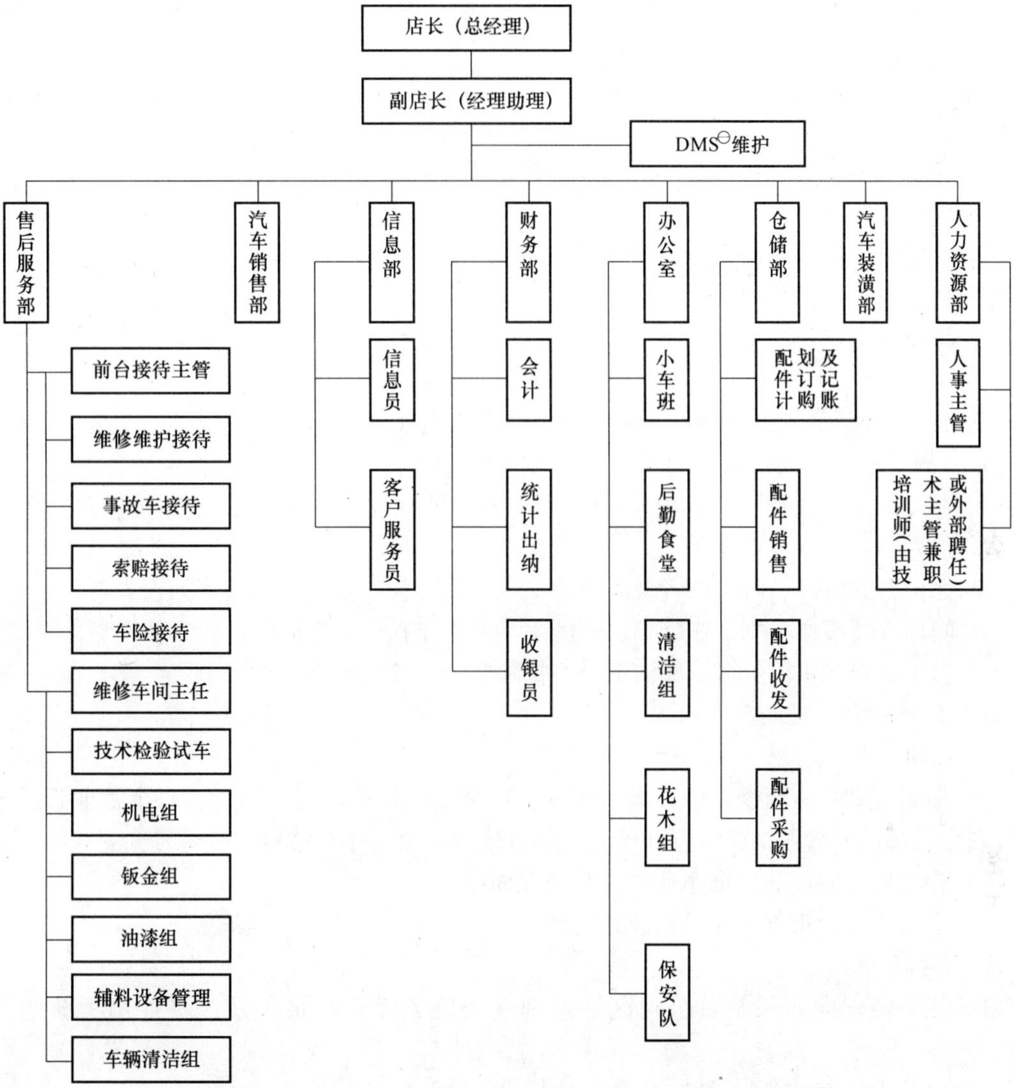

图 3-43　常见的汽车 4S 企业组织机构及相关岗位示意图

8）严格遵守厂纪厂规、党纪国法和社会公德，在工作时间内不从事与本职工作无关的其他活动，不得影响他人工作和社会秩序。

9）搞好团结、关心同事、尊师爱徒，做到关系和谐；工作上团结协作，技术上互助互学，生活上互助互爱。

10）坚持做到每天下班前必须把自己的工作场地和周围的环境卫生打扫干净，清除油污和杂物，爱护和保护厂区的清洁卫生。

11）门卫人员负有保卫厂区财产的责任，所以应严格执行有关规章制度，非业务或非本厂职工一律不得进入厂内，上班时间内一律不得会客。

⊖ 全称为 Dealer Managemen System，即经销商管理系统。

12）对于有下列行为之一的职工，经批评教育不改者，应当分情况给予处分或者经济处罚。

① 违反劳动纪律，经常迟到、早退、旷工、消极怠工、未按时完成生产任务和工作任务者。

② 无正当理由不服从分配、调动、指挥或无理取闹、聚众闹事、打架斗殴、影响生产和社会秩序者。

③ 玩忽职守、违反技术操作规程和安全规程，或者违章指挥造成事故，使生命财产遭受损失者。

④ 工作不负责任、经常发生返工、损坏设备工具、浪费原材料和能源、造成经济损失者。

⑤ 有贪污盗窃、行贿受贿、敲诈勒索以及其他违法乱纪行为者。

13）对于有下列表现之一的职工，应当给予奖励。

① 在完成工作任务、提高修车质量和工效、节约原材料和资金等方面都做出显著成绩者。

② 保护公共财产、防止或者挽救事故损失有功、使厂里财产免受重大损失者。

③ 同坏人坏事作斗争，在维护正常的生产和工作秩序以及社会治安方面有显著功绩者。

④ 忠于职守、积极负责、廉洁奉公、抢险救急事迹突出者。

（二）会议及汇报制度

1. 会议制度

1）服务经理负责组织早晚及周月会议。每个工作日开始召开早会，每个营业日结束后召开晚会，每周五营业结束后召开周会，每月最后一个工作日结束后召开月会。

2）会议管理制度：根据企业的自身情况而定。

3）会议内容：根据企业的营业情况而定。

2. 汇报制度

1）服务经理向店长及总公司区域经理递交服务经营月报表及改进业绩考核的改进计划。

2）每月 10 日前递交上月的经营月报表，见表 3-13。

3）业绩评审报告颁布后，两周内向总公司区域经理递交业绩评审报告和改进计划。

（三）生产管理制度

1. 汽车维修进店检验制度

1）汽车的进店检验由专职的报修业务人员负责，必要时可由专职检验员配合。

2）凡送店维修的汽车必须办理报修手续，进行进店检验。

3）根据报修的内容，按交通部颁发的《汽车运输业车辆技术管理规定》确定汽车的维修级别。

4）进店检验一般采用询问、实地察看、仪器检测和路试的方法进行，以核实报修项目和维修级别。

5）报修业务人员应认真详细地填写报修单，不得有遗漏；对不明确的地方应询问清楚，力求不漏报、不错报维修项目。

6）对维修期较长的车辆中可能遗失的附件，应填写交接清单，其附件应在拆卸后妥善保管。

表 3-13 服务经营月表

一、人员编制及现况

	分类	职称	编制数	现员数
服务人员总数	间接人员	站长	1	
		车间主管	2	
		业务经理	3	
		配件经理	4	
		财务经理	5	
		内训师	6	
		索赔员	7	
		质量信息反馈员	8	
		业务接待	9	
		配件人员	10	
		质量跟踪员	11	
		其他人员	12	
		间接人员小计	13（1+…12）	同左
	直接人员	主修	14	
		一般维修工	15	
		学徒	16	
		一般维修工小计	17（14+…16）	同左
		主修	18	
		钣金维修技工	19	
		学徒	20	
		钣金技工小计	21（18+…20）	同左
		主修	22	
		喷漆维修技工	23	
		学徒	24	
		喷漆技工小计	25（22+…24）	同左
		其他（如洗车工）	26	
		直接人员小计	27（17+21+25+26）	同左
	合计		28（13+27）	同左

注：现员数系以当月底之实际在职人员数填入，如于该月之中离职，则不予计入。

营业时间 0：00—0：00

24小时热线电话 ________

业务大厅电话 ________

填表日期 年 月 日

二、维修容量

快速保养工位数	个
一般维修工位数	个
钣金工位数	个
油漆工位数	个
喷漆房	个
业务接待台（台数）	个
竣工位数	个
接车位数	个
车间总面积	m^2
接待大厅	m^2
客户休息区	m^2
其他停车区	m^2
仓库面积	m^2

三、营业收入

项目		钣金	油漆	一般维修		小计
				保养	修理	
服务收入	SGM 索赔					
	自费及保险					
配件收入	SGM 索赔					
	自费及保险					
合计						

四、服务台次

服务台次			指当月入厂的实际台次
按维修类别分	快速保养		指当月入厂的车辆按其实际维修种类划分为快速保养、一般维修和钣喷维修三种
	一般维修		
	钣喷维修		

五、其他数据

返修台次	
车辆投诉台数	
索赔成功率（%）	
服务跟踪电话回访率（%）	
服务跟踪顾客满足率（%）	
*本月的配件满足率（%）	
本月的配件库存（件）	
营业维修产值增幅率（%）	
本月的车辆销售量（辆）	

*配件满足率是指特约售后服务中心配件仓库对车间配件需求的满足情况。

7）对于汽车维修报修单和附件交接清单，应请报修用户在上面签字并各交一份给用户保存。

8）报修业务人员应有良好的服务态度、认真听取用户的意见、不断改进服务质量。

2. 汽车维修竣工检查制度

1）按照维修协议合同内容检验。

2）按有关汽车大修竣工技术标准检验。

3）检验所修项目的技术性能是否达到了技术标准。

4）外观应完好、清洁。

5）整车外观检查和试车。

6）路试后要填写试车技术卡并存档。

7）按维修协议内容和技术标准向用户交车。

3. 汽车维修出店检验制度

1）汽车维修出店检验由专职质量检验员负责，并在维修车间主任的领导下负责汽车维修的竣工出店检验和返修车的检验。

2）汽车维修出店检验，应根据报修单所列的维修项目及有关标准，逐项进行检验，还可以使用检测设备和仪器或路试来进行检验并做好检验记录；对于经检验合格的汽车，可签发合格证。

3）出店检验员负责收集并汇总原始记录，经整理后填写技术资料卡片并作为技术档案存放，原始记录应保存三年。

4）汽车出店时，会同用户进行验收并回答用户的问题，同时向用户说明使用注意事项，对检验中发现的问题应及时安排修理。

5）凡出店汽车经用户检查验收并在报修单上签字认可、结清费用后，方能交车出店。

6）对返修汽车应先核实其出店的日期和维修项目，确认是属维修范围且在保修期内的质量问题后，填写返修单并及时修理；返修中发生的材料费用，应根据实际情况同用户协商处理，不属于维修质量的部分，应向用户解释清楚；凡愿在本店修理的，也应及时安排修理，一切费用由用户负责。

7）用户针对汽车维修质量问题的来信，应及时做出适当的处理，并填写质量记录册；用户来信应妥善保存。

8）在经理的主持和领导下定期召开汽车维修质量分析会，提出改进汽车维修质量的技术措施，不断提高汽车的维修质量。

（四）部门管理制度

1. 技术部管理制度

1）遵守国家的法律、法规和企业的规章制度，严于律己，对违反者按相关规定处理。

2）热爱企业，维护企业的利益和形象，不做有损企业利益和形象的事。

3）技术人员围绕企业整体的经营决策和管理策略，及时做好技术开发、技术管理的目标规划和具体的实施步骤。

4）贯彻企业的质量方针和质量目标，严格执行质量管理体系文件；并保持质量管理体系，落实本部门的质量职责。

5）积极进取，钻研业务知识，熟悉产品的技术特点和应用范围以及安装运行要点。

6）收集本行业的技术发展信息、技术资料、产品样本，并分类存档管理。技术文件和资料未经批准不得擅自复印、抄写；如有违反，按企业相关规定处理。

2. 生产部组装质量检查制度

1）组装人员需严格按照产品标准和图纸规定检查将要进入生产部的半成品、元器件、附件、标件等。如确有质量问题，应向主管质量负责人提出，在未得到明确规定之前，有权拒绝装配有问题的半成品、元器件、附件、标件等。

2）按照总装工艺程序逐项安装、逐项检查，发现问题及时解决。

3）对产品总装所需的工具、工装应提前提出申请，以便及时配备；并且应分工管理，常用工具个人保管；如有丢失损坏应及时履行报失、报废手续，并及时补充。

4）组装成品后要通知质量检查人员进行总装质量检验并做好记录；对于每台产品或主要安装部位，应有安装人员对号记录备案，以便进行业绩考核，实行质量负责终身制。

3. 采购供应部管理制度

1）采购合同的签订和管理制度。

① 大宗原材料批量进货，原则上应签订采购合同，这样才能保证新采购物资的及时性和有效性。

② 与供货方签订物资采购合同时，必须按标准、图样和技术条件的要求组织进行。

③ 必须将相应的产品技术条件、质量等级、价格、交货日期、试验报告、样品等详尽准确地体现在与供货方签订的订货合同或采购订单中。

④ A、B 类物资应在合格供货方名录内订货；有特殊原因或出现特殊采购情况时，必须报总经理批准。

⑤ 对于不需签订合同或协议的原材料，应由供应处向合格供货方提供采购清单，用电话、传真、信件等方式进行采购活动，并作记录。

⑥ 采购合同需经总经理审批后才能形成正式性的文件，并由供应处负责保存。

2）采购物资供方评价管理制度。

① 根据本企业质量体系和质量保证要求，正确地选择和评价供方是确保 ISO 9001 实施的关键。

② 对供方的正确选择和评价的关键在于供方的产品质量是否符合本企业的要求，即规格型号要求、技术标准要求、产品等级要求、数量要求等。

③ 正确选择和评价供方，还要看供方的质量保证能力和供货保证能力。

④ 评估供方的价格情况与市场的价格情况对比是否合理、交货情况是否及时以及售后服务态度怎样。

⑤ 供应处应随时采取适当的方式对供方的情况进行调查、评价和选择。

⑥ 质管部应对供方的每批产品进行质量认定，发现问题及时处理。

⑦ 企业领导与供应处应对合格供方进行评定，采购物资必须在合格供方的名录内。

4. 库房管理制度

1）供应处每月根据销售订单制订出车间的辅助材料计划、标准件计划等，由车间材料员根据计划数进行开票领用，库管员则凭领料单发货。

2）其他部门领用材料时必须说明具体用途，经同意并办理领料单后到库房领用材料，供应处应严格把好材料领用关。

3）加强对贵重物资的管理工作，对电缆附件、铜排等贵重物资必须是每天领用，余料则必须每天入库。

4）库管员应对原材料进厂进行验证和计量，并将计量后的准确数据记在原始记录本上，发现问题，及时汇报。

5）库管员应经常打扫环境卫生，确保库房干净、整洁，并搞好各项物资的标识工作，随时保证账、物、卡相符。

5. 工量具房管理制度

1）工具管理制度。

① 凡本厂从事专业工种的注册职工，可凭牌借用。

② 借用的工具必须精心爱护、妥善保管，丢失或损坏则照价赔偿。

③ 所借工具限当天借、当天下班前归还，不得将工具放在自己的工具柜内过夜（除深夜加班外）。

④ 归还时工具必须洗干净。

⑤ 本店工具限本人使用，不得以任何理由转借他人和外单位，若经发现按店规从严处理。

2）量具管理制度。

① 本店在用计量器具，必须按周送检，保证受检率达到98%以上，合格率达到95%以上，确保量值准确统一。

② 经检定合格的计量器具，应签发合格证书，无合格证书或超周期的计算器具不准使用。

③ 计量器具的检定工作，要严格按照国家相关检定规程进行。

④ 新购进的计量器具应先送检，合格后方可入库发放使用。

⑤ 对于损坏严重的计量器具确实无法修复的，需经计量器具有关方面审定后方可报废。

⑥ 相关人员应做好计量器具的使用、保管和维护工作。

⑦ 计量器具的使用者应负责正确使用计量器具，应了解计量器具的性能，熟知使用方法、注意事项和使用规程。

⑧ 经常保持计量器具的清洁和零件完整，以确保测量灵敏、量值准确。

⑨ 计量器具使用之后，必须及时归还，以免丢失。

⑩ 发现计量器具超期使用、无合格证的，应停止使用，避免误差增大。

（五）岗位工作制度

1. 门卫管理制度

1）门卫管理是企业管理的重要组成部分，是展示企业文明、树立公司形象的窗口。

2）把好公司物资出门关，确保各类物资的安全是门卫管理的重要内容。

3）门卫管理的主要内容如下：

① 凡进入公司的车辆，门卫执勤人员应认真登记其车牌号。

② 凡公司物资出门，无论是单位还是个人，都必须办理完备的手续；门卫执勤人员应严格检查，对手续不全的，应拒绝放行。

③ 公司员工必须遵守门卫制度，进出大门时服从门卫人员的管理；自行车进出大门时必须下车推行，严禁滑行。

④ 对来公司联系业务的人员应热情接待，问清来公司事由后，应做好向导工作。

⑤ 对来公司办事和提货的车辆，应要求其按指定地点停放并停放整齐。

⑥ 节假日期间，未经许可，外单位车辆不得在公司内停放。

⑦ 门卫值班室和公司大门应随时保持整洁，树立公司良好的社会形象。

⑧ 做好值班和交接班记录。如当班发生较大问题，应及时报告直接上级并做好值班记录；在交接班时，应将当班情况向下一班交代清楚。

4）门卫管理的要求：

① 门卫人员必须有高度的责任感，坚守岗位、认真负责，把好物资出门关。

② 门卫人员必须熟悉当班治安状况，随时处理工作中的各种问题，发现可疑现象时必须认真对待，按相关规定处理。

③ 门卫人员要做到仪态端庄、用语文明、礼貌待人，体现出公司精神和良好的社会形象。

④ 门卫人员要加强组织纪律性、服从上级调配、自觉遵守公司规定的各项规章制度和国家的法律法令，做到知法、守法并接受各级检查。

⑤ 门卫人员不准酒后上班、打瞌睡、吃零食和干私活。

⑥ 凡外来车辆和人员，未经许可，均不得进入车间现场。

⑦ 若接班人员未到，当班人员不得擅离职守，否则承担相应后果。

5）处罚：凡未按要求作好执勤工作的，按公司的有关规定进行处罚；若出现监守自盗、严重损害公司利益的行为，按公司有关规定严肃处理。

6）附责：门卫人员每日工作必须要有记录。记录表包括：来访登记表、夜间值班表、电话登记表。

2. 汽车维修工安全操作制度

1）维修人员不准赤脚或穿拖鞋、高跟鞋和裙子上班；留长发者要带工作帽。

2）工作时禁止吸烟。

3）工作时要集中精神，不准说笑、打闹。

4）使用一切机具及电气设备时必须遵守其安全操作规程，并要小心使用。

5）工作时必须按规定穿戴劳保用品，不准赤裸上身进行工作。

6）严禁无驾驶证人员驾驶一切机动车辆。

7）严禁驾驶与驾驶证规定不相符的车辆。

8）未经领导批准，非操作者不得随便动用机床设备。

9）工作场所、车辆旁、工作台、通道应经常保持整洁，做到文明生产。

10）严禁一切低燃点的油、气、醇与照明设施及带电的线路接触。

3. 汽车电工安全操作制度

1）装卸汽车发电机和起动机时，应将汽车电源总开关断开后再进行；未装电源总开关的，卸下的电线接头应包好。

2）需要起动检查电路时，应注意车底有无他人在工作，预先打招呼、拉紧驻车制动、挂入空档，然后发动，不熟练人员及学员不得随便发动汽车。

3）汽车内线路接头必须接牢并用胶布包扎好；穿孔而过的线路要加橡胶护套。

4）装换蓄电池时，应用蓄电池攀带。

5）发现蓄电池架损坏时，应立即修理，不得凑合使用。

6）装蓄电池时，应在底部垫以橡胶料，蓄电池之间以及周围也应用木板塞紧。

7）电池桩头、导线夹应装牢，不准用铁丝代用。

8）配制电解液时，应将硫酸轻轻加入蒸馏水杯内，同时用玻璃棒不断搅拌，以达到迅速散热的目的；严禁将水注入硫酸内，操作人员应穿戴橡胶水鞋和橡胶手套、戴防护眼镜。

9）蓄电池维修间、装配间应有良好的通风设备和防火设备，防止人员铅中毒及发生火灾。蓄电池充电工作间的空气要流通；在室内及存放蓄电池的地方，4m 以内严禁烟火。

10）切实执行蓄电池在新装及大修后的第一次充电。初充电的好坏会直接影响蓄电池的寿命。初充电后至少应以相当于蓄电池容量 1/10 的放电率放电一次，直至单格电压降至 1.75V 为止；再以初充电的充电率充足，充足后安置 24h 后方能使用（干式荷电蓄电池和免维护蓄电池除外）。

11）充电时应将蓄电池盖打开，电解液温度不得超过 45℃。

12）蓄电池容量应用放电叉测量，不可用手钳或其他金属试验，以免发生爆炸。

13）工作时，如不慎有电解液溅落在皮肤或衣服上，应立即用 5% 苏打水擦洗，再用清水冲洗。

14）发电机、起动机及其他电器设备应使用不含添加剂的工业汽油清洗，并注意防火。

4. 电焊工安全操作制度

未经专门训练或技术考试未合格者，不准进行焊接工作。

1）电焊机外壳应可靠接地；电焊机不能放在潮湿的地方，不能雨淋，应放于干燥通风处，以免损坏绝缘；内部线圈是水冷的，在使用时应按规定通水冷却。

2）修理焊机和搬动焊机时，首先要断电，以避免触电。

3）经常检查导线的焊接绝缘是否良好。

4）工作时带好绝缘手套并穿好胶鞋，皮肤不能外露。

5）工作时必须用面罩保护面部，使用的滤光玻璃必须符合国家标准。

6）仰焊时，要将衣领、袖口等处扣紧。

7）清理焊条时必须戴电焊手套，以防触电。

8）车间及工场固定的焊接工作地点，应有通风装置，并用隔墙与其他工种隔开。

9）在车上焊接时，应先拆掉蓄电池的负极搭铁线（有防盗系统的新型车辆，需注意保管好密码），以防烧坏车载计算机，并检查周围有无易燃物品，防止引起火警。

10）在车上焊接时，回路电线不准搭在油箱或油箱架上，防止出危险。

11）工作完毕，必须将电焊机关好。

5. 氧焊工安全操作制度

未经专门训练或技术考试未合格者，不准进行焊接工作。

1）作业前，穿好工作服、扎紧袖口、戴好工作帽，女工应将长发罩于帽子中。

2）作业前应对乙炔发生器、水封安全器、氧气瓶减压伐、压力表、焊把、割把、胶皮软管进行检查，发现问题及时修好。

3）乙炔发生器应放置于安全、人少且有禁火标志牌的地方，距施焊处不得少于 5m，周围不准有明火；水封安全器内必须保持一定的水位，无水或缺水时禁止使用。

4）氧气瓶要轻装轻卸、防止震动；使用或存放需有固定地点，严禁暴晒或靠近高温工作场所，更不准放置于易粘油污场所；氧气瓶与乙炔瓶（或乙炔发生器）严禁放置一起，必须保持安全距离。

5）施焊现场附近不得有电闸和火源；安装压力表时，操作人员头部应转向侧面，不准面对瓶口；冬季瓶口冻结应用热水烫，不准用明火烤。

6）氧气瓶必须立放或以不小于75°角斜靠，不准横卧于地面使用；流动作业时，应将氧气瓶置于专用的小车上。

7）焊、割油箱、油桶及其他易燃容器前，应用苏打水蒸气等将其清洗干净，将所有的螺塞拆下并打开气孔后方可焊、割。

8）焊接密封容器或两端不通气的管子等物体前要钻出排气口，防止焊接时容器内气体膨胀发生意外。

9）点燃焊枪时，应先开乙炔开关后开氧气开关，还应先关乙炔开关后关氧气开关；当焊嘴温度过高、发出“噼啦”声时，应关闭乙炔开关、氧气开关，将焊枪头放入净水中冷却后再点燃施焊。

10）点燃焊枪时，严禁手持火柴直接点火，应将焊嘴对准被燃物后再点燃。

11）氧气胶管和乙炔胶管严禁互换使用。胶管因冻而不通时，应取下放于温室内或用开水烫开，严禁用火烤；乙炔管不通畅时，严禁用氧气吹。

12）作业完毕后应及时将焊枪卸下，将管、表、氧气瓶与乙炔发生器分离，盖好氧气瓶盖，拨出乙炔发生器筒，将乙炔吊篮取出，胶管盘好挂起。

13）瓶中氧气不得用净，剩余压力应保持不低于是47KPa～245KPa（1.5～2.5kg/cm^2）；剩余压力降到上述值时应停止使用并及时换瓶。

14）搬运氧气瓶时应将铁帽旋紧、将防护胶圈套好。

6. 机修钳工安全操作制度

1）在班长的领导下，按时完成上级下达的当月的生产设备维修计划和维护计划。

2）应准确填写各机具设备的维修和维护完成工时。

3）有关各类设备维修、维护的精度和技术状况的数据应准确填写，及时收集并上交班长。

4）各设备的维修维护必须认真执行有关规定，不能更改该设备的原设计；如需更改时，应写出可行性意见上报上级，经批准同意后方能更改。

5）努力学习机修技术，提高文化素质、技术素质、思想素质，对不按操作规程工作的设备操作有权制止。

6）严格按机修钳工操作规程工作，搞好安全生产和文明生产，并应在工作中积极地提出各种合理化建议。

7. 钣金工安全操作制度

1）开始工作前，必须将工作场地及通道上不必要的杂物清除掉，以免妨碍工作。

2）工作前应检查工具设备是否完好、可靠，特别是手锤要经常检查有无松动，锤头有无卷边裂痕现象。

3）手锤起落，应注意锤头运动范围内的安全；在操作中握锤的手不准戴手套，以免手锤滑出伤人。

4）在多人工作的地方或在工作台上錾切工作物时，应加挡板，以免金属碎片飞出伤人。

5）在车上或车下作业时，要注意同时工作的其他工种，协调作业，并防止机件或泥沙掉下造成人身事故。

6）使用剪板机注意事项：

① 开机前要紧固上、下剪刀，并使上剪刀与下剪刀相对倾斜20°~30°，并根据板斜厚度对上、下剪刀的重叠及侧面间的间隙进行调整；调好后，需做空载试车。

② 开机前应检查板料表面质量，如有硬疤、电渣等缺陷则不能进行剪切。

③ 不准过载剪切。

④ 发现剪板机工作不正常时，应及时停车检修。

⑤ 使用完毕应切断电源。

8. 油漆工安全操作制度

1）在存放漆料的地方以及附近的场地和场所严禁吸烟；不准带火柴、打火机和其他火种进入上述场所。

2）在施工时必须穿戴好各种防护用品，如工作服、手套、防毒口罩等。

3）在施工后，应用温水或肥皂清洗手、脸。喷漆后，要进行淋浴，工作服不得带出车间，以防污染。

4）在车上喷漆时，应注意车辆是否稳固；不得随便用桶或箱子代替脚手架。

5）漆料库房和施工场所的各种电气设备（如照明、电动机、电气开关）都应采用防爆型式。

6）在施工时，应避免敲击、冲击、摩擦等，以免擦出火花、引起危险。

7）使用过的破布棉纱等物应放在指定地点，并定期清除，防止自燃。

8）要配备足够多的消防器材。

9. 保修技工安全操作制度

1）工作前应检查工具和举升起重设备是否完好，禁止使用有故障的工具和机具；如发现机具有故障，应立即报告班组长。

2）顶、垫车辆必须牢固可靠。使用电动举升器顶车时，前后应同卡、高低一致；并应注意举升器的最高行程，切勿超过最高行程。

放下车辆前应与周围的人预先招呼，确认无人在车底下工作和无其他障碍物时，方能启动举升器把车辆放下；并应注意举升器的最低行程，不要全靠限位的行程开关来停止举升器。

3）不需要整车举升的必须用三角垫木垫稳不离地的车轮；严禁在没有垫稳车轮的情况下，在车下进行保修作业。

4）不准在吊起的物件下面进行工作，必须在专用座架上进行总成或部件的拆装。

5）清洗零件应在专设的洗件盆或洗件池内进行。非必要时，禁止使用汽油清洗零件。

> **注意：** 某些零部件，如发电机、起动机、离合器片、制动摩擦片等需用汽油清洗时，必须使用无添加剂的工业洗涤汽油，并严禁烟火；用后的汽油应集中处理，不得随便乱放、乱倒，以免引起火灾。

6）拆装汽车时应使用专门的拉压机器和成套的扳手，禁止采用手锤、錾子代替扳手使用。

7）拆下半轴、传动轴等轴类长零件后，不可将其竖在车身旁，应当平放在座架上以防倒下伤人和刮伤车身。

8）禁止将扳手连接使用或加接管子来增加其扭力，应选择使用特制扳手。

9）禁止使用无手柄的锉刀和手柄不牢的锤子。不能使用手锤直接敲打淬火工作，而是必须使用铜棒之类的软金属，以免铁器破碎伤人。

10）使用砂轮机时必须遵守砂轮机的使用规程，并戴上防护眼镜。

11）使用移动式电动工具和风动工具时，应熟悉其安全操作规程，将电动工具移到工作地点后，才能接电使用；工作完毕后，不准用拉电线的粗暴办法拔插头，而应该先把开关拉下，再用手把插头拔下。

12）使用电动轮胎螺丝拆装机时，应该用冲击次数来控制螺钉的扭力，切勿过松或过紧。对于滑角的套筒应及时更换，拧紧螺钉应对称进行。

13）使用电动钢板骑马螺钉拆装机时，其扭力的控制全凭经验；边上紧边注意钢板的位置是否对正，一个钢板总成的骑马螺钉应对称、逐步拧紧。

14）使用钻床时，应遵守其安全操作规程，工件应牢固地夹持在工作台虎钳中。

15）在帮助焊工焊接工件时，必须戴上防护眼镜和手套。

16）在车底下工作时，必须使用卧板。

17）装钢板销子时，绝对禁止用手指伸入销孔对正，应该用对孔工具校对。

18）禁止将工具、零件放在驾驶室顶上或发动机及叶子板上，应放在工具托架上。

19）禁止在试验制动系统或离合器时，人在车底下工作。

20）禁止在保修车辆上随意摆弄变速杆、起动电动机开关等操纵件。

21）进行发动机保修作业和传动系保修作业前，必须把电源总开关拆下（未装电源总开关的应拆下负极电源线并包扎好）。

22）修理油箱需要放油时，周围应严禁烟火并停止风、电焊作业；抽油机应是密封式，盛油桶应加盖密封放在安全的地方。

23）车间所用的一切油料及易燃物品应放在安全地方，禁止油污落地，禁止油污沾在轮胎上。

24）对下列有关安全部件必须由主修技工复检，检验人员负责必检：

① 前桥转向系——工字梁、转向节主销、转向盘自由转动量、转向节、球头销、横直接杆、三臂（转向节臂、榜臂、重臂）。

② 制动系——总泵、分泵、制动鼓、制动摩擦片、制动软管。

③ 后桥——轮、后桥。

④ 发动机——活塞、活塞环、研磨气门、检修连杆及大、小轴承。

25）凡有弹垫圈、开口销、保险垫片等防松装置的，复装时务必如数装上，不准凑合使用。

26）无驾驶执照者严禁开动汽车。需要起动发动机时应以班组长为主，或由班组长指派比较熟悉汽车性能的主修技工发动。

27）双班时，当班人员应将工作中所发现的各种故障及未修好的部件报告组长或通知接班人员。

28）工作后主动整理自己的工作位置，将工具擦净收拾好，清扫场地。

（六）安全环保制度

1. 防火安全制度

1）店内职工必须自觉遵守消防安全制度，要把消防安全工作列入重要议事日程，做到警钟长鸣。

2）生产区内严禁动火，严禁吸烟。

3）遵守用电制度。

① 生产区各班组下班前随手关掉电源。

② 严禁私拉电源，违者从重处罚，直至开除。

③ 加强配电房值班人员的岗位责任制，随时注意观察各仪表是否正常，否则应及时调整。

4）加强对氧气、乙炔、油料和漆类的管理，并妥善保存。

5）严格执行安全操作规程，禁止违章作业。

6）违反消防制度，引起火灾造成经济损失者，应追究刑事责任。

2. 仓库防火安全管理规则

汽车维修企业在储存油漆、化学易燃物品和易爆炸物品时，应遵守国家规定的《仓库防火安全管理规则》。

1）新建、改建和扩建仓库时，应符合《建筑设计防火规范》的规定，并经公安消防监督机关审核；仓库建成后由公安消防监督机关验收。

2）储存易燃物品的库房地面应铺设不易出现火花的材料。

3）储存易燃和可燃物品的库房、货场应根据防雷的需要装置避雷设备。

4）易自燃的物品、化学易燃物品与一般物品以及灭火方法不同的物品，必须分库储存，并标明储存物品的名称、性质和灭火方法。

5）易自燃的物品和化学易燃物品堆垛，应当布置在温度较低、通风良好的场所，并应有专人定时测温。

6）化学易燃物品的包装容器应牢固、密封，发现破损、残缺、变形和物品变质、分解等情况时，应立即进行安全处理。

7）在储存易燃和可燃物品的库房、露天堆垛附近，不准进行试验、分装、封焊、维修、使用明火等可能引起火灾的作业。如因特殊需要必须进行这些作业，事先必须经防火负责人批准，并采取安全措施，调配专职或义务消防队员进行现场监防，准备充足的灭火器材。作业结束后，应对现场进行认真检查，切实查明未留火灾隐患。

3. 环境保护管理制度

1）防治水污染

① 禁止任何人和任何部门将污水和含有有毒化学药品的废水排放到水沟中。

② 禁止任何人和任何部门将垃圾、废油、废渣、有毒废弃物排放到下水道中。

③ 禁止使用渗井、渗坑处理工业三废。

④ 严禁将一切含油废液倒入下水道中。

⑤ 严禁用稀释的方法排放废液。

⑥ 为防止充电液的流失，应随时检查维修充电池，同时消除处理废液，用硫中和法来

减少油污污染。

2）防止大气污染

① 禁止在厂区内焚烧沥青、油毡、橡胶、塑料、油渣及其他可产生毒性气体的废物；

② 灶炉必须有消烟、除尘设备，以减少烟尘对大气的污染；

③ 汽车喷漆必须在厂房内进行，喷漆间要安装排风扇；

④ 喷漆作业采用硝基元苯稀释剂（目前已逐步采用水溶性漆），并采用电动无气喷涂机；

⑤ 应经常检查工厂内贮藏的油漆及稀释剂，以防止漏失，并妥善保管。

3）防止其他污染

① 切实做好各种设备的维护与保管；

② 加强废油管理，凡是更换下来的废油一律贮存于专门的容器内，统一管理、统一回收。

③ 经常注意检修砂轮机等产生较大噪声的设备，以减少噪声污染、确保安全。

四、日常制度管理模拟演练

案例导入　小何有5年的车间维修经历，又在前台维修接待岗位干了3年时间，最近被提升为维修前台主管。小何对汽车特约维修企业各项管理制度及各部门各岗位的职责都非常了解。但自从担任主管后，小何发现很多工作安排不下去；即使勉强安排下去了，也感觉很不顺畅。他经过认真思考后，认为导致这种情况的主要原因是前台接待人员不是资历太浅就是调动频繁，对自身和相关岗位、部门的工作职责很不熟悉。他诚恳地提出：应对企业所有员工多进行管理制度及岗位职责的模拟演练，以促使企业所有员工皆尽职尽责。

1. 日常制度管理模拟演练设计

1）目标：让所有员工熟悉企业各项规章制度和自身的岗位职责，以提高工作效率和服务质量。

2）道具：会议室、维修车间以及企业的规章制度、岗位职责、安全操作规程等资料。

3）主要人物：前台接待、车间调度、维修技师、仓管员、质检员、接待及维修主管以及财务人员等。

2. 演练的主要步骤及侧重点

1）要组织所有员工学习企业规章制度、了解企业文化、熟悉企业运作流程。侧重学习演练企业员工守则、考勤制度及安全环保等规定。

2）要以部门和班组为单位，组织员工熟悉岗位职责。无论是管理岗位、接待人员、维修技师还是门卫、清洁工，都必须知道自己的岗位作用、熟悉自身的岗位职责。

3）要求每个部门和班组的领导要熟悉本部门的工作职责。

3. 日常制度管理练习

教师和学生在模拟演练前，应事先熟记汽车特约维修企业的各项日常管理制度，然后将学生分成若干小组，再设立虚拟部门和工作岗位进行模拟演练。

4. 日常制度管理模拟演练评估

日常制度管理模拟演练的效果，可使用模仿演练、现场口答、统一笔试等方法进行评估。

任务六　文档资料管理

一、文档资料管理概述

1. 文档资料管理的定义

随着电子信息技术的突飞猛进，现代汽车特约维修企业基本上都利用计算机进行电子文档管理（如图 3-44 所示）；而且客户信息和车辆信息等电子文档的输入和建立，基本上均由前台维修接待完成，再由资料信息员进行汇总管理。文档资料管理就是指由业务接待员使用计算机的标准格式来建立客户档案和车辆档案，再由信息员对客户档案和车辆档案进行统计和维护的过程。

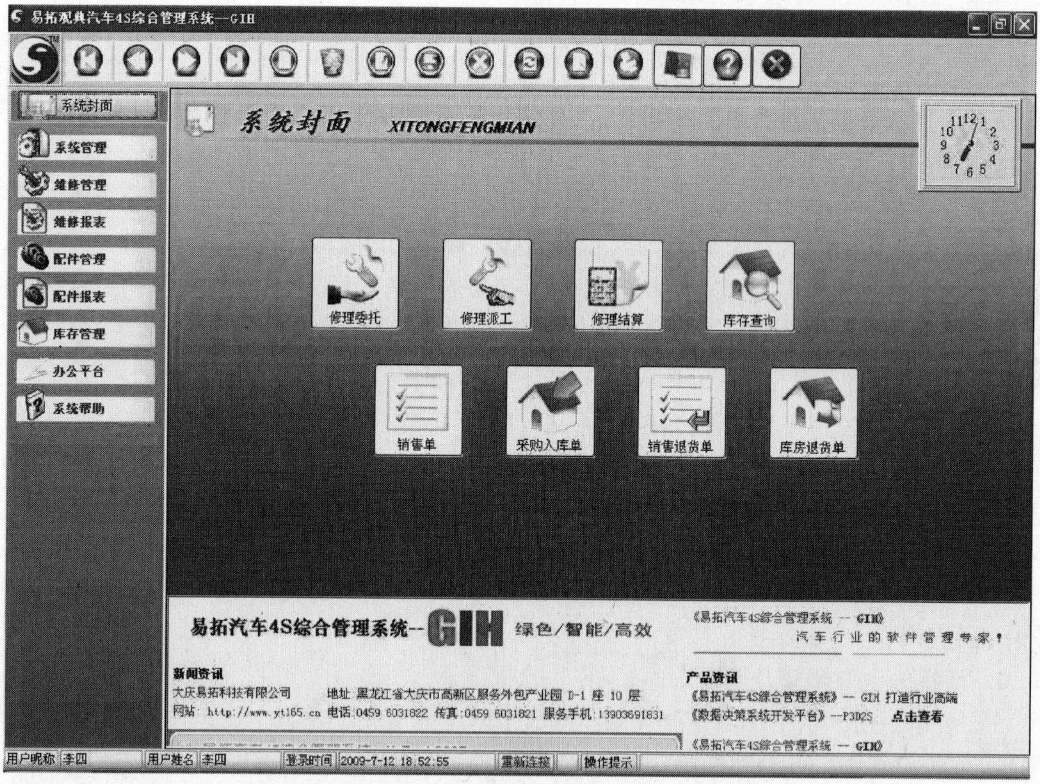

图 3-44　现代汽车特约维修企业文档资料电子管理

2. 文档资料管理的目标及意义

通过文档资料管理可有效对维修过的车辆进行跟踪调查，针对售后跟踪中发现的维修及服务质量等问题可及时详细记录并提出整改方案，利于收集重大的质量事故和客户投诉；通过电子文档可及时告知有关领导，以便于领导作出相应决策，从而实现各项管理目标。可以说，汽车特约维修企业通过完整、真实、有效的文档资料管理，可大大方便售后服务人员对各车辆档案进行查询，从而针对性地通过电话跟踪、客户访问、电子邮件等手段与客户建立良好的互动关系，利于促成准确有效的预约维修，便于企业安排生产、提高维修质量。因此，文档资料管理对增加企业收益、大大提高客户的忠诚度和满意度具有重要的意义。

二、文档资料管理情境设计

4S 店等汽车特约维修企业的文档资料管理一般靠计算机系统来完成，其中客户资料及车辆档案的输入和建立主要依靠汽车维修前台接待来完成。文档资料的管理场景图片、工作情境以及相关知识，见表 3-14。

表 3-14　文档资料管理的情境设计

场景图片	工作情境	相关分析
	情境：小马是一名刚从汽车类职业院校毕业出来不久的新员工。刚到维修前台接待岗位时，对车辆及车主信息录入计算机的操作还很不熟练，对前台接待文档资料管理的内容也不够熟悉，经常在前台接待主管的指导下才能够完成输入任务。	前台接待文档资料管理的要点是 1）提醒客户确认车主、送修人及车辆信息 2）查询历史维修记录，对客户进行维修推荐，将客户报修项目输入计算机 3）附加维修应征得客户同意，告知客户维修的大致时间及费用，询问客户是否等候 4）确认旧件是否保留、车辆是否清洗等项目 5）维修单打印出来请客户查看并请客户签字，客户联交给客户保存，并应提醒客户此联也是取车依据

三、文档资料管理任务实施

4S 店等汽车特约维修企业的文档资料管理任务可通过常用汽车维修档案登记表来实施。常用汽车维修档案登记表可以是电子文档也可以是纸质文档，应按不同的管理方法进行管理。如电子文档可用计算机建立文件夹来分门别类地进行管理，而纸质文档则用文件盒和档案柜来进行分类管理。下列表格为绝大多数汽车特约维修企业常用的部分汽车维修档案登记表（见表 3-15 至表 3-19，其他表格可参考相关项目）。

表 3-15　客户服务档案表

东风日产××××专营店

<table>
<tr><td>车主姓名/
单位名称</td><td colspan="3"></td><td>联系地址</td><td colspan="4"></td></tr>
<tr><td>联系电话</td><td></td><td colspan="2">联系电话</td><td></td><td>联系电话</td><td></td><td>邮政编码</td><td></td></tr>
<tr><td>使用者姓名</td><td></td><td>性别</td><td></td><td>联系地址</td><td colspan="4"></td></tr>
<tr><td>联系电话</td><td></td><td colspan="2">联系电话</td><td></td><td>联系电话</td><td></td><td>邮政编码</td><td></td></tr>
</table>

<table>
<tr><td>销售商</td><td>品牌</td><td>车型</td><td>车牌号</td><td>VIN 码</td><td>发动机号</td><td>变速箱
（AT/MT）</td><td>车身颜色</td><td>钥匙号码</td><td>购车日期</td><td>用途
（公用/私用）</td></tr>
<tr><td></td><td></td><td></td><td></td><td></td><td></td><td></td><td></td><td></td><td></td><td></td></tr>
</table>

（续）

序号	派工单号	报修日期	交车日期	维修类别		维修内容	行驶里程	服务代表	维修班组
1									
2									
3									
4									
5									
6									
7									
8									
9									
10									

表 3-16　车辆初检表（手写单）

<table>
<tr><td>车牌号</td><td></td><td>车型</td><td></td><td>公里数</td><td></td><td>维修日期</td><td></td></tr>
<tr><td rowspan="4">应预查随车附件，并注明其状况：
良好（√）
有问题（○）</td><td>前后标</td><td></td><td colspan="2">备胎</td><td></td><td colspan="2" rowspan="4">油预指针
</td></tr>
<tr><td>点烟器</td><td></td><td colspan="2">随车工具</td><td></td></tr>
<tr><td>内饰划痕</td><td></td><td colspan="2">贵重物品</td><td></td></tr>
<tr><td>车身漆</td><td></td><td colspan="2">其他</td><td></td></tr>
<tr><td colspan="8">仪表盘：
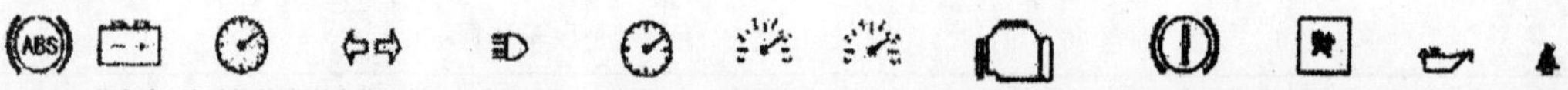
ABS □　蓄电池 □　发动机转速 □　转向指示灯 □　远光指示灯 □　车速/里程 □　燃油表 □　水温表 □　发动机故障指示灯 □　制动警示灯 □　安全气囊 □　机油压力 □　安全带 □</td></tr>
<tr><td colspan="8">SERVICE VEHICLE SOON □　SECURITY □　LOW TRAC □　DOOR/TRUNK □　冷却液温度指示灯 □
LOW TIRE □　TRAC OFF □　CHANGE DIL SOON □　LOW COOLANT □　LOW WASH □
P R N D 3 2 1 □　后雾灯 □　仪表信息中心 □</td></tr>
<tr><td colspan="8">HOLD 保持模式指示灯 □　开门警告灯 □　前雾灯 □　后雾灯 □　P 变速杆指示 □</td></tr>
<tr><td colspan="8">Ⓢ 运动模式 □</td></tr>
<tr><td colspan="4">外观及内饰：
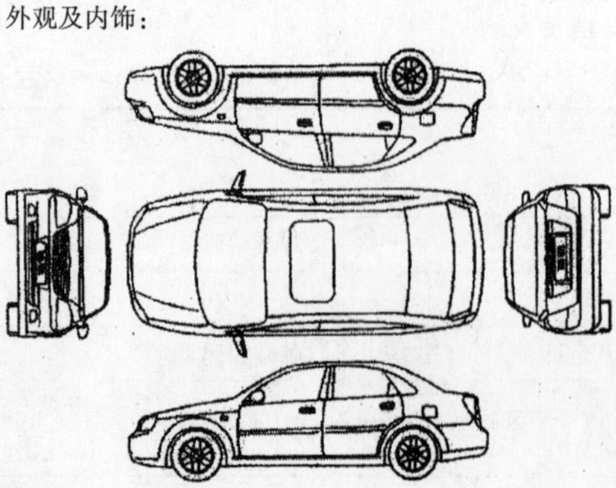</td><td colspan="4">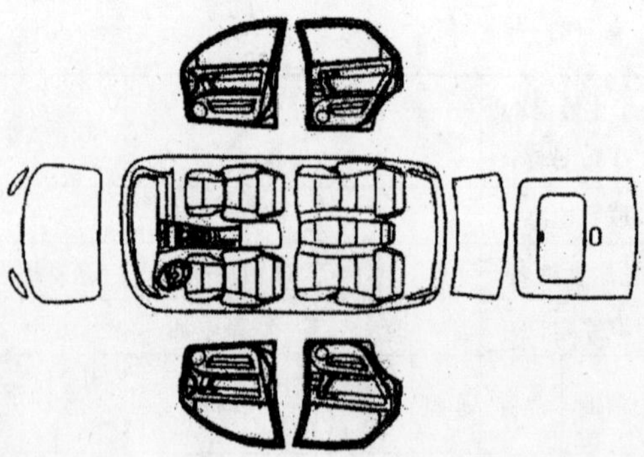</td></tr>
</table>

表 3-17　车辆问诊表（手写单）

来店时间____/____/____　　车牌________　　行驶里程________　　车型________

用户陈述故障发生时的状况：

故障发生状况提示：行驶速度、发动机状态、发生频度、发生时间、发生部位、天气、路面状况、声音描述等

技术接车员检测确认建议：

车间检测确认结果及主要故障零部件：

确认人：

外观确认：

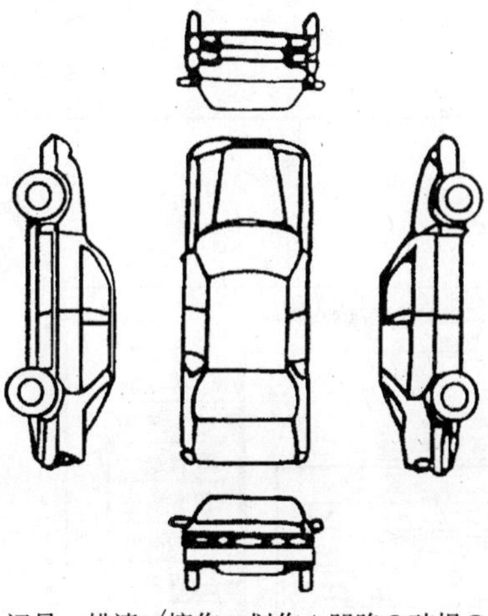

记号：描漆√擦伤×划伤△凹陷○破损⊕油漆脱落 φ（请在有缺陷的部位作标志）

功能确认：工作正常√　不正常×　没有（无）

□音响系统	□点烟器	□中央门锁（防盗器）
□后视镜	□天窗	□四门玻璃升降（　）
□刮水器	□空调	□钥匙

物品确认：（有√　无×）

贵重物品：无□有□（　）

□工具　□千斤顶　□备胎　□眼镜

□灭火器　其他（　）

旧件交还用户　□是（　）　□否

●（旧件自提车日起，本店代为保管 7 天，过期则本店负责处理。）

●检查费用说明：本次检查出的故障如用户在本店维修，检查费用包含在修理费用内，如用户不在本店维修，请您支付检查费：￥________元。（如需电脑检测诊断，则检查费为 200 元）

●贵重物品：在将车辆交给我店检查修理前，已提示将车内贵重物品自行收起并保存好；如有遗失，本店恕不负责。本人已确认车内无现金。

接车员：________用户确认：________联系电话：________

表 3-18　车辆维修报价单

单号：　　　　开单日期：　　　　进厂日期：　　　　单位：元　　　　操作员：

车牌：		车型：		送修人：		送修电话：	
车主：				车主电话：		车身颜色：	
客户地址：				预约交车：		修理类别：	
修理项目						性质	费用
						合　计：	
配件名称				数量	单价	金额	
其他费用						合　计：	金额
大写：						总计：	

通用备注 1

通用备注 2

客户验收及签署：

表 3-19　车辆施救单（电子文档）

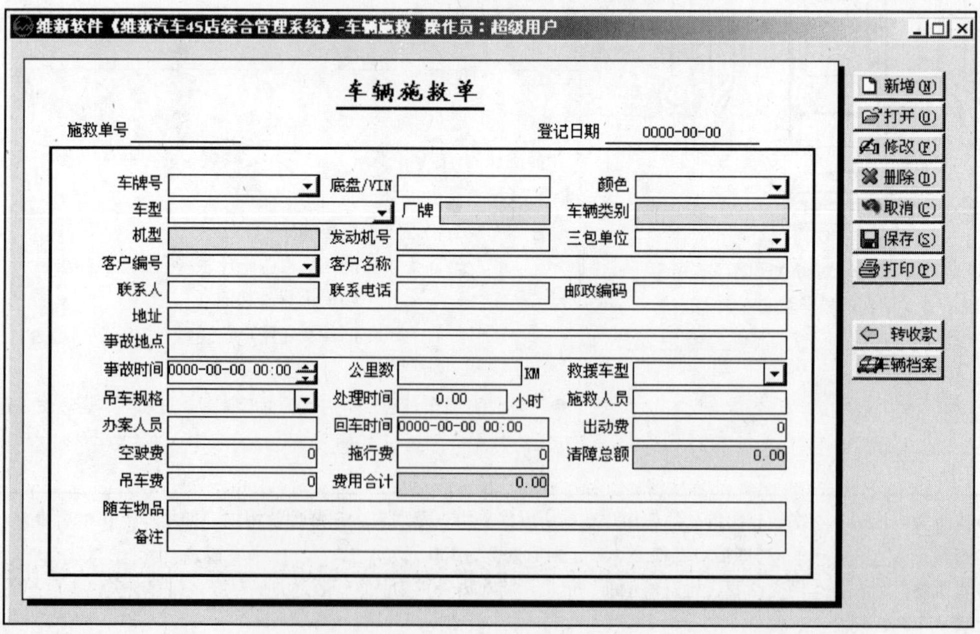

四、文档资料管理模拟演练

案例导入　小黄在前台维修接待岗位干了两年多时间，对各种维修软件都非常熟悉，计算机操作水平也较高。但最近让她感到困惑的是，一些新近分配给她的顶岗实习生对汽车维修企业的软件操作及电子文档管理很不熟悉，对纸质文档更是不知如何归类、整理及存档。为此她诚恳地提出：应对新进的前台接待人员进行计算机培训，并建议职业院校多对学生进行模拟演练，以加快提高学生对维修企业计算机软件的熟练程度。

1. 文档资料管理模拟演练设计

1）目标：让前台接待人员熟练掌握计算机操作技能，熟悉各种文档的管理方法，以提高工作效率和服务质量。

2）道具：计算机、各种管理软件、文件夹、文件盒、文件柜以及汽车维修档案管理制度等。

3）主要人物：前台接待、资料管理员、仓管员以及财务人员等。

2. 演练的主要步骤及侧重点

1）相关岗位工作人员应事先熟悉《汽车维修档案管理制度》的有关内容。

2）前台接待：重点演练汽车维修管理系统软件，反复演练填写《客户服务档案表》《车辆初检表》及《车辆维修报价单》等。

3）档案管理员（或资料员）：练习整理各种电子文档及纸质文档。

3. 文档资料管理流程练习

教师和学生在模拟演练前应事先熟悉汽车特约维修企业的各种档案资料管理的项目和内容。将学生分成若干小组，借助仿真软件进行模拟演练。

4. 文档资料管理模拟演练评估

针对文档资料管理模拟演练的效果，可采用仿真操作、文件登录、现场整理等方法进行评估。

任务七　部门之间协调管理

一、部门之间协调管理概述

1. 部门之间协调管理的定义

部门之间的协调管理是指店长对部门之间的协调进行总的管理，服务经理对接待前台和车间的工作进行协调管理，从而实现服务部门与车间和仓库保持紧密的协调工作的管理过程。

2. 部门之间协调管理的目标及意义

通过部门之间的协调管理可及时将车辆维修中出现的追加维修项目、影响客户的维修费用，特别是预定货的到货期改变等信息，由车间和配件部门及时地通知服务前台，并由前台与客户联系，从而达到客户享有知情权，企业得到客户谅解的目标。

部门之间的协调管理可尽量避免汽车4S店等特约维修企业在开展维修业务时出现矛盾和不

协调的地方。通过加强部门之间的协调工作，可大大减小因不协调而造成的相互推诿、工作效率低下等问题。因此，部门之间的协调管理对提高企业的经济效益和社会效益具有重要的意义。

二、部门之间的协调管理情境设计

4S店等汽车特约维修企业部门之间的协调管理主要依靠店长、服务经理（或前台接待主管）、车间主管、配件主管以及车主等人员之间的相互协调和互相依赖来完成。部门之间协调管理的场景图片、工作情境以及相关知识，见表3-20。

表3-20　部门之间协调管理的情境设计

场景图片	工作情境	相关分析
	情境：由于车间主管小马未能及时向前台反馈车主刘先生爱车追加维修项目、增加维修费用的信息，使前台接待员的交车工作受阻。幸亏小朱（坐在中间者）是一位经验丰富的店长，经过他的一番解释，才使得车主刘先生欣然谅解	部门之间协调管理的要点 1）车间应将维修中所出现影响客户维修费用、维修项目等有关信息及时反馈给前台，再由前台与客户联系，使客户得到知情权，从而得到客户的谅解 2）服务经理负责车间与配件部门的协调工作，配件经理应对车间工单配件的供应率进行监控 3）信息部将跟踪服务所得到的信息及时反馈给前台和车间

三、部门之间的协调管理任务实施

部门之间协调管理任务实施的关键是：店长、服务经理、车间主管以及配件主管要熟悉各自主管部门的工作任务和自身的岗位职责，并养成互相信任、相互沟通、相互协调、互相帮助的良好的工作关系。部门之间协调工作的责任分工如下：

1）店长对部门之间的协调管理进行总负责。

2）服务经理应协调前台接待与维修车间之间、维修车间与配件部门之间的工作。

3）服务部门应与维修车间保持紧密的协调关系。

4）车间主管应将维修中出现的影响客户的维修费用、维修项目等有关信息及时反馈给前台接待，再由前台接待与客户联系，使客户享有知情权，使企业得到客户的谅解。

5）配件主管应对车间工单配件的供应率进行监控。

四、部门之间的协调管理模拟演练

案例导入　小朱在某4S店已经做了两年的店长，可谓年富力强。当看到店里的接待主管小刘、车间主管小钱、配件主管小戴之间常常因为客户不满而互相推诿、相互指责时，感到十分恼怒，甚至发火斥责这些主管。可是冷静下来想一想，小朱感觉自己没有尽到总的协调和管理责任，于是召集这些主管，当面主动检讨自己并进行了面对面的沟通和交流，找出客户投诉的原因，共同寻找对策，以解决客户不满、投诉等问题。同时，小朱也建议部门之间多开展协调管理模拟演练等活动。

1. 协调管理模拟演练设计

1）目标：让店长、前台主管、车间主管、配件主管等与车辆维修进度、维修质量关系密切的有关人员进行有效沟通、密切配合、相互协作，以提高工作效率、服务质量和客户满意度。

2）道具：管理看板、计算机、对讲机、文件夹、维修工单、报价单以及相关文件等。

3）主要人物：店长、前台主管、车间主管、配件主管、车主等。

2. 演练的主要步骤及侧重点

1）相关岗位工作人员应事先熟悉各自主管部门的工作任务和自身的岗位职责。

2）店长挂帅组织相关部门主管反复演练沟通、交流、协调等各个环节。

3）重点演练追加维修项目、预订件不能按时到位时，配件主管与车间主管之间、车间主管与接待主管之间的沟通协调以及接待主管与客户之间的解释安抚等环节。

提示： 可由授课教师扮演店长或车主角色，以便于演练任务的顺利实施。

3. 协调管理流程练习

教师和学生在模拟演练前，应事先熟悉汽车特约维修企业各种协调管理的任务和目标；将学生按前台接待、维修车间、配件仓储等部门分成若干小组，借助学校模拟场景进行演练。

4. 协调管理模拟演练评估

协调管理模拟演练的效果，可根据学生语言沟通能力、话语表达技巧、现场互动协调效果以及解决实际问题的能力等要素进行评估。

任务八　客户投诉管理

一、客户投诉管理概述

1. 客户投诉管理的定义

客户投诉是指客户对产品质量、维修品质、服务质量或价格等其中要项感到不满而产生抱怨，要求厂家给予处理或提出相应的弥补措施，或诉求其他相关单位协助安排处理的过程。其投诉的方式可分为一般投诉和严重投诉两种。客户投诉管理就是指汽车维修企业为消除客户的抱怨而不断改进内部管理系统、优化维修服务流程以及培训员工让员工明确职责、了解客户投诉的主因、明确客户的需求并不断完善内部评价考核体系的全部过程。

2. 客户投诉管理的目标及意义

健全客户投诉管理流程，将投诉带来的负面效应降为最低或转化为新的机遇，是客户投诉管理的主要目标。

客户投诉处理对于4S店等汽车特约维修企业来说是事关存亡的大事，因此，客户投诉管理对于汽车维修企业的良性互动与协调发展具有十分重要的意义。

二、客户投诉管理情境设计

汽车特约维修企业客户投诉管理的主要任务是相关人员知道处理客户投诉的基本要求、

掌握处理客户投诉的原则、熟悉客户投诉处理的流程。其管理的场景图片、工作情境以及相关知识，见表3-21。

表3-21　客户投诉管理的情境设计

场景图片	工作情境	相关分析
	客户投诉情境1 一客户车辆发生事故后，在某品牌4S店更换了主、副安全气囊。使用一段时间后，客户发现安全气囊灯报警。维修站接到客户电话后赶到现场，检测后发现是由于之前更换副气囊时，发生器连接线接线方式错误所致。于是维修站更换了一副气囊连接线，之后安全气囊灯报警现象再未出现，并要求用户支付抢修费用。但客户认为发生安全气囊灯报警与维修站没有为其更换连接线有关，因此拒绝支付抢修费用等，并向该品牌厂家投诉了该店	客户投诉的原因分析 1）引起客户投诉的主要原因是服务质量、维修技术、维修价格、配件质量、产品质量以及维修不及时等问题 2）由于设计、制造或装配不良所产生的质量缺陷，与客户沟通不够等情况一般发生在特约维修服务的3S、4S店
	客户投诉情境2 某高档汽车品牌的客户听说其所购车系如果存在机油消耗严重的情况，即使过了保修期仍可以免费享受更换活塞、活塞环的服务。当得知厂家正在开展该系列车的召回活动时，该客户便主动预约到4S店要求进行机油测试。一般机油测试共分两个步骤，第一步是进厂将机油全部放出后称重并加满新的机油，第二步是行驶一段时间后再次进厂放出机油并称重，同时通过计算机油量差值、行驶里程等数据来得出机油消耗值。进行到第一步时，客户发现维修工将称重后的机油重新倒入机油口中再添加新机油，心里已经有些不悦；第二步时，由于维修工粗心大意，机油倒掉了一部分，恰巧被客户看到 由于该汽车品牌对4S店有严格的规定，如果出现该类情况需重新进行机油测试。当服务顾问向客户解释需要重新进行机油测试时，客户感到十分不满，反应特别激烈，并准备开铲车堵门以阻止该4S店正常营业	客户发火的原因分析 1）客户认为维修站的宣传不实、存在虚假行为 2）客户认为维修站操作流程不规范，存在偷工减料和胡乱应付的问题 3）客户认为品牌店总部对维修站管理监督不严，没有做到客户至上

三、客户投诉管理任务实施

1. 处理客户投诉的基本要求

处理客户投诉的基本要求是处理客户投诉的负责人首先要明确客户的需要，其次要明确客户投诉的主因，而且一定要掌握客户投诉的心理，此外还要知道自身的仪容仪表对客户心情的影响，并懂得处理客户投诉需要专业知识做支撑，否则难以平复客户的怨气。

2. 处理客户投诉的原则

处理客户投诉的原则一般分为基本原则和谈判原则两部分。其中的基本原则是：遇到客户投诉时，先处理心情，再处理事情；对存在的问题不回避；对客户提出问题要第一时间处理；在处理问题的过程中要借机了解客户背景，并找出投诉的原因，界定控制范围，必要时让上级参与，运用团队的力量解决问题。通过基本原则不能解决问题时，应采取谈判原则：尽量寻求双方认可的服务范围，但不做过度的承诺，应积极争取双赢；必要时，坚持原则，寻求法律援助。

3. 客户投诉处理流程

（1）一般客户投诉处理　一般客户投诉处理的流程如图 3-45 所示，其处理要点如下：

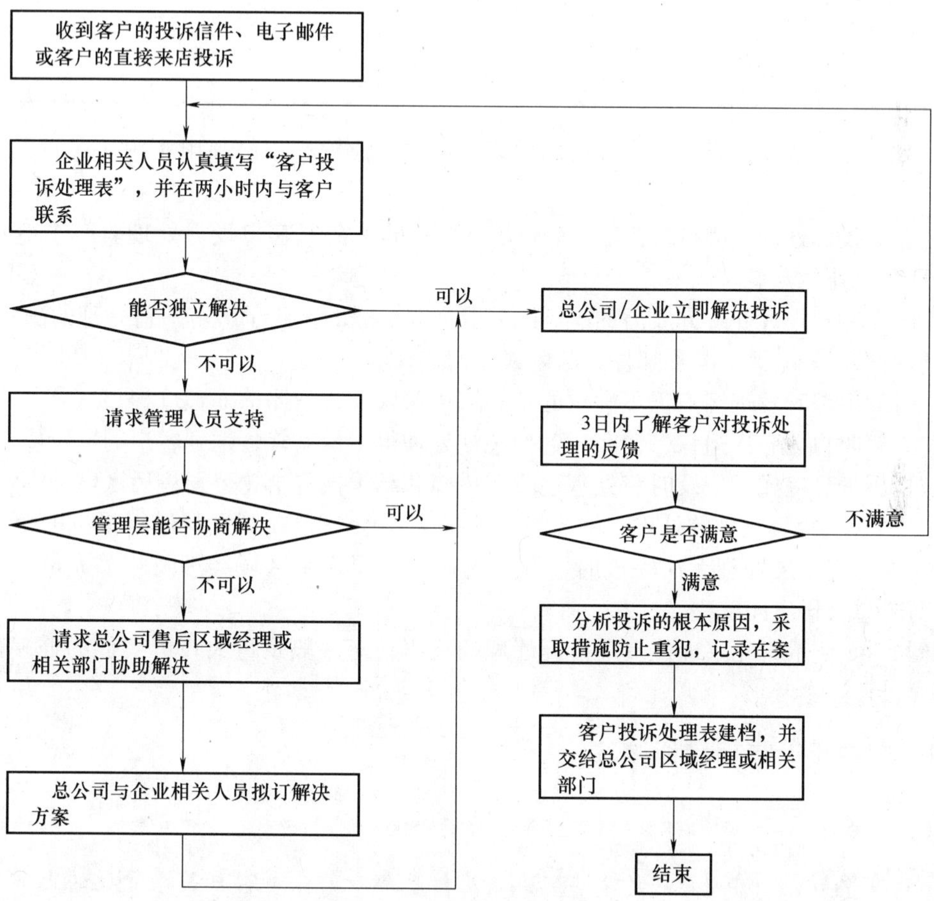

图 3-45　一般客户投诉处理流程

1）当特约维修服务中心接到客户投诉（包括电话、信件、电子邮件等）或总公司转来的投诉时，相关人员应认真填写“客户投诉处理表”（见表 3-22），且必须在两小时内与客户联系。

2）处理困难案件要及时向上级反映或请相关部门予以支持，依靠团队的力量共同处理。

表 3-22　客户投诉处理表

车辆识别号码		公里数		车型	
车牌号		车主		电话	
特约售后服务中心名称		售后区域经理		状态	
处理人员		联系方式			
投诉内容及时间					
处理方案					
最后结果					

3）每一投诉案件完成后应呈报最高主管，并制订改善计划，利用在职教育方式教育相关人员。

4）客户投诉处理完成后，汽车 4S 服务中心人员应在“客户投诉处理表”上登记处理完成的日期及处理方案。

5）应在客户投诉处理完成后的 3 日内采取后续追踪的方式了解客户对处理的满意程度。追踪的形式可以是电话、电子邮件、信函或登门走访。

6）后续追踪时发现客户仍不满意的话，应再深入了解，评估处理过程。

7）必要时再做一次追踪，使客户的抱怨被处理得尽量完善，达到客户的期望值。

8）投诉处理完成后应及时将处理进程、措施和结果报告给总公司售后区域经理。

（2）对重大投诉案件的处理　对于通过消费者协会、传媒等途径进行投诉的重大投诉案件或相同案件多次处理无法完成时，要及时向总公司售后区域经理及相关人员汇报、备案，并请求总公司出面解决。

如图 3-46 所示为北京现代汽车投诉处理的流程，对一般及重大投诉案件的处理具有借鉴意义，可重点参考。

四、客户投诉管理模拟演练

案例导入　小乔是一位刚到某 4S 店信息部专门从事客户关系管理的大学毕业生。由于业务不熟、经验不足，遇到客户投诉尤其是客户发火时，往往不知所措，根本不知道如何应对。碍于公司“首问责任制”的制度约束，又不敢向客户投诉负责人或同事求助，从而加重了客户的不满情绪。结果可想而知，客户找到了客户关系经理进行质问，对此客户经理强烈建议，对有关客户投诉管理人员一定要先培训后上岗，并要经常组织有关人员进行演练。

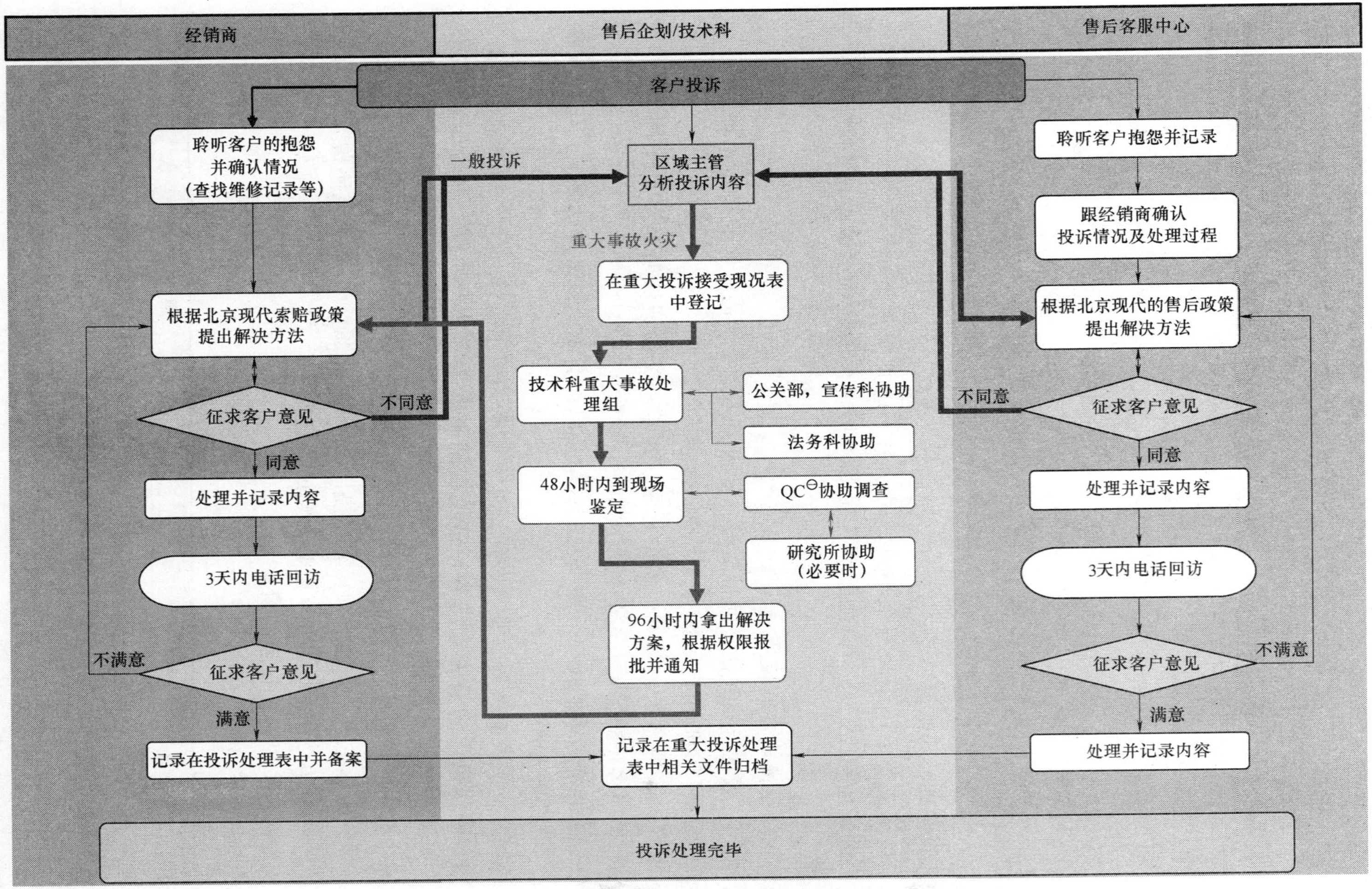

图 3-46　北京现代汽车投诉处理流程

⊖ 即 Quality Controller，译为质量控制员。

1. 客户投诉管理模拟演练设计

1）目标：通过演练让有关人员熟悉处理客户投诉的基本原则和谈判原则，熟练掌握处理各种投诉的技巧，以大大提高投诉处理的满意度，从而想方设法地留住客户。

2）道具：电话、计算机、记录本、客户投诉处理表、接待座椅等。

3）主要人物：主要负责人（客户关系经理、服务经理、业务接待）、次要负责人（品牌售后区域经理、同公司内的销售人员）和车主。

2. 演练的主要步骤及侧重点

1）相关岗位工作人员应事先熟悉处理客户投诉的基本要求、基本原则以及一般流程。

2）重点演练处理客户投诉的各种技巧。

提示：可由授课教师扮演客户关系负责人或车主角色，以便于演练任务的顺利实施。

3. 客户投诉管理技巧练习

教师将学生分成若干小组，每个小组成员由若干客户关系经理、服务经理、业务接待、品牌售后区域经理、同公司内的销售人员等模拟角色组成，借助学校模拟场景进行演练。

（1）演练运用身体语言的技巧

1）要求做到：表情自然放松；面带微笑，表示关怀；交谈或倾听时保持眼神交流；自我情绪控制；体会客户的心情；认真听完客户的抱怨。

2）避免出现：表情紧张、严肃；动作紧张、匆忙；交谈或倾听时没有眼神交流；抢答、语调激动；忽略客户的感觉；过分强调法律责任等现象。

（2）演练稳定客户情绪的技巧　要求做到：学会单独交谈；真诚表达歉意；缓和气氛，让客户放松；不与客户争辩。

（3）演练与客户交谈的技巧　要求做到：认真倾听并表示关怀，让客户感觉你确实想为其解决问题；确认投诉的最主要内容；善用提问来发掘客户的不满；必要时还要认同客户的情感，对其抱怨表示理解。

（4）演练与客户谈判的技巧　要求做到：客户情绪激动时，学会转移话题、避重就轻；情绪缓和时，学会递延主题、继续谈判；客户提出不合理要求时，学会否认不曾答应过的承诺，做到不轻易承诺；要学会预防客户设套索赔或无理取闹。

（5）演练应对各类投诉人行为的对策

1）应对消极者的演练。

具体表现	应对措施
① 态度消极、冷漠 ② 使用简单的语言 ③ 二次来厂率不高	① 深切表示关怀 ② 主动告知如何处理 ③ 挖掘抱怨的原因

2）应对发言者的演练。

具体表现	应对措施
① 把遭遇告诉别人 ② 坚持己见 ③ 容易把问题复杂化	① 隔离群众 ② 先行认同 ③ 弄清抱怨主因

3）应对愤怒者的演练。

具体表现	应对措施
① 主动告诉他人不满之处 ② 语言、语调等肢体语言夸大 ③ 要求更高层领导与其交谈	① 隔离群众 ② 倾听意见，带有同情心 ③ 告知客户已上报其意见

4）应对过激者的演练。

具体表现	应对措施
① 语带威胁 ② 明确要求赔偿条件 ③ 可能有其他行动	① 隔离群众 ② 提供2~3个解决方案 ③ 追踪观察

4. 客户投诉管理模拟演练评估

客户投诉管理模拟演练的效果，可根据某4S店客户投诉处理的基本方法与技巧以及应避免的应对措施来进行评估。参见表3-23。

表3-23　客户投诉处理的基本方法与技巧及应对措施

处理过程	基本方法与技巧	应避免的应对措施	评分要点
聆听客户	① 处理问题积极主动的态度 ② 面带微笑 ③ 保持平静的心情和适合的语速音调 ④ 认真听取客户投诉，不遗漏细节，确认问题所在 ⑤ 让客户先发泄情绪 ⑥ 不打断客户的陈述	① 不耐烦的表情或不愿意接待客户的态度 ② 同客户争执、激烈讨论，情绪激动 ③ 挑剔客户的态度，说话不客气 ④ 直接回绝或中途做其他事情、接听电话等 ⑤ 推托或辩护的态度 ⑥ 随意打断客户的陈述	基本方法与技巧对1个，即得1分；应避免的应对措施错1个，即扣1分
表示同情	① 善用自己的举止和语气去劝慰对方，稳定客户激动的情绪 ② 站在顾客的立场为客户着想 ③ 对客户的行为表示理解 ④ 主动做好投诉细节的记录	① 不做记录，让客户自己写 ② 表明不能帮助客户 ③ 有不尊重客户的言语行为 ④ 激化矛盾	基本方法与技巧对1个，即得1分；应避免的应对措施错1个，即扣1分

（续）

处理过程	基本方法与技巧	应避免的应对措施	评分要点
询问客户	① 重复客户所说的重点，确认是否理解了客户的意思和目的 ② 了解客户抱怨的重点所在，分析所抱怨事件的重要性 ③ 告诉客户我们已经了解到了问题所在，并确认问题是可以解决的	① 重复次数太多 ② 处理时间过长 ③ 犹豫，拿不定主意 ④ 为难情绪 ⑤ 听不懂客户的方言	基本方法与技巧对1个，即得1分；应避免的应对措施错1个，即扣1分
解决方案	① 不受客户抱怨的影响，就事论事，耐心地解释，援引汽车行业的相关制度进行处理 ② 圆满的解决方案，使客户感到公平合理 ③ 超出自身权限范围的，要向客户说明，并迅速请示前台主管或服务经理 ④ 暂时无法处理的，可将事情详细记录下来，并留下客户的联系电话，承诺尽快答复	① 处理问题过于死板 ② 一味地满足客户要求，给予不合理承诺 ③ 将问题推给他人处理 ④ 超出自身权限范围的，不能第一时间汇报 ⑤ 忘记给客户一个处理结果的答复	基本方法与技巧对1个，即得1分；应避免的应对措施错1个，即扣1分
达成协议	① 同客户商量已经提出的解决方案 ② 表示我们已经尽最大的努力解决问题了 ③ 迅速执行客户同意的解决方案	① 具体解决的时间太长 ② 没有将此事追踪到底	基本方法与技巧对1个，即得1分；应避免的应对措施错1个，即扣1分
感谢客户	① 感谢客户对我们工作提出的意见和建议 ② 表示今后一定改进 ③ 对因我方失误而导致客户的不便予以道歉	① 没有感谢客户 ② 对不满意的客户，未将情况迅速汇报 ③ 对不满意的客户表现出不在乎或讨厌的态度	基本方法与技巧对1个，即得1分；应避免的应对措施错1个，即扣1分

项目小结

1. 汽车特约维修企业主要是指汽车4S店和汽车特约维修站（即3S店）。其优点是：整体形象好，服务规范化、周到化、专业化，内部人员素质较高，且受过生产厂家系统的培训；服务流程系统化、标准化；汽车维修、配件质量有保证，同时有生产厂家的支持和监督。但同时存在地理位置受局限；投资成本、运作成本、服务费用较高；维修车型比较单一；过了维护期就很难留住客户等缺点。

2. 汽车特约维修企业的管理项目主要包括：前台接待、透明车间、汽车精品、交车、日常制度、文档资料、部门之间的协调、客户投诉等管理内容。

3. 汽车前台接待管理就是指对托修车辆的客户给予预约、接车、环车检查与车内检查、制订工单与确定维修内容、客户指引、维修进度跟进、完工检查与交车、结算以及跟踪回访等各个环节进行规范的全部过程。通过维修接待可协调双方（托修和承修方）利益，增加双方的信任度，从而凝聚广大客户，达到提高企业的经济效益和社会效益的目标。

4. 汽车特约维修企业前台接待管理的任务包括：预约、接车、环车检查与车内检查、制定工单与确定维修内容、客户指引、维修进度跟进、完工检查与交车、结算以及跟踪回访等内容。

5. 透明车间管理是指目前大多数汽车特约维修企业采用现代电子信息技术及各类看板或现场透明车间，将车间内各类维修信息通过互联网络、语音播报、大屏幕终端显示、手机短信或现场直观等手段对车辆从进厂维修到竣工出厂全过程进行透明化监控的一种综合手段。这种先进的管理方法不仅节约了客户等待时间，让车主感觉温馨和放心，而且还提升了品牌服务形象及赞誉度，提高了客户忠诚度，吸引了更多客户，从而实现了维修业务步入良性循环的发展目标。

6. 将车辆从进厂维修到竣工出厂的全过程，通过互联网络、语音播报、大屏幕终端显示、手机短信或现场直观等手段进行透明化监控是特约维修企业进行透明车间管理的主要任务。

7. 汽车精品销售管理就是指对精品的采购、验收、货架摆放、保管、盘点、客户接待、商品说明及签单、派工及安装、车辆交付以及售后跟进等各个环节进行规范的全部过程。汽车特约维修企业进行精品销售管理的主要任务是通过精品提高整车吸引力，以提高企业的销售利润，并增加企业及汽车品牌的影响力及美誉度，从而提高客户满意度。

8. 交车管理是指车辆维修竣工以后，由维修技师对工单维修质量确认后将车辆及工单交与质检，质检将质检单、维修工单交与维修接待，维修接待将维修工单、质检单、结算单统一存档并交还车辆给客户的整个过程。交车管理包括内部交车与外部交车两部分。内部交车是技术层面的，外部交车则是人际交往层面的。但不管是内部交车还是外部交车，其目标是一致的，都是为给客户提供更好的服务，使客户满意度有所提高。汽车特约维修企业实施交车管理的主要任务是控制好交车管理的流程。

9. 汽车特约维修企业的日常制度管理主要是指各级管理部门和管理人员对照各职能部门工作责任制和各工作人员岗位责任制及其相应的各种规章制度，来检查和评价企业所有部门和人员对企业日常制度的执行情况及执行效果的管理措施。汽车维修企业的各种日常管理制度是促进企业健康成长、明确管理任务和责任、规范和约束员工行为的基本保证。企业日常管理制度是约束每个人的，只有企业所有员工均按照规章制度办事，企业才能实现强盛的目标。

10. 文档资料管理就是指由业务接待员使用计算机的标准格式建立客户档案和车辆档案，再由信息员对客户档案和车辆档案进行统计和维护的过程。通过文档资料管理可对维修过的车辆进行有效的跟踪调查，针对售后跟踪中发现的维修及服务质量等问题可及时详细记录并提出整改方案，利于收集重大的质量事故和客户投诉，通过电子文档可及时告知有关领导，以便于领导作出相应决策，从事实现各项管理目标。

11. 4S 店等汽车特约维修企业的文档资料管理任务可通过常用汽车维修档案登记表来实施。常用汽车维修档案登记表可以是电子文档也可以是纸质文档，应按不同的管理方法进行管理。

12. 部门之间的协调管理是指店长对部门之间的协调进行总的管理，服务经理对接待前台和车间的工作进行协调管理，从而实现服务部门与车间和仓库保持紧密的协调关系的管理过程。通过部门之间的协调管理，可及时将车辆维修中出现的追加维修项目、影响客户的维修费用、特别是预定货的到货期改变等信息，由车间和配件部门及时地通知服务前台，并由前台与客户联系，从而达到客户享有知情权、企业得到客户谅解的目标。

13. 部门之间协调管理任务实施的关键是：店长、服务经理、车间主管以及配件主管要熟悉各自主管部门的工作任务和自身的岗位职责，并养成互相信任、相互沟通、相互协调、互相帮助的良好工作关系。

14. 客户投诉管理就是指汽车维修企业为消除客户抱怨而不断改进内部管理系统、优化维修服务流程，培训员工明确职责、了解客户投诉的主因、明确客户的需求，并不断完善内部评价考核体系的全部过程。健全客户投诉管理流程，将投诉带来的负面效应降至最低或转为新的机遇，是客户投诉管理的主要目标。

15. 汽车特约维修企业客户投诉管理的主要任务是相关人员清楚处理客户投诉的基本要求、掌握处理客户投诉的原则、熟悉客户投诉处理的流程。

理论思考

1. 为什么说现代汽车特约维修经营模式已经成为我国汽车销售与维修的最重要渠道了？

2. 为什么说汽车特约维修企业做好维修接待管理，对于了解客户所需、带动协调各个管理环节、提高工作效率、体现企业经营管理的规范化程度具有重要的意义？

3. 为什么说汽车特约维修企业进行“透明车间”管理，对汽车特约维修企业的可持续发展具有重要意义？

4. 为什么说汽车精品销售是汽车4S店提高销售利润的一条重要渠道？

5. 为什么说汽车特约维修企业进行外部交车管理，对展示服务成果、提高服务水平、将商情变成友情具有重要的意义？

6. 为什么说日常制度管理在汽车维修企业的各项管理中具有举足轻重的地位，其管理的好坏对于企业的发展壮大来说具有重要的意义？

7. 为什么说汽车特约维修企业进行文档资料管理，对增加企业收益以及大大提高客户的忠诚度和满意度具有重要的意义？

8. 为什么说汽车特约维修企业进行部门之间的协调管理，对提高企业经济效益和社会效益具有重要的意义？

9. 为什么说客户投诉管理对于4S店等汽车特约维修企业来说是事关生死存亡的大事？

能力训练

1. 根据所学相关知识，设计汽车特约维修企业前台接待管理模拟训练的情境、流程及内容。

2. 根据所学相关知识，设计汽车特约维修企业透明车间管理模拟训练的情境、流程及内容。

3. 根据所学相关知识，设计汽车特约维修企业汽车精品管理模拟训练的情境、流程及内容。

4. 根据所学相关知识，设计汽车特约维修企业交车管理模拟训练的情境、流程及内容。

5. 根据所学相关知识，设计汽车特约维修企业日常制度管理模拟训练的情境、流程及内容。

6. 根据所学相关知识，设计汽车特约维修企业文档资料管理模拟训练的情境、流程及内容。

7. 根据所学相关知识，设计汽车特约维修企业部门之间的协调管理模拟训练的情境、流程及内容。

8. 根据所学相关知识，设计汽车特约维修企业客户投诉管理模拟训练的情境、流程及内容。

项目四

汽车快修连锁企业管理

学习目标

◇ 知道汽车快修连锁企业市场策划、物流、库存、价格及品牌等管理的概念
◇ 熟悉汽车快修连锁企业市场策划、物流、库存、价格及品牌等管理的目标
◇ 理解汽车快修连锁企业市场策划、物流、库存、价格及品牌等管理的重要性
◇ 掌握实施汽车快修连锁企业市场策划、物流、库存、价格及品牌等管理任务的要领

业务流程

预约登记→快修开单→估价→维修登记→派工→领料→维修竣工→收银结算→提醒回访

项目概述

汽车快修连锁企业主要是指以快修为主、深入社区、采用连锁形式并以相同的经营理念、经营方式和识别标志实行服务质量标准化、服务过程程序化、服务管理规范化的维修企业。其最大的优势是一个“快”字，即方便、快捷。此外，还具有投资小、成本低、形式灵活；品牌成熟、具有成熟的管理模式，可带来规模经济效应；统一采购、集中配送，易实现标准化、信息化、网络化管理等优点。但由于大部分快修连锁店形似神不似，只在店面、标色、员工服装等方面统一了，而服务理念、服务方式、服务质量尚未达到快修连锁的要求，而且大部分快修店都侧重于洗车、美容、装饰等汽车养护项目，而真正以快修为主的店面并不多，因此消费者对汽车快修连锁企业普遍缺乏认同感。此外，快修连锁企业的网点数量和服务口碑尤为重要，但目前国内叫得响的品牌还很少，更是缺乏强势领导品牌，这也减缓了快修连锁企业的网点数量。汽车快修连锁企业的管理项目主要包括：市场策划、物流、库存、财务、价格策略、信息及品牌等管理内容。这里着重介绍市场策划、物流、库存、价格及品牌等管理内容。

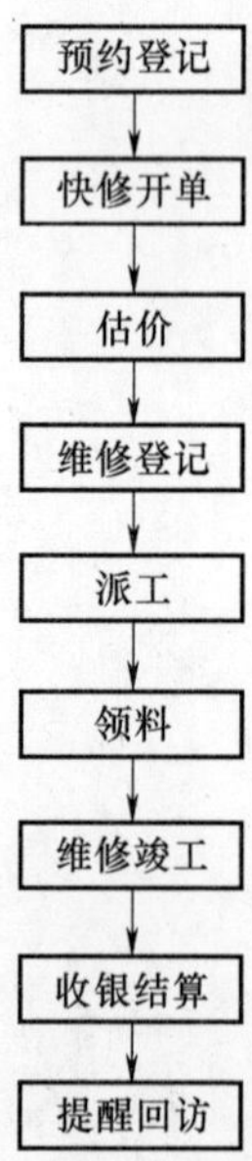

图 4-1　汽车快修连锁企业管理业务流程图

特别提醒： 各个经营模式之间的相同或相近的管理内容不再重复（其内容可按需相互参考），以重点突出不同经营模式的管理特点。

任务一　市场策划管理

一、市场策划管理概述

1. 市场策划管理的定义

汽车售后服务企业所面对的市场统称为汽车后市场，泛指汽车使用过程中的一系列需求所创造的交易机会的总和，包括汽车维修、养护、装潢、美容、改装等。在发达国家，整车的销售利润仅占汽车进入流通环节以后的20%，而售后服务的利润则占到80%。市场策划管理是指拟建企业组织专门机构（如图4-2所示的开发部等）、专业人员，通过市场调研、

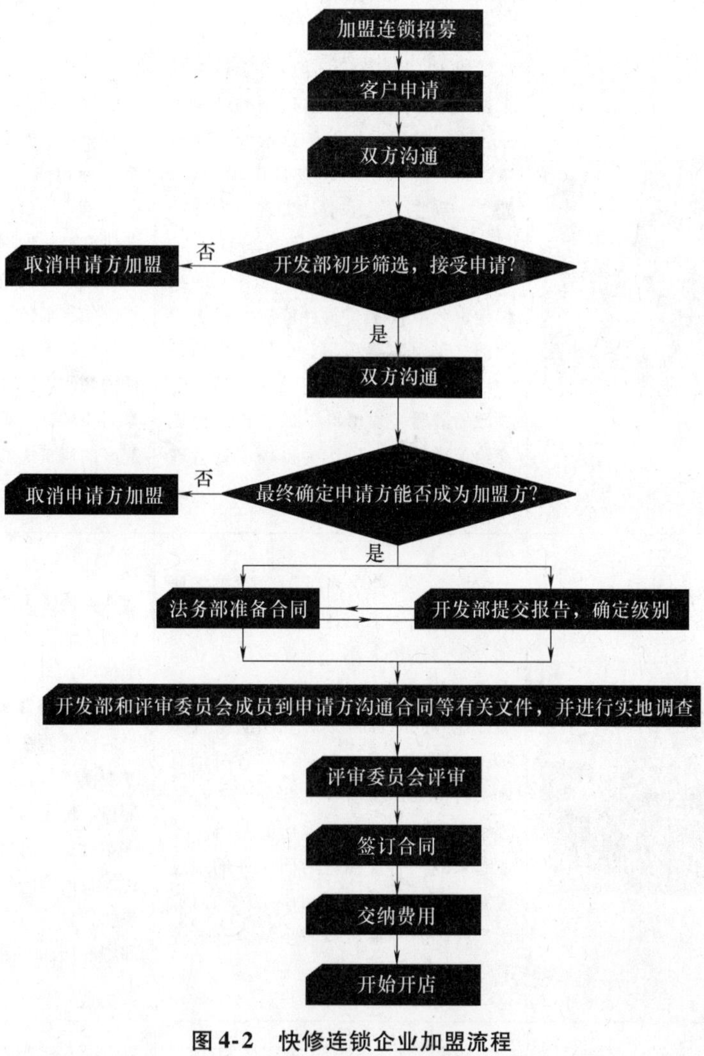

图4-2　快修连锁企业加盟流程

问卷调查、登门造访等途径快速摸清当前市场上汽车快修连锁企业的品牌知名度、市场定位、加盟方式、区域定位、服务理念、经营模式等信息，以供企业高层进行决策、策划的过程。

2. 市场策划管理的目标及意义

通过市场策划管理可大大降低投资风险，实现新建加盟快修连锁店科学管理、规范运作、持续盈利的目标。市场策划管理的好坏对于各分店能否在总部统一管理下按照分散自主经营、集中统一管理、统一采购配送物品的方式进行经营运作，对增强企业诚信度和社会认知度、提升企业市场竞争力具有重要意义。

二、市场策划管理情境设计

汽车后市场预测及汽车连锁项目调研是汽车快修连锁企业进行市场策划管理的中心任务。其管理的场景图片、工作情境以及相关知识，见表4-1。

表4-1　汽车快修连锁维修企业市场策划管理的情境设计

场 景 图 片	工 作 情 境	相 关 知 识
	情境1：某“路边店”迫于越来越严格的环保压力和日益挑剔的私家车主，决定转型升级。于是指派小马每天进社区、跑市场地进行市场调研。跑了一周左右后，小马发现，大型社区，尤其是高档住宅小区的汽车美容、养护店已基本上被“统一着装”的快修连锁店取代了，而且依然保留了传统的洗车美容等项目。最后，小马将“社区快修服务是存在于汽车售后服务领域的最后一块市场”的调查结论提交给了决策层，以作为市场策划管理的参考依据	快修连锁店的诞生及经营类型 汽车快修连锁店自2003年起在北京开始出现，目前主要有三种类型。第一类是一些汽车用品、机油等供应商分销网络建立起来的带有产品推销性质的连锁店；第二类是传统的汽车经销商及服务商建立起来的可以看作是一种4S店业务延伸的快修店；第三类是看好中国汽车后市场，拥有资本的投资商建立起来的汽车快修店
	情境2：某“专修店”面对被挤压的生存空间急于通过特许加盟等途径加入快修连锁大军。于是专门成立企划部，并指派具有较强组织、策划、管理能力的小苏带领一支团队深入市场进行调研。汇总调研后的各类信息和资料可知，目前绝大部分汽车快修连锁店都是在洗车美容店的基础上建立起来的，而且根据店面所处的地理位置不同，分为高档小区的中心店、大型社区的一级店和城乡结合部的便利店	快修连锁店的形象及经营模式 当人们为“买车容易修车难”而烦恼时，一种类似麦当劳连锁经营的汽车维修新模式——汽车快修连锁店已开始在全国各地出现并有渐成规模之势。一批装修统一、颜色醒目、标志新颖的汽车快修连锁店在不经意间已经出现在了我们的身边。目前国内较著名的众义达汽车快修连锁有三种不同的经营模式，即中心店、一级店和便利店

（续）

场景图片	工作情境	相关知识
	情境3：今天，欧力德汽车快修店的老板小邱显得格外高兴，还没等前来送花祝贺的朋友们进入休息室，便迫不及待地叫来充满青春活力的师傅们和朋友一起合影。当听到朋友们“广大消费者对汽车的认识逐渐深入，汽车维修的市场前景在于‘以养代修’，因此侧重于汽车维护和小型修理的汽车快修店就拥有庞大市场”的喜讯后更是信心倍增，决心大干一场，计划逐步向国际品牌靠拢	快修连锁店的品牌及发展态势 全球最大的汽车快修连锁企业——美国AC德科要在中国发展超过200家汽车快修连锁店；日本黄帽子已经在中国建立了100多家汽车服务连锁店；博世的汽车专业维修网络在2004年就已达到200家。中国的汽车保有量越来越大，汽车快修连锁店无疑是一个汽车越多生意越好、老车越多生意越好的“慢热型”项目

三、市场策划管理任务实施

随着中国百户家庭汽车拥有量已突破20辆，中国已全面进入了汽车社会；再加上人们生活工作节奏的加快，使汽车服务领域的另一种社区化的汽车快修连锁经营模式也如雨后春笋般地兴起，而且受到越来越多商家和投资客的热捧。但投资有风险，策划应周全。因此，开店前需完成产业背景、项目调研、加盟方式、经营模式以及投资回报等全方位的市场策划管理任务。

1. 汽车后市场预测

国务院经济发展研究中心预测，中国汽车产业将保持20～30年的快速增长。2005年，全国汽车保有量为3350万辆，2012年为8613万辆，2020年有望突破13000万辆。汽车工业的强势增长，带来了汽车后市场的迅猛发展。发达国家的经验表明，汽车利润的主要来源不是制造，不是整车销售，而是售后服务。汽车利润点已从造车、售车转为了售后服务，即从汽车的前市场转为了汽车的后市场。

2. 汽车连锁项目调研

目前，国内除了如美国AC德科、德国博世、日本黄帽子等国际知名品牌的快修连锁企业外，还有国内众多，如百援、众义达、快车手、新焦点、新奇特等颇有名气的汽车快修连锁企业。其中，北京众义达汽车快修连锁项目因市场定位准确、加盟方式灵活、经营模式多样、项目特色鲜明、投资回报率高而备受青睐。

（1）市场定位及项目特色

1）市场定位准确。北京众义达集团以现有资源为依托，将汽车后市场业务延伸至社区，为广大家用轿车、吉普车和小型MPV用户提供质量上乘、价格适中、周到便利的汽车相关服务。

2）项目特色鲜明。以“城市社区、郊县中心区”为两大区域定位，以“成本、人本、标准化”为三大管理精髓，以“品牌、速度、便利、品质、价格”为五大服务理念。

（2）加盟方式及经营模式　众义达出于对不同投资人在资产条件、对投资风险的承受能力以及投资目的等方面的差异和需求考虑，可以提供多种加盟方式（如直营型加盟、合作经营型加盟、松散经营型加盟）和不同的投资形式（如现金投资、房产投资等）供投资人选择。根据项目所在社区的规模和市场潜力，众义达汽车快修连锁有三种不同的经营模式，即中心店、一级店和便利店。其业务范围和特点分别如下。

1）中心店。

选址：乘用车保有量在10000辆以上的超大型社区，辐射区域比较广，市场竞争相对平和。

营业面积：800m^2以上，室外拥有充足的停车位。

人员配备：30~40人。

服务功能：汽车维修（包括钣金、喷漆）、保险理赔、汽车专业检测、汽车装饰、洗车和汽车美容、配件和精品销售、车务服务（保险、救援、验车、年检）。

2）一级店。

选址：乘用车保有量在5000辆以上的大型社区，交通便利，具备较强的市场增长空间。

营业面积：400~600m^2，室外拥有相对充足的停车位。

人员配备：15~20人。

服务功能：汽车小修和维护、汽车装饰、洗车和汽车美容、配件和精品销售、车务服务（保险、救援、验车、年检）。

3）便利店。

选址：乘用车保有量在3000辆以上的成熟社区。

营业面积：200m^2左右。

人员配备：8~10人。

服务功能：汽车维护、洗车和汽车美容、车务服务（保险、救援、验车、年检）。

（3）投资构成及回报分析

1）投资构成。

① 中心店。

序　号	投资项目	投资预算/万元
01	房屋改造、装修	50.00
02	专用设备和工具	85.00
03	办公设备和设施	15.00
	小计：	150.00
01	营运资金	150.00
	小计：	150.00
	合计：	300.00

② 一级店。

序　号	投资项目	投资预算/万元
01	房屋改造、装修	30.00
02	专用设备和工具	50.00

（续）

序　　号	投资项目	投资预算/万元
03	办公设备和设施	10.00
	小计：	90.00
01	营运资金	70.00
	小计：	70.00
	合计：	160.00

③ 便利店。

序　　号	投资项目	投资预算/万元
01	房屋改造、装修	5.00
02	专用设备和工具	25.00
03	办公设备和设施	5.00
	小计：	35.00
01	营运资金	25.00
	小计：	25.00
	合计：	60.00

2）收入和毛利分析。

① 中心店。

货币单位：万元

业务构成	第一年	第二年	第三年	第四年	第五年
维修	540.00	648.00	778.00	778.00	778.00
装饰	12.00	16.00	20.00	20.00	20.00
配件和精品销售	24.00	28.00	33.00	33.00	33.00
洗车和美容	24.00	28.00	33.00	33.00	33.00
收入合计	600.00	720.00	864.00	864.00	864.00
综合毛利率	45.00%				
毛利合计	270.00	324.00	388.80	388.80	388.80

② 一级店。

货币单位：万元

业务构成	第一年	第二年	第三年	第四年	第五年
维修	240.00	288.00	346.00	346.00	346.00
装饰	12.00	15.00	18.00	18.00	18.00
配件和精品销售	18.00	22.00	26.00	26.00	26.00
洗车和美容	30.00	35.00	42.00	42.00	42.00
收入合计	300.00	360.00	432.00	432.00	432.00
综合毛利率	50.00%				
毛利合计	150.00	180.00	216.00	216.00	216.00

③ 便利店。

货币单位：万元

业务构成	第一年	第二年	第三年	第四年	第五年
维修（维护）	70.00	90.00	108.00	108.00	108.00
洗车和美容	30.00	35.00	42.00	42.00	42.00
收入合计	100.00	125.00	150.00	150.00	150.00
综合毛利率	50.00%				
毛利合计	50.00	62.50	75.00	75.00	75.00

3）费用预算。

① 中心店。

货币单位：万元

费用项目	第一年	第二年	第三年	第四年	第五年
房屋租金	90.00	90.00	90.00	90.00	90.00
设备和装修折旧	30.00	30.00	30.00	30.00	30.00
人工成本	60.00	80.00	80.00	80.00	80.00
业务宣传费	30.00	10.00	10.00	10.00	10.00
水、暖、电	20.00	20.00	20.00	20.00	20.00
办公费	20.00	20.00	20.00	20.00	20.00
费用合计	250.00	250.00	250.00	250.00	250.00

备注：设备和装修折旧以5年直线折旧法计算，残值为零。

② 一级店。

货币单位：万元

费用项目	第一年	第二年	第三年	第四年	第五年
房屋租金	50.00	50.00	50.00	50.00	50.00
设备和装修折旧	18.00	18.00	18.00	18.00	18.00
人工成本	30.00	40.00	40.00	40.00	40.00
业务宣传费	15.00	5.00	5.00	5.00	5.00
水、暖、电	15.00	15.00	15.00	15.00	15.00
办公费	7.00	7.00	7.00	7.00	7.00
费用合计	135.00	135.00	135.00	135.00	135.00

备注：设备和装修折旧以5年直线折旧法计算，残值为零。

③ 便利店。

货币单位：万元

费用项目	第一年	第二年	第三年	第四年	第五年
房屋租金	18.00	18.00	18.00	18.00	18.00
设备和装修折旧	7.00	7.00	7.00	7.00	7.00
人工成本	13.00	15.00	16.00	16.00	16.00
业务宣传费	4.00	2.00	1.00	1.00	1.00
水、暖、电	2.00	2.00	2.00	2.00	2.00
办公费	1.00	1.00	1.00	1.00	1.00
费用合计	45.00	45.00	45.00	45.00	45.00
备注：设备和装修折旧以5年直线折旧法计算，残值为零。					

4）投资回报。

① 中心店。

货币单位：万元

项　　目	第一年	第二年	第三年	第四年	第五年
毛利合计	270.00	324.00	388.00	388.00	388.00
费用合计	250.00	250.00	250.00	250.00	250.00
税前利润	20.00	74.00	138.00	138.00	138.00
所得税（33%）	6.60	24.42	45.54	45.54	45.54
净利润	13.40	49.58	92.46	92.46	92.46
预算经营周期			5年		
净利润合计			340.36		
期初投资总额			300.00		
投资回报率			22.69%		
期末资产规模			640.36		

② 一级店。

货币单位：万元

项　　目	第一年	第二年	第三年	第四年	第五年
毛利合计	150.00	180.00	216.00	216.00	216.00
费用合计	135.00	135.00	135.00	135.00	135.00
税前利润	15.00	45.00	81.00	81.00	81.00
所得税（33%）	4.95	14.85	26.73	26.73	26.73
净利润	10.05	30.15	54.27	54.27	54.27
预算经营周期			5年		
净利润合计			203.01		
期初投资总额			160.00		
投资回报率			25.38%		
期末资产规模			363.01		

③ 便利店。

货币单位：万元

项　　目	第一年	第二年	第三年	第四年	第五年
毛利合计	50.00	62.50	75.00	75.00	75.00
费用合计	45.00	45.00	45.00	45.00	45.00
税前利润	5.00	17.50	30.00	30.00	30.00
所得税（33%）	1.65	5.78	9.90	9.90	9.90
净利润	3.35	11.72	20.10	20.10	20.10
预算经营周期			5年		
净利润合计			75.38		
期初投资总额			60.00		
投资回报率			25.13%		
期末资产规模			135.38		

四、市场策划管理模拟演练

案例导入　小李在某洗车店做店长已有3年多的时间了，因水电费不断上调，所以尽管店里每天忙得不亦乐乎，但仍不见工资上调，老板的脸色也越加难看。究其原因，主要是店里的服务项目太单一，只以洗车为主利润太低，传统的洗车流程和方法太费水费工。对此，小李建议老板要抓紧转型升级，最好是加盟一家快修连锁品牌店。老板不但采纳了小李的建议，同时还委托小李策划这件事。小李面对众多国内外汽车快修连锁企业不知如何挑选，于是建议老板动员更多的员工一同进行市场策划。

1. 市场策划管理模拟演练设计

1）目标：通过模拟演练，让市场调研人员、决策层和投资方了解汽车快修连锁品牌，熟悉汽车快修连锁企业的市场定位、加盟方式和店面设计（如图4-3所示）、经营规模、服务项目以及投资回报等各项策划内容。

2）道具：计算机、电脑、绘图仪器、摄影器材、调查记录表、用于店面设计的积木等。

图4-3　汽车快修连锁企业店面设计

3）主要人物：店长、投资人、市场调研员、法律顾问等。

2. 演练的主要步骤及侧重点

1）相关人员应事先熟悉汽车快修连锁企业的加盟流程。

2）将学生分成若干小组，以电话咨询、上网查询、分头跑市场等方式实际演练快修连锁企业的总部考察、市场定位、加盟方式、店面设计、经营规模、服务项目以及投资回报等各个操作项目。

3）集中演练信息汇总（让每个小组组长汇报调研情况）、市场策划（现场集体讨论加盟相关事宜）两个环节。

提示：由授课教师担任店长，以便于演练任务的顺利实施。

3. 市场策划管理流程练习

如图4-4所示，为汽车快修连锁企业的完整加盟流程，教师在组织学生进行市场策划管理的模拟演练时，可重点参考图中的第三个环节。

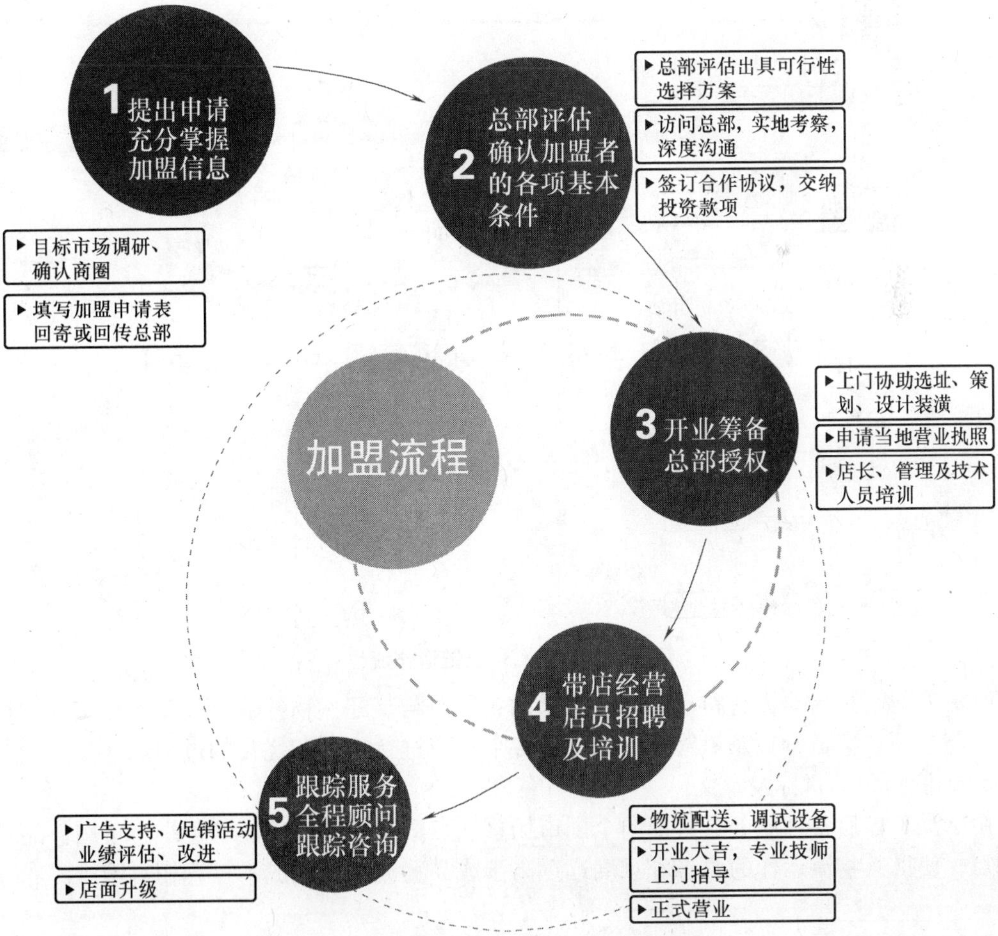

图4-4　汽车快修连锁企业的加盟流程

4. 市场策划管理模拟演练评估

市场策划管理模拟演练的效果，可根据学生深入社区的调研报告、汇报效果、现场互动以及策划能力等要素进行评估。

任务二　物 流 管 理

一、物流管理概述

1. 物流管理的定义

如图 4-5 所示，所谓物流，就是一种职能，它包括了从供应商到企业的原材料、零配件配送、企业内部的物料转移以及把产品送到客户手里的所有活动。汽车售后备用件物流是指将汽车售后零部件从零部件供应商处或汽车主机厂处组织采购并供应到汽车售后零部件消费者手中的全过程。

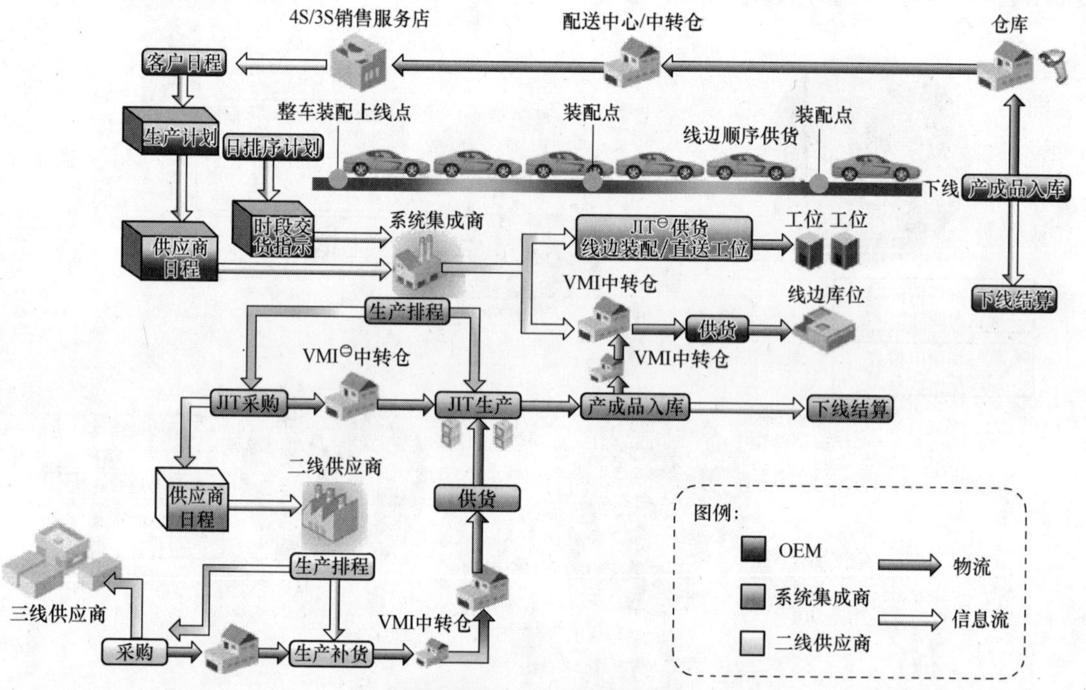

图 4-5　物流、供应链运作流程

物流管理就是指对原材料、备用件的采购、制造与装配、物件的存放及库存查询、订单的录入与管理、渠道分销及最终交付用户等各个环节进行控制和优化的过程。

2. 物流管理的目标及意义

由于汽车售后备件服务具有面向全国市场、网点数量多、终端需求量小、备用件品种多等特点，使得其物流运作的要求和难度远远高于成品物流，而且成本核算相对困难。

---

[1] JIT 全称为 Just In Time，为准时制生产方式，也被称无库存生产方式。

[2] VMI 全称为 Vendor Managed Inventory，即由供应商管理的库存。

汽车快修连锁企业进行物流管理的目标就是通过成本最低化、总库存量最小化、总周转周期最短化以及客户服务最优化、物流质量最优化，来实现连锁经营带来的最大效益。对国内汽车快修连锁企业来说，只有做好物流管理，才能体现统一采购、集中配送所带来的规模经济效应，才能够做精做强快修企业规模，才能够突出快修连锁企业“快捷、方便、便宜”的优势。因此说，汽车快修连锁企业进行物流管理对企业的良性互动、协调发展具有重要的意义。

二、物流管理情境设计

汽车快修连锁企业物流管理的核心技术是物流配送技术，与其最直接相关的技术还包括统购分销技术和计算机管理技术。此外，营销创新技术和企业流程管理技术也直接影响到连锁经营的成败。汽车快修连锁企业物流管理的场景图片、工作情境以及相关知识，见表4-2。

表4-2 汽车连锁维修企业物流管理的情境设计

场景图片	工作情境	相关知识
	情境1：“中车”汽修的配送部一直从汽配市场大经销商处拿货，在北京建立了几处配送中心，往附近辐射的直营店配送货品，但紧急零配件的配送问题一直不能被很好地解决。此外，从经销商处拿货，无法获取最低价格。据悉，“中车”已经与上汽及其配套厂家等多家汽车制造及零配件制造企业达成了直接供货的协议	统购分销技术是连锁的基石，其核心在于 ① 以计算机系统为基础 ② 以职、责、权、利相统一为标准 ③ 以量化考核、品种管理为手段，综合运用一整套成熟的采购作业技术，实行集中采购 ④ 达到降低成本、提高效率、增进销售的目标，决非统进分销的概念
 	情境2：种类繁多的配件供应一直是快修连锁店老板较为头痛的问题之一。鉴于和通用合作的渊源，“幼狮”决定和通用旗下的配件服务商ACDelco联手发展汽车养护连锁网络。这是一项从终端到渠道、从渠道到技术支持的一揽子解决模式。这种联合服务模式不仅可以提供优质的全车全系列 ACDelco汽车零配件，还可以为加盟店的物流配送、技术培训、计算机管理、店面管理等提供更多的增值服务	计算机管理系统是连锁经营的灵魂和先导。成熟的计算机管理技术至少应包括以下几方面 ① 系统技术规范和数据标准 ② 专业化系统的整合管理 ③ 可靠的后台和前台处理能力 ④ 便捷的操作控制系统和操作界面 ⑤ 不断提高的系统智能化水平
	情境3：“长城”除了自己的配送中心外，还与一些汽配城的经销商签订协议。如果直营店发生零配件紧急短缺的状况，则由经销商负责在最短时间内送到，极大地节省了“长城”自己配送的人力和物力成本，也较好地解决了紧急零配件的配送问题，但前提是要与经销商订立了长期且大量的进货协议。加盟店的状况与直营店类似	物流配送是连锁经营顺利运转的关键环节。没有成功的物流配送技术，就没有成功的连锁经营。物流配送技术包括 ① 灵活严谨的数据导入 ② 适合不同属性商品的条码编制 ③ 操作简便、账务严谨的配送体系 ④ 合理的配送数量 ⑤ 长、短线经营品种的控制 ⑥ 高效灵活的退货处理 ⑦ 多种仓储运输资源的合理利用

三、物流管理任务实施

汽车快修连锁企业物流管理的核心技术是物流配送，即物流配送是汽车快修连锁经营顺利运转的关键环节。如图 4-6 所示为目前大多数汽车快修连锁企业的供应链和配送中心示意图。

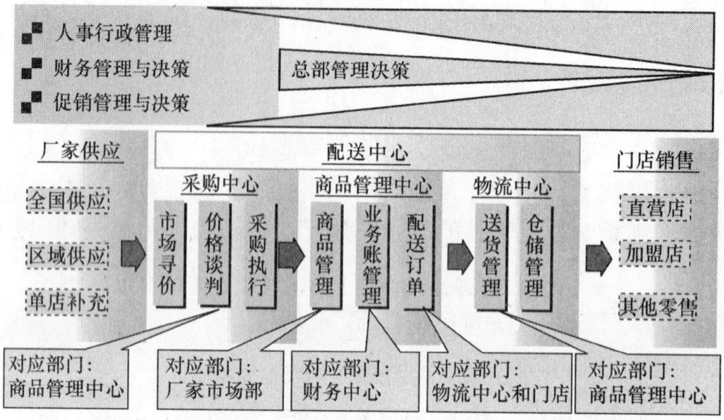

图 4-6　汽车快修连锁企业供应链和配送中心示意图

可以说，没有成功的物流配送技术，就没有成功的连锁经营。物流配送技术包括：灵活严谨的数据导入，适合不同属性商品的条码编制，操作简便、账务严谨的配送体系，合理的配送数量，长、短线经营品种的控制，高效灵活的退货处理以及多种仓储运输资源的合理利用等内容。汽车快修连锁企业物流管理的主要任务有：

1）建立零部件配送中心，按最合理半径与配送量来确定配送中心的数量与方位。

2）建立零配件申请与配送制度。如北京众义达汽车快修连锁企业，每月 5 号之前各直营店根据自身的储备和维修情况向总部申报下个月的零配件需求表，总部在每月 25 号之前按申请量配送至各直营店面。

3）建立与当地各大汽配城的合作网络，在各汽配市场寻找两至三家长期合作伙伴，与其签订长期供货与送货协议；各连锁店一旦出现紧急缺货的情况，即可与最近的汽配市场经销商联系，要求其在最短的时间内送货上门。

4）建立统一的结算中心，由连锁店负责签单，每月月末由集团与经销商进行统一结算。

5）在连锁店初具规模之后，鼓励各连锁店与汽车配件、配套厂家直供合作，从而以最优惠的价格获得零配件的及时供应。

四、物流管理模拟演练

案例导入　小郭在某汽车综合维修企业做了 3 年多的配件采购供应部主管，因看好汽车快修连锁企业越来越好的发展势头，决定辞掉现任职务去应聘某品牌汽车快修连锁企业的物流主管。当被该品牌快修连锁企业主管问及汽车快修连锁企业物流管理的流程、特点以及短板等问题时，不知如何应答。小郭静下心来仔细一想，感觉汽车快修连锁企业物流主管的岗位要求与其先前的工作岗位要求有很大区别，于是决定先跑一跑相关的物流企业“充充电”，熟悉熟悉相关物流管理的流程和实际环节后再去应聘。

1. 汽车备用件物流管理模拟演练设计

1）目标：通过模拟演练，让收发货人员、信息管理员、零配件主管及仓管等人员尽快熟悉汽车备用件物流管理的配送、发货、收货、盘点以及上架等各个作业环节。

2）道具：电话、计算机、条形码、手持终端扫描器、打印机、收发货存单、分拣单、签字笔、叉车、货架等。

3）主要人物：发货人、收货人、信息管理员、零配件主管、仓管、分拣员、盘点员等。

2. 演练的主要步骤及侧重点

1）相关人员事先熟悉汽车快修连锁企业零配件物流管理的基本流程。

2）将学生按发货方、收货方、分拣方、盘点方等分成若干小组，实际演练汽车快修连锁企业备用件物流管理的配送、发货、收货、盘点以及上架等基本过程。

提示： 由授课教师担任配件物流主管，以便于演练任务的顺利实施。

3. 汽车备用件物流管理流程练习

汽车快修连锁企业零配件物流管理基本流程的练习，以目前网络信息管理下的备用件物流中心的配送、发货、收货、盘点以及上架等基本过程为主线进行分组演练。

1）配送过程练习。如图 4-7 所示，物流中心和配送中心均有配送业务，系统根据订单信息生成拣货清单，向拣货人员发出拣货指示；拣货人员按拣货清单到货物所在位置提取货物，

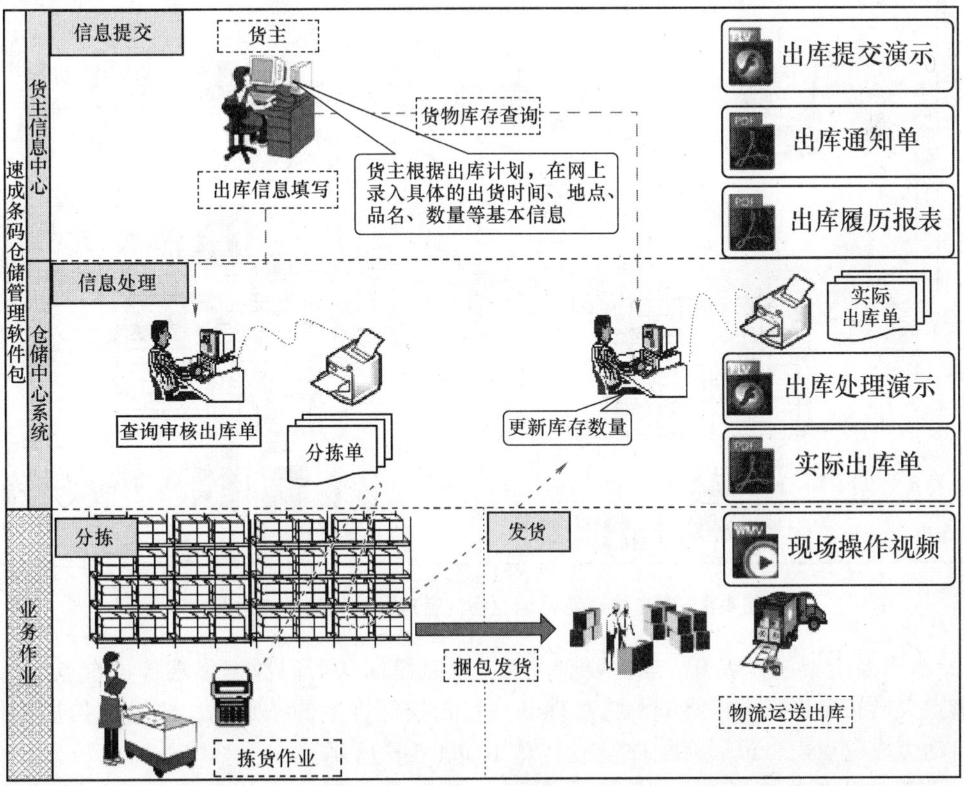

图 4-7　汽车快修连锁企业物流管理的配货、发货过程

通过扫描物流条形码或商品条形码达到出货检验的目的。然后将货物运到出库暂存区，以备出库配车。装车时，由出库人员一一扫描货物上的条形码后，按照配送路线进行装车操作，当所有货物均装上车后，再由系统生成发货通知，并通过网络将发货通知传送给收货人。

2）发货过程练习。如图 4-7 所示，由物流中心向生产厂家发送标准格式的电子订单，生产厂家对电子订单进行核对后，进行备货并组织发货过程。在装货过程中，针对每一个物流单元，均由系统自动打印出一个物流条形码并粘贴到物流单元上。所有货物备齐后，系统生成带有条形码的运单，运单上的条形码包含了所运输货物的基本信息，运单由运货司机携带；系统会将发货信息以发货通知的形式自动传送给收货人。

3）收货过程练习。如图 4-8 所示，当货物到达收货人仓库以后，司机首先将带有条形码的运单交给收货人。收货人用数据采集器（即图 4-8 中的手持终端扫描器）扫描运单上的条形码，系统自动确认是否与订单相符，完成验单过程。然后，由收货人到收货现场扫描货物包装上的条形码，若扫描的条形码信息与订单信息一致，则完成实物的初步验收过程，随后根据货物的基本信息，由系统自动为货物指派合理的储存位置，并生成入库单；然后向叉车的车载数据终端发送搬运指令，叉车司机根据指令将货物搬运到指定的储存位置。

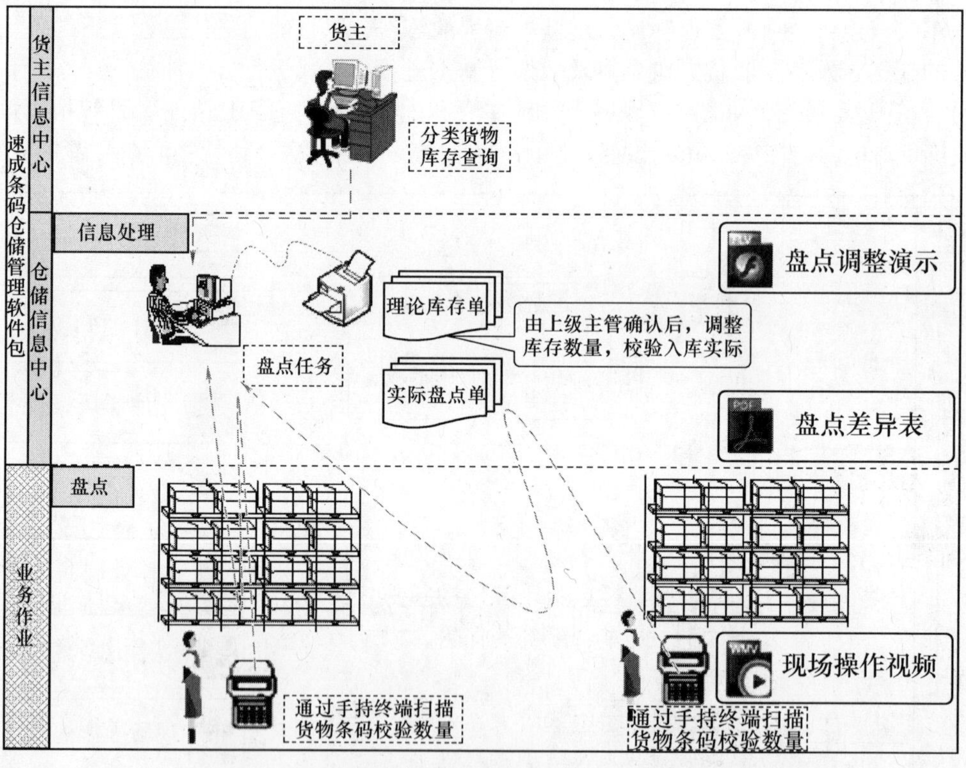

图 4-8　汽车快修连锁企业物流管理的收货及盘点过程

4）盘点及上架过程练习。当需要盘点时，由系统向条形码数据终端传送盘点信息，然后由盘点人员持条形码数据终端到货物现场一一扫描配件上的条形码；当完成扫描操作后，系统自动生成盘点表；最后将配件整理上架（如图 4-9 所示）。

4. 汽车备用件物流管理模拟演练评估

物流管理模拟演练的效果，可根据学生对备用件的配送、发货、收货、盘点以及上架等

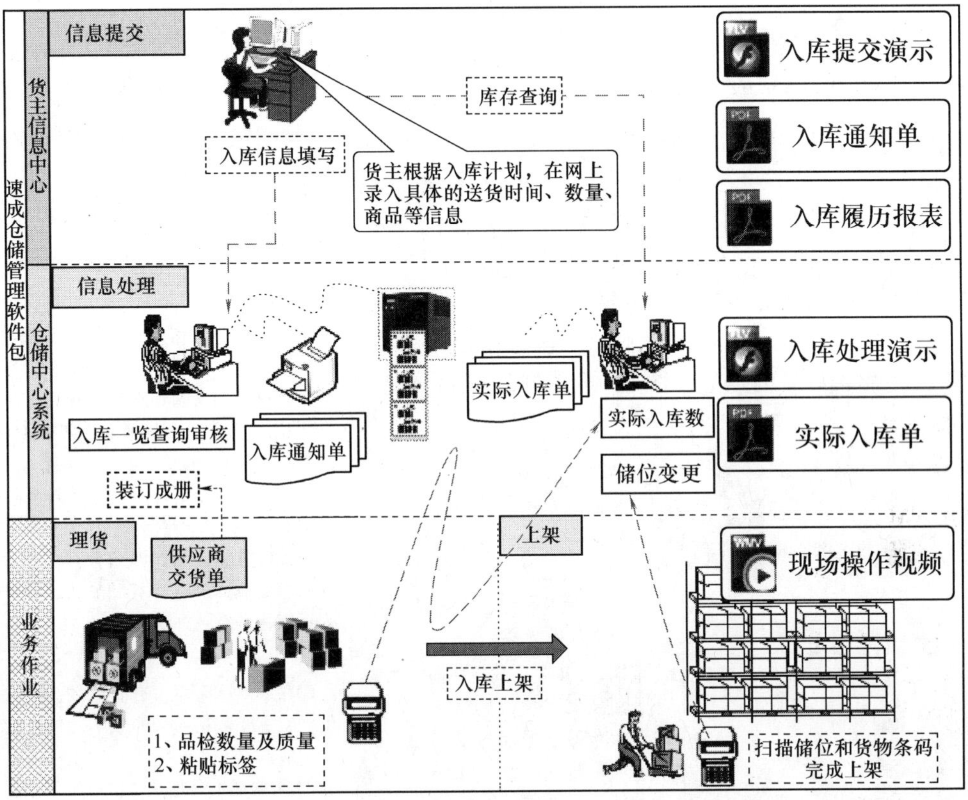

图 4-9　汽车快修连锁企业物流管理的理货及上架过程

物流管理各个环节的熟练程度进行实效评估。

任务三　库存管理

一、库存管理概述

1. 库存管理的定义

汽车快修连锁企业的库存管理是指利用配件的验收、保管、发放、盘点和旧件回收等制度来保证库存配件科学、合理、安全、准确的保管，以及节约仓位和资金的全过程。

2. 库存管理的目标及意义

通常来说，库存占用流动资金的比重较大，一般约为 40%～60%。因此，加强存货的规划与控制，使存货保持在最优水平，对整个汽车快修连锁企业的财务状况影响极大。因此，通过对汽车快修连锁企业备用件的库存管理主要是为了达到“库房以及配件的安全有效、保证配件出入库数量的准确性、保证配件出入库的及时性、尽量降低配件占用的周转资金、合理利用库房空间、给财务预结算提供精确依据”等目标。

配件的库存管理是汽车连锁服务企业管理的一个重要内容。从维修管理的角度来讲，配件合理仓储是保证正常维修销售的重要前提，仓库存储越完备，配件的后备利用机会就越多。因此，能否合理的分配资金与仓储的比例对配件的库存管理具有重要意义。

二、库存管理情境设计

汽车快修连锁企业配件库存管理的关键是如何合理地分配资金与仓储的比例，这直接关系到企业资金链安全及其各项运作成本。汽车快修连锁企业库存管理的场景图片、工作情境以及相关知识，见表4-3。

表4-3　汽车连锁维修企业库存管理的情境设计

场景图片	工作情境	相关知识
	情境1：李老板不久前把原来经营的小型汽车维修厂加盟到了某品牌快修连锁机构。原来的配件基本上是先用先购或由配件厂商和销售部门直接送货上门，自己基本上不存配件。因此，李老板对加盟连锁机构后的配件库存特别敏感，有事没事老往库房跑，很怕因压货过多而影响资金流。配件主管老张也经常拿出账本给李老板详细讲解	配件的库存分析：所谓库存分析，就是通过对库存商品的存量和流量的数据分析，找到控制采购和库存的办法。它包括 ① 初级库存分析：观察哪些配件缺货、哪些配件库存过剩，或者有缺货与过剩的可能，用于向采购部门提供采购参考意见 ② 进阶库存分析：不仅仅简单地查看直观的库存数据，而是要结合其他信息，对这些直观数据进行计算和分析，找到维持合理库存的有效办法
	情境2：车主小戴满怀期望地驾车赶到某汽车快修连锁店，诉说自己爱车的减振器出了问题，拐弯时老是打摆，要求赶快给换一个新的。接待他的师傅小苏，正因店里的配件供应不上失掉客户而发牢骚。所以还没等小戴停好车子，小苏就像一座铁塔一样挡住了小戴，狠狠地说："我们这里只剩下扳手和工具盒了，其他东西你找老板去"	库存成本：库存占有企业较大的成本支出，它主要包括：采购成本、储存成本和缺货成本 ① 采购成本是指从供应商那里获得商品而支出的成本，包括订货成本和购置成本 ② 储存成本是指存货保存、加工等产生的成本，还包括存货占用资金所应计的利息、仓库费用、保险费用等 ③ 缺货成本是指由于存货供应中断而造成的损失
	情境3：仓库保管员小马对自己的工作越来越有信心了。因为不论何时何地何种情况，他都能够方便快捷地找到需要的配件，而不再受客户的指责、维修师傅的埋怨和经理的训斥了。从此，小马工作得更加积极主动、认真仔细，把库房整理得井井有条；还经常受到配件主管和公司经理的夸奖	库房管理工作的特点 ① 具有重要性。作为企业有形资产（设备、配件、工具、消耗品）的主要管理部门，其工作的重要性不言而喻 ② 具有独立性。大多汽车维修企业的仓库均具有区别于其他部门的独立性 ③ 具有关联性。业务流的进行依赖于物资流，所以几乎所有业务部门的工作都或多或少地与仓库紧密相连 ④ 具有无形性。仓库管理的对象一般是有形资产，但是其工作的质量和效益的指标往往不像生产部门和业务部门那样一目了然 ⑤ 具有连续性。大多数汽车服务企业库存的商品种类繁多、情况复杂，因此对人员经验和稳定性的要求比较高 ⑥ 具有滞后性。仓库管理与财务管理类似，其管理效果的好坏往往要经过一段时间之后才能体现出来

三、库存管理任务实施

为使库存成本降至最低，又不致出现配件供应中断而影响快修连锁企业的“快捷、方便、便宜”之优势，汽车快修连锁企业需在以下几个环节上加强管理。

1. 建立统一的商品目录

不论是门店自行采购还是总部集中进货，所购商品必须是目录内的，这样有利于对商品的价格和质量实施统一管理。总部对商品目录进行不定期完善，坚持优胜劣汰，保持目录内的都是有市场竞争力的、有价格优势和质量保证的商品。其次，要建立和完善计算机信息管理系统（如图4-10所示），进行系统的进销存分析，形成以计算机决策为主、人工修正为辅的进货决策系统。

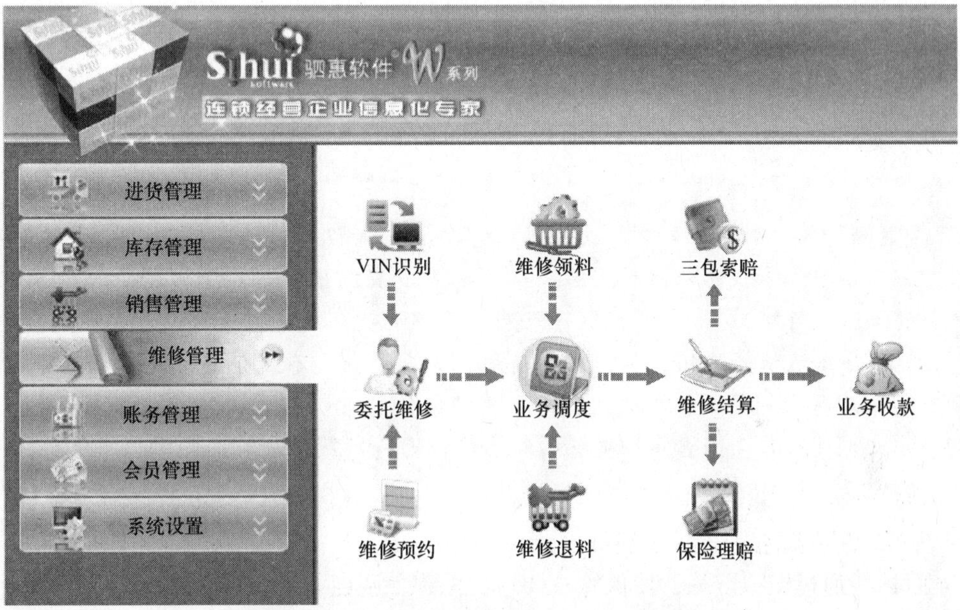

图4-10 汽车快修连锁企业的计算机进货决策系统

2. 供应商的选择管理

除供货价格、供货时间等环节外，供应商能否提供对直营店的即时供货也是一个不可或缺的谈判条件。即时供货可以大大节省总部的存货和运输成本，各直营店以签单方式、而不是以现金结算的方式面对供货商，供货商的结算对象必须是总部。此外，除签订固定供应商外，还应建立常备供应商库，以便不断地优胜劣汰，实现供应商的不断优化。

3. 合理设置库存的原则

对进入配送中心的商品加强管理，加快对各直营店的配送，减少装卸损失，降低商品损耗率；对进入各直营店的商品加强管理：一要统一管理店堂和后场的商品，二要按照“二八”比例原则对商品结构进行调整，对骨干商品的经营要形成系列化，保证不缺货。

4. 商品销售管理

总部对配送中心及店铺的全部商品要设置商品管理台账，建立实物负责制，以保证账物相符。各店铺要定期对商品进行盘点，由总部核定商品损耗率，超过损耗率的部分由总部从店铺的工资总额中作相应扣除。

5. 退货管理

企业退货涉及进货退出和销货退回两个方面。因商品质量、款式、价格等因素是进货退出的主要原因；进货退出的管理是退货款的结算，业务与财务信息的传递必须及时正确，防止发生坏账。对于销货退回管理的重点是把好商品质量关，防止已损及有质量问题的商品回流入库。

6. 固定资产管理

固定资产由总部统一核算，折旧由总部统一提取，分店不分摊。固定资产的采购、添置、调拨、报废均由总部掌管，分店无权处置。分店在发生添置、调拨、报废等事项时需办手续：首先向总部提出申请，由总部批准后交职能部门。另外，各连锁分店对所拥有的固定资产需列名细实物卡。总部定期盘点，分店要保证物卡相符。在使用过程中发生的固定资产损坏，其费用则由各使用分店承担。

四、库存管理模拟演练

案例导入 刚刚“转型”过来的“路边店”老板老钱对汽车快修连锁企业的库存管理一窍不通。老钱还以为和从前一样，现用现买或干脆让人家送货上门（从不过问配件的来路及好坏），对于总部统一采购、集中管理、按需配送的配件管理制度也无从所知，更不知道快修连锁机构的“不待料、不断料”“不呆料、不滞料”“不囤料、不积料”的库存控制原则。对此，老钱下属的配件主管小郑多次建议老板尽快派配件采购、零件调度及仓库保管等人员继续到总部和兄弟加盟店去学习深造。

1. 汽车备用件库存管理模拟演练设计

1）目标：通过模拟演练，使保管、计划、采购、调度等人员尽快熟悉汽车备用件库存管理的验货上架、三次验货、盘点、库存结构分析等各个环节。

2）道具：入库单、出库单、盘点报表、报损单、账务卡、签字笔、叉车、货架等。

3）主要人物：保管员、计划员、采购员、调度员、配件主管、公司经理等。

2. 演练的主要步骤及侧重点

1）相关人员事先熟悉汽车快修连锁企业零配件库存管理的基本流程。

2）将学生按保管员、调度员、计划员、采购员等不同工作岗位分成若干小组，实际演练汽车快修连锁企业备用件库存管理中验货上架、三次验货、盘点、库存结构分析等基本过程。

提示： 由授课教师担任配件主管，以便于演练任务的顺利实施。

3. 库存管理流程练习

汽车备用件的库存管理流程练习，可按如图 4-11 所示进行。具体练习步骤如下：

1）保管员、调度员、计划员根据入库单、出库单登账，结日库存。

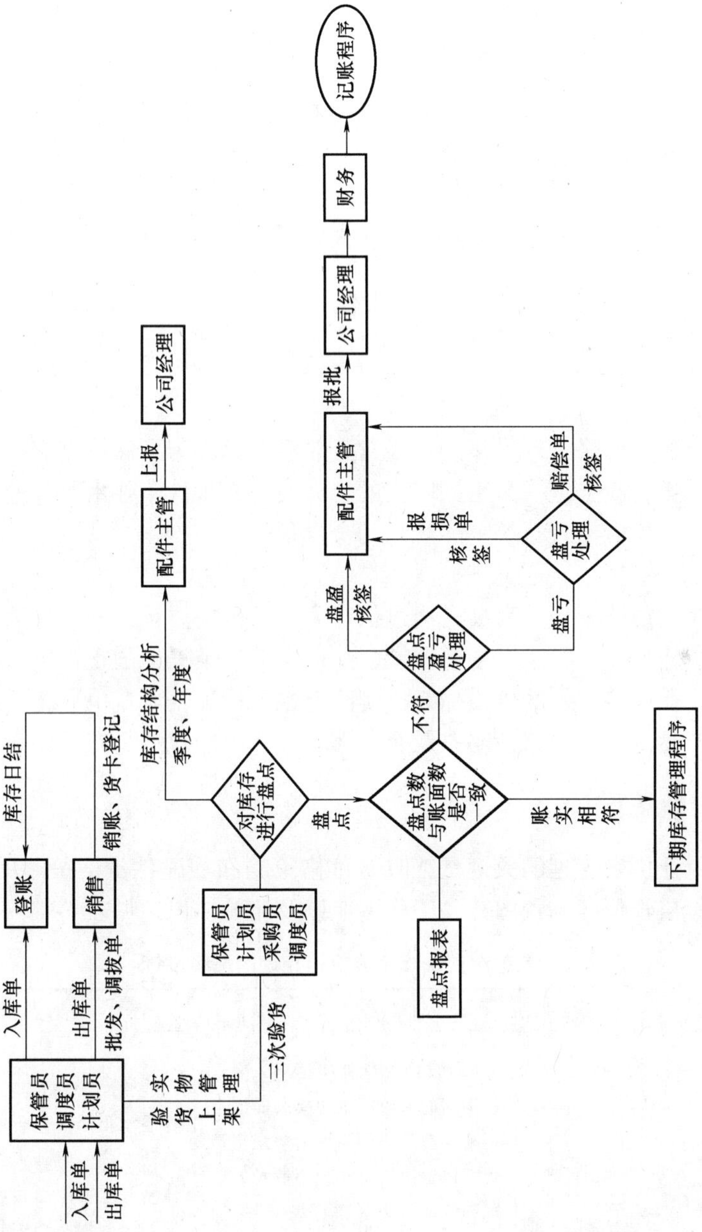

图 4-11　配件库存管理程序

2）保管员对入库的配件进行验货上架，完成配件的第三次验货。

3）保管员、调度员、计划员、采购员定期对库存配件进行库存结构分析，得出分析报告。

4）按每个月、每个季度和每个年度进行库存盘点，作出盘点表、盘盈盘亏书面说明，然后交配件主管上报公司经理，并交财务作账目调整。

5）季度盘点后，进行配件报损工作。

4. 汽车备用件库存管理模拟演练评估

库存管理模拟演练的效果，可根据学生对库存配件验货上架、三次验货、盘点、库存结构分析等环节的熟练程度进行评估。

任务四　价 格 管 理

一、价格管理概述

1. 价格管理的定义

汽车快修连锁企业的价格管理是指连锁经营企业经营总部为了保持完好的价格体系、在市场中树立起一道诚信大旗、进一步巩固客户的忠诚度，而将汽车技术服务的收费标准、零配件采购、供应、销售等价格进行统一、规范的全过程。

2. 价格管理的目标及意义

汽车快修连锁企业价格管理的目标是通过保持完好的价格体系，来培养消费者的稳定感和信赖感，为连锁店培养一大批忠实的消费者，从而保证连锁渠道的正常经营和稳定发展。

汽车快修连锁企业保持完好的价格体系，实际上也是连锁企业竞争战略的体现，它对充分体现连锁企业的产品定位、价格策略以及企业形象和品牌的塑造具有重要意义。

二、价格管理情境设计

汽车快修连锁企业价格管理的关键是工时费价格策略和零配件价格策略的制定与实施。汽车快修连锁企业价格管理的场景图片、工作情境以及相关知识，见表4-4。

表4-4　汽车连锁维修企业价格管理的情境设计

场景图片	工作情境	相关知识
	情境1：某品牌连锁店，因自己的店面形象好、规模大而擅自提高收费价格，结果引来众多消费者讨要说法。面对消费者的质疑和询问，店长解释说：“本店收费高的主要原因是地段好、店面大、房租贵、服务好。”而消费者认为，连锁经营的收费标准应该是统一的，于是将该店投诉至了总部	连锁经营的特点：连锁经营是一种成本低、风险低、保险系数大的经营方式，但若无完善的连锁管理体制，连锁渠道也将在短时间内萎缩乃至倒塌，而连锁的本质就在于管理体制上的统一。尤其是产品、价格、人才等要素都应被纳入管理体制来协调运作，任何单方面的因素都不可能成就辉煌的连锁事业

（续）

场景图片	工作情境	相关知识
	情境2：杭州小拇指自2004年开办以来，因价格上的优势和周到的服务，一直是品牌和效率的代名词，赢得了加盟商的一致好评。开二店（即原加盟商择地再开新店）的加盟商比例高达35%，高出行业平均水平20多个百分点。小拇指每天为3000多辆车提供“多快好省”的特色服务，维修车辆已达180万辆次，消费者满意度一直保持在98%以上	连锁经营的优势：传统经营中，各分销商同时承担买和卖这两个职能；而在连锁经营中，这两种职能由总部和分店分别承担。总部集中进货不仅可取得价格优势、增加竞争实力，采购者还可以在实践中不断提高选购商品的准确性和科学性；而各分店则既能享受到集中进货带来的低成本优势，还可集中精神从事各种服务，并能利用深入消费腹地的特点与消费者建立密切的情感纽带，及时了解收费及价格变化趋势，为总部提供制定价格策略的依据

三、价格管理任务实施

汽车快修连锁经营模式最显著的特点是以快修为主、深入社区、采用连锁形式、进行统一管理。其管理的重点是零配件的统一采购、统一调配和统一定价以及店面形象的统一标志。为扩大业务规模、提高客户忠诚度，在坚持统一管理的基础上，各连锁经营店还必须协助连锁经营总部做好服务工时费价格及零配件价格方面的策略。

1. 工时费价格策略

目前，全国各地快修连锁店的工时费价格都普遍低于4S店，但仍远远高于路边店，一部分消费者仍不能接受。因此，快修连锁店前期以工时费低于综合维修、特约维修以及专项维修30%左右的费价位入市，可以最快速度占领市场份额，从而尽快扩大连锁经营的品牌知名度。

2. 零配件价格策略

快修连锁机构零配件的购买一定要以正厂件为主，同时可储备少批量有质量保障的副厂件，而且只能在客户执意要求更换副厂件的前提下使用，一般情况下均建议客户使用正厂件。在参考市场价的基础上，对零配件的进货价可适当采取上下浮动的措施，但上下浮动率不宜超过20%。

四、价格管理模拟演练

案例导入　刚刚“转型”过来的“路边店”老板老钱对汽车快修连锁企业的价格管理知之甚少，还像以往一样，见到熟人或老客户就打折，而对其他人则照收不误。结果客户私底下一沟通才发现，同样的服务却有不同的收费，于是有些客户将该店“厚此薄彼”做法直接投诉到了总部。总部意识到之所以造成这样的结果，除了加盟商不遵守“游戏规则”之外，总部还缺乏对加盟商的监控和培训指导的力度，于是派专员进店对价格管理进行现场指导。

1. 汽车快修连锁企业价格管理模拟演练设计

1）目标：通过模拟演练，使老板、店长、前台主管、配件主管、收银员尽快熟悉汽车快修连锁企业价格管理的各项统一规定及上下浮动权限。

2）道具：收费价目表（上墙）、报价单、收费清单、收据或发票、签字笔、计算机等。

3）主要人物：老板（投资人）、店长、前台主管、配件主管、收银员等。

2. 演练的主要步骤及侧重点

1）相关人员事先熟悉汽车快修连锁企业服务收费及零配件价格管理的基本规定。

2）将学生按老板（投资人）、店长、前台主管、配件主管、收银员等不同工作岗位分成若干小组，实际演练汽车快修连锁企业价格管理的报价、议价、成交、收费等价格管理的基本过程。

提示： 由授课教师担任店长，以便于演练任务的顺利实施。

3. 价格管理流程练习

价格是指需求和供给相互作用而形成的一种均衡；价格是营销组合中最灵活的因素之一，也是汽车快修连锁企业的最显著特征之一。狭义上，价格是对产品或服务所收取的金钱；广义上，价格是指消费者用来交换拥有或使用产品或服务利益的全部价值量。汽车快修连锁企业的价格管理流程练习，可参照如图 4-12 所示的汽车连锁企业供应链商流和信息流示意图进行练习。具体的练习步骤如下：

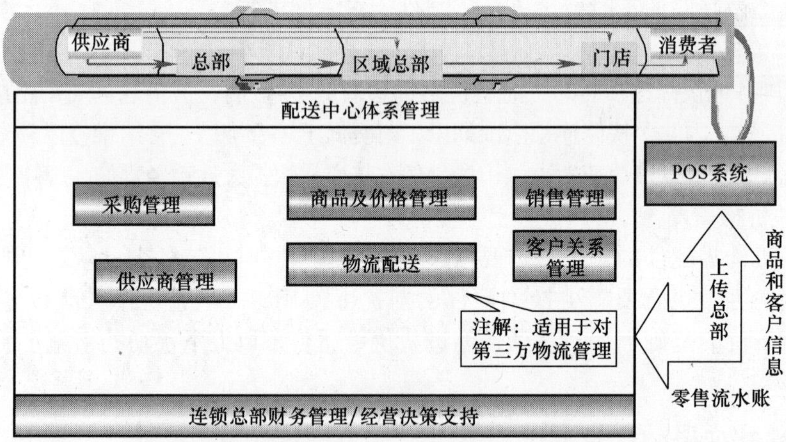

图 4-12　汽车连锁企业供应链商流、信息流示意图

1）老板（投资人）、店长、前台主管等人员熟悉本店快修业务收费标准及总部相关商务政策。

2）配件主管、仓管、收银等人员熟悉本店零配件进货价格、库存数量、统一销售收费标准等总部出台的相关价格管理规定。

3）老板（投资人）、店长、前台主管、配件主管、收银员等在执行价格管理的过程中，收集、汇总、反馈相关价格管理策略方面的信息给连锁总部。

4. 汽车快修连锁企业价格管理模拟演练评估

价格管理模拟演练的效果，可根据学生对总部商务政策、管理制度和对连锁经营业务的熟悉程度以及对报价、议价、成交、收费结算等环节的实际演练效果来进行具体评估。

任务五　品 牌 管 理

一、品牌管理概述

1. 品牌管理的定义

品牌是指能够吸引消费者，并能建立品牌忠诚度，进而为客户创造品牌优势地位的观念。品牌管理是指针对企业产品和服务，综合地运用企业资源，通过计划、组织、实施和控制来实现企业战略目标的经营管理过程。

2. 品牌管理的目标及意义

对于很多中小企业来说，品牌的内涵在一定程度上反映了企业文化。所以，对该类型的企业来说，品牌不仅是对外（分销商、加盟商、消费者）销售的利器，也是对内（投资者、员工、供应商）管理的道德力量。在营销中，品牌是唤起消费者重复消费的最原始动力，是消费市场中的灵魂。

汽车快修连锁企业只有通过品牌管理才可以实现“服务理念的统一、服务方式的创新、服务质量的保障”等目标，从而更好地发挥自身“资本、管理、品牌和技术”上的优势，以满足客户对快修连锁企业所提出的“快捷、方便、便宜”的最基本要求。品牌可以说是汽车快修连锁企业的生命，也可以说是汽车快修连锁企业服务和质量的保证。汽车快修连锁企业之所以能够得到持续快速的发展，一定程度上也是由于连锁企业的品牌效应在不断放大。因此说，品牌管理对连锁企业的全面协调发展具有重要的意义。

二、品牌管理情境设计

汽车快修连锁企业品牌管理的主要内容是服务标准的统一和连锁经营的规范。汽车快修连锁企业品牌管理的场景图片、工作情境以及相关知识，见表4-5。

表4-5　汽车连锁维修企业品牌管理的情境设计

场景图片	工作情境	相关知识
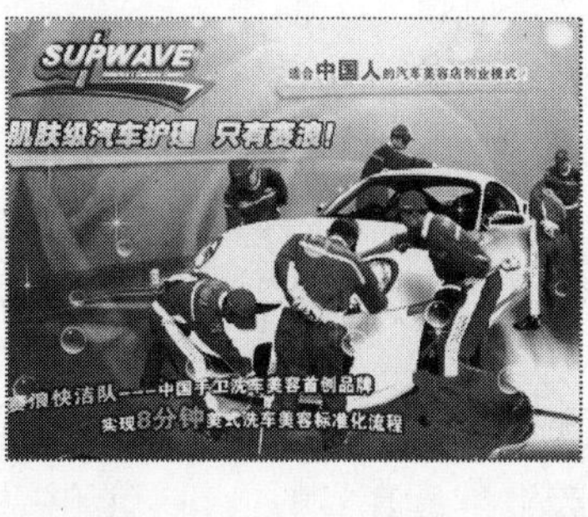	情境1：“赛浪快洁队”是国内知名度较高的“8分钟手工快速洗车美容”的首创品牌。由于投资成本低、人员好组织、服务理念又符合人们返璞归真的理性需求，因此有许多路边店纷纷找上门来要求加盟。但是赛浪的开拓者却非常理性，决定进一步巩固品牌地位后再考虑业务拓展的问题	品牌管理的四个重点要素 1）建立卓越的信誉。信誉是品牌的基础，没有信誉的品牌几乎没有办法参与竞争 2）争取广泛的支持。没有企业价值链上所有层面的全力支持，品牌是不容易维持的 3）建立亲密的关系。客户需求的动态变化和取得信息的机会在不断增加，为客户提供个性化和多元化的服务已成为维持客户忠诚度的有效途径 4）增加亲身体验的机会。客户的购买习惯发生着巨大的变化，光靠广告上的信息就选择品牌的机会已越来越少。大多数消费者都在购买前首先尝试或体验后才决定是否购买

（续）

场景图片	工作情境	相关知识
	情境2：某品牌汽车美容养护连锁店，一开始就雄心勃勃，规划用3～5年的时间，将该店打造成国内一流的品牌，于是先建立了几家标杆店。无论是店面设计还是服务设施均为一流。由于品牌战略规划科学且架构合理，进入门槛不高，使得许多投资人都纷纷加盟	品牌管理的四个阶段 1）规划以核心价值为中心的品牌识别系统，使品牌识别与企业营销传播活动的对接具有可操作性，从而为提升品牌资产作积累 2）品牌战略规划很重要的一项工作是规划科学合理的品牌化战略与品牌架构，以实现科学高效的品牌化战略模式 3）进行理性的品牌延伸扩张，从而依靠创建强势大品牌来持续获取较好的效益 4）科学地管理各项品牌资产，从而借助品牌忠诚度和价值感双高的强势大品牌来为企业积累丰厚的品牌资产

三、品牌管理任务实施

汽车快修连锁企业进行品牌管理的主要任务是努力使各个加盟店的品牌、标准和文化实现统一，从而确保连锁企业的服务质量，使连锁企业能够得到持续快速的发展，并不断扩大连锁企业的品牌效应。

1. 品牌统一

连锁机构只有正确地选择目标市场，才可能按照定位要求得到最大化的收益。因此，连锁机构首先应确定所在行业的细分市场特性，并从细分市场的归类中得到目标市场定位，并最终导向性地确定其店址的设立。其次，在给自己的品牌进行定位以后，连锁机构应在发展直营店或加盟商的过程中选择相同的（相似的）目标市场，以减少分店之间的差异，这样就不至于使自己的品牌定位发生错位。直营店或加盟商的经营可以增强品牌的定位和价值，也可能因其不慎的行为而导致品牌受损。因此，品牌管理的具体任务体现在统一的店面设计、统一的服务流程、统一的产品品质和价格之中。

2. 标准统一

连锁经营的企业要想系统地管理直营店或加盟商，则要以更加简单的程序来解决复杂的管理问题。无疑，标准化是个好办法。连锁企业之所以叫连锁，就是因为企业的标准具有可复制性。标准化的内容主要有以下几种：

1）店面标准化：连锁行业不支持个性化，个性化的门店会造成事实上的单店经营，难以实现真正意义上的连锁管理。这就要求各个店面在装修、设计、管理、服务、服装等各个方面必须实现统一。

2）业务流程标准化：业务流程标准化的前提是店铺的标准化。如果店铺都是个性化的，那么每个店铺的管理就不可能统一，就会更多地依赖于“人治”而不是“法治”，从而导致管理的随意性增强，最终造成没有流程的混乱局面。

3）管理方式的标准化：管理方式标准化的一个重要特征就是用数字说话，因而又被称为“管理数字化”。用数字管理企业虽不是最好的，但数据的产生是最真实的，如果能够系统地收集、整理、提炼、分析各种数据，则可以形成一套能够有效指导经营的信息加工系统。不论有没有经验，只要通过数据分析对经营做出正确认识，管理的透明度和可控性就将大大提高，这与凭个人经验来管理和经营会有天壤之别。

3. 文化统一

连锁经营企业没有一般企业那样严格的隶属关系，属于一种相对松散的组织联合体。总部给予直营店或加盟商的权利较大，因此，总部对直营店或加盟商实行有效管理的难度也比较大。对此，除了实行标准化管理以外，还必须进行文化上的管理。文化管理的内容主要包含两个方面：

1）培养直营店和加盟商对企业远景、理念和企业价值观的认同感。如果直营店或加盟商对连锁企业总部的企业文化没有认同感，对连锁品牌没有强烈的归宿感，那么让他们主动参与连锁品牌的努力就是徒劳的。目前，国内的连锁企业在对其直营店和加盟商进行培训时，往往会忽略文化统一方面的培训，这样就很容易造成直营店和加盟商只注重自己的利益，而对品牌的整体形象和企业的整体利益视而不见。

2）发展连锁店时，在连锁店标准化的同时，更应该注重连锁企业外在的品牌文化。对消费者而言，每一种品牌都意味着一种文化。比如，麦当劳经营的不仅仅是汉堡和炸鸡等快餐，它的产品背后还有一个巨大的企业文化系统在支持着。消费者在麦当劳消费的主要目的不仅仅是吃饭，还在于享受那种独特的文化氛围。而国内汽车快修连锁品牌在这一方面做得还很有欠缺，连锁企业本身都没有一个恰当的品牌文化，大多只是停留在名称品牌阶段，离文化品牌还有很长一段距离。

汽车维修业走向连锁经营是必然趋势，并将成为未来汽车维修产业的主体。现在是发展汽车连锁服务业的大好时机，各品牌也正在积极攻城略地、拓展势力范围。机会稍纵即逝，谁能抢在前面，谁就能抓住机遇和市场，并取得最终的胜利。

四、品牌管理模拟演练

案例导入　原先开汽车美容店的涂老板对汽车快修连锁企业品牌管理的内涵、要素及过程都知之甚少，甚至对基本的品牌统一、标准统一、文化统一的连锁经营理念都缺乏必要的认识，更未建立起品牌意识。涂老板认为，只要标志统一、店面统一、服装统一就可以了，至于服务的流程统不统一、收费的标准一不一样，就只能因店而异了。对此，连锁总部普遍感觉到，能否及时有效地对加盟店老板、店长及主管等主要经营管理人员进行品牌管理和连锁文化的熏陶，已成为汽车快修连锁经营这一模式能否持续快速发展的当务之急。

1. 汽车快修连锁企业品牌管理模拟演练设计

1）目标：通过模拟演练，让总部市场拓展主管、加盟店老板、店长、主管、员工们尽快认同汽车快修连锁企业品牌管理的各项统一标准。

2）道具：店面设计图样、绘图板、绘图仪器、计算机、服务项目及服务规范（上墙）、技术服务流程图（上墙）、收费价目表（上墙）等。

3）主要人物：总部市场拓展主管、老板（投资人）、店长、主管等。

2. 演练的主要步骤及侧重点

1）相关人员事先熟悉汽车快修连锁企业品牌管理的基本内涵、要素、过程及步骤等。

2）将学生按总部市场拓展主管、老板（投资人）、店长、前台主管、配件主管等不同工作岗位分成若干小组，实际演练汽车快修连锁企业“品牌统一、标准统一、文化统一”等品牌管理的基本过程。

提示：由授课教师担任市场拓展主管，以便于演练任务的顺利实施。

3. 品牌管理流程练习

品牌管理是汽车快修连锁企业能否做大做强的关键环节，也是让广大加盟商增强企业认同感、提高品牌意识、实现文化管理的重要内容。汽车快修连锁企业品牌管理的流程练习，可参考如图 4-13 所示的某汽车快修连锁企业的作业流程进行演练。

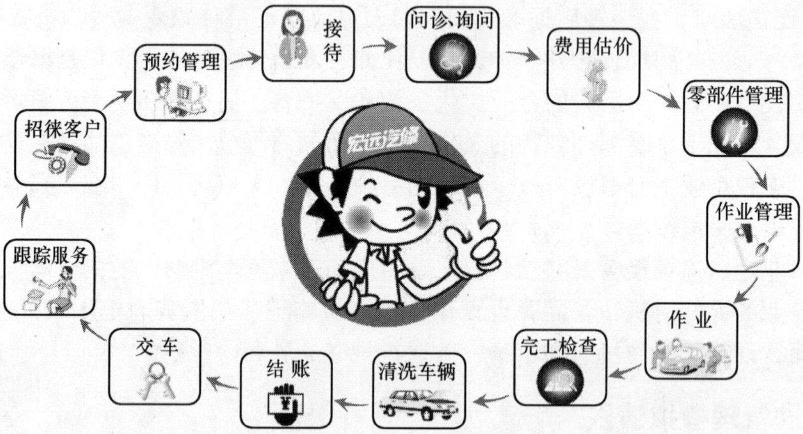

图 4-13　汽车快修服务流程

1）老板（投资人）、店长、前台主管等人员应尽快熟悉连锁总部的品牌管理内容、过程和步骤。

2）连锁经营总部市场业务拓展主管分批分次地对直营店及加盟商相关人员进行连锁企业文化管理等方面的培训，进一步增强连锁企业员工对“品牌统一、标准统一、文化统一”的认同感。

3）老板（投资人）、店长、前台主管、配件主管人员在执行品牌管理的过程中，收集、汇总、反馈相关品牌管理方面的建议和意见供总部参考，以进一步完善品牌管理的相关制度和措施。

4. 汽车快修连锁企业品牌管理模拟演练评估

品牌管理模拟演练的效果，可根据学生对总部品牌管理制度的熟知程度和对连锁企业文化的认同感以及对品牌效应的理解程度来进行具体评估。

项 目 小 结

1. 汽车快修连锁企业主要是指以快修为主、深入社区、采用连锁形式并以相同的经营理念、经营方式和识别标志实行服务质量标准化、服务过程程序化、服务管理规范化的维修企业。

2. 汽车快修连锁企业的管理项目主要包括：市场策划、物流、库存、财务、价格策略、信息及品牌等管理内容。

3. 市场策划管理是指拟建企业组织专门机构、专业人员，通过市场调研、问卷调查、登门造访等途径快速摸清当前市场上汽车快修连锁企业的品牌知名度、市场定位、加盟方式、区域定位、服务理念、经营模式等信息，以供企业高层进行决策、策划的过程。通过市场策划管理可大大降低投资风险，实现新建加盟快修连锁店科学管理、规范运作、持续盈利的目标。

4. 汽车后市场预测及汽车连锁项目调研是汽车快修连锁企业进行市场策划管理的中心任务。

5. 物流管理就是指对原材料、备用件的采购、制造与装配、物件的存放及库存查询、订单的录入与管理、渠道分销及最终交付用户等各个环节进行控制和优化的过程。汽车快修连锁企业进行物流管理的目标就是通过成本最低化、总库存量最小化、总周转周期最短化以及客户服务最优化、物流质量最优化，来实现连锁经营带来的最大效益。

6. 汽车快修连锁企业物流管理的核心技术是物流配送，即物流配送是汽车快修连锁经营顺利运转的关键环节。

7. 汽车快修连锁企业的库存管理是指利用配件的验收、保管、发放、盘点和旧件回收等制度来保证库存配件科学、合理、安全、准确的保管，以及节约仓位和资金的全过程。通过对汽车快修连锁企业备用件的库存管理主要是为了达到“库房以及配件的安全有效、保证配件出入库数量的准确性、保证配件出入库的及时性、尽量降低配件占用的周转资金、合理利用库房空间、给财务预结算提供精确依据”等目标。

8. 汽车快修连锁企业配件库存管理的关键是如何合理地分配资金与仓储的比例，这直接关系到企业资金链安全及其各项运作成本。

9. 汽车快修连锁企业的价格管理是指连锁经营企业经营总部为了保持完好的价格体系、在市场中树立起一道诚信大旗、进一步巩固客户的忠诚度，而将汽车技术服务的收费标准、零配件采购、供应、销售等价格进行统一、规范的全过程。汽车快修连锁企业价格管理的目标是通过保持完好的价格体系，来培养消费者的稳定感和信赖感，为连锁店培养一大批忠实的消费者，从而保证连锁渠道的正常经营和稳定发展。

10. 汽车快修连锁企业价格管理的关键是工时费价格策略和零配件价格策略的制订与实施。汽车快修连锁经营模式的最显著特点是以快修为主、深入社区、采用连锁形式、进行统一管理。

11. 品牌管理是指针对企业产品和服务，综合地运用企业资源，通过计划、组织、实施和控制来实现企业战略目标的经营管理过程。汽车快修连锁企业只有通过品牌管理才可以实现“服务理念的统一、服务方式的创新、服务质量的保障”等目标，从而更好地发挥自身“资本、管理、品牌和技术”上的优势，以满足客户对快修连锁企业所提出的“快捷、方便、便宜”的最基本要求。

12. 汽车快修连锁企业进行品牌管理的主要任务是努力使各个加盟店的品牌、标准和文化实现统一，从而确保连锁企业的服务质量，使连锁企业能够得到持续快速的发展，并不断扩大连锁企业的品牌效应。

理论思考

1. 为什么说目前我国的消费者对汽车快修连锁企业普遍缺乏认同感？

2. 为什么说市场策划管理的好坏，对增强企业诚信度和社会认知度、提升企业的市场竞争力具有重要意义？

3. 为什么说汽车快修连锁企业进行物流管理，对企业的良性互动和协调发展具有重要的意义？

4. 为什么说能否合理地分配资金与仓储的比例对配件库房管理具有重要意义？

5. 为什么说汽车快修连锁企业保持完好的价格体系，对企业形象的树立和品牌的塑造具有重要意义？

6. 为什么说品牌管理是汽车快修连锁企业的生命？

能力训练

1. 根据所学相关知识，设计汽车快修连锁企业进行市场策划管理模拟训练的情境、流程及内容。

2. 根据所学相关知识，设计汽车快修连锁企业进行物流管理模拟训练的情境、流程及内容。

3. 根据所学相关知识，设计汽车快修连锁企业进行库存管理模拟训练的情境、流程及内容。

4. 根据所学相关知识，设计汽车快修连锁企业进行价格管理模拟训练的情境、流程及内容。

5. 根据所学相关知识，设计汽车快修连锁企业进行品牌管理模拟训练的情境、流程及内容。

附　　录

附录 A　机动车维修管理规定

（交通运输部关于修改〈机动车维修管理规定〉的决定（中华人民共和国交通运输部令 2015 年第 17 号），本决定自 2015 年 8 月 8 日起施行）

第一章　总　　则

第一条　为规范机动车维修经营活动，维护机动车维修市场秩序，保护机动车维修各方当事人的合法权益，保障机动车运行安全，保护环境，节约能源，促进机动车维修业的健康发展，根据《中华人民共和国道路运输条例》及有关法律、行政法规的规定，制定本规定。

第二条　从事机动车维修经营的，应当遵守本规定。

本规定所称机动车维修经营，是指以维持或者恢复机动车技术状况和正常功能，延长机动车使用寿命为作业任务所进行的维护、修理以及维修救援等相关经营活动。

第三条　机动车维修经营者应当依法经营、诚实信用、公平竞争、优质服务。

第四条　机动车维修管理，应当公平、公正、公开和便民。

第五条　任何单位和个人不得封锁或者垄断机动车维修市场。

托修方有权自主选择维修经营者进行维修。除汽车生产厂家履行缺陷汽车产品召回、汽车质量“三包”责任外，任何单位和个人不得强制或者变相强制指定维修经营者。

鼓励机动车维修企业实行集约化、专业化及连锁经营，促进机动车维修业的合理分工和协调发展。

鼓励推广应用机动车维修环保、节能、不解体检测和故障诊断技术，推进行业信息化建设和救援、维修服务网络化建设，提高机动车维修行业整体素质，满足社会需要。

第六条　交通部主管全国机动车维修管理工作。

县级以上地方人民政府交通主管部门负责组织领导本行政区域的机动车维修管理工作。

县级以上道路运输管理机构负责具体实施本行政区域内的机动车维修管理工作。

第二章　经 营 许 可

第七条　机动车维修经营依据维修车型种类、服务能力和经营项目实行分类许可。

机动车维修经营业务根据维修对象分为汽车维修经营业务、危险货物运输车辆维修经营业务、摩托车维修经营业务和其他机动车维修经营业务四类。

汽车维修经营业务、其他机动车维修经营业务根据经营项目和服务能力分为一类维修经营业务、二类维修经营业务和三类维修经营业务。

摩托车维修经营业务根据经营项目和服务能力分为一类维修经营业务和二类维修经营业务。

第八条　获得一类汽车维修经营业务、一类其他机动车维修经营业务许可的，可以从事相应车型的整车修理、总成修理、整车维护、小修、维修救援、专项修理和维修竣工检验工作；获得二类汽车维修经营业务、二类其他机动车维修经营业务许可的，可以从事相应车型的整车修理、总成修理、整车维护、小修、维修救援和专项修理工作；获得三类汽车维修经营业务、三类其他机动车维修经营业务许可的，可以分别从事发动机、车身、电气系统、自动变速器维修及车身清洁维护、涂漆、轮胎动平衡和修补、四轮定位检测调整、供油系统维护和油品更换、喷油泵和喷油器维修、曲轴修磨、气缸镗磨、散热器（水箱）、空调维修、车辆装潢（篷布、坐垫及内装饰）、车辆玻璃安装等专项工作。

第九条　获得一类摩托车维修经营业务许可的，可以从事摩托车整车修理、总成修理、整车维护、小修、专项修理和竣工检验工作；获得二类摩托车维修经营业务许可的，可以从事摩托车维护、小修和专项修理工作。

第十条　获得危险货物运输车辆维修经营业务许可的，除可以从事危险货物运输车辆维修经营业务外，还可以从事一类汽车维修经营业务。

第十一条　申请从事汽车维修经营业务或者其他机动车维修经营业务的，应当符合下列条件：

（一）有与其经营业务相适应的维修车辆停车场和生产厂房。租用的场地应当有书面的租赁合同，且租赁期限不得少于1年。停车场和生产厂房面积按照国家标准《汽车维修业开业条件》（GB/T 16739）相关条款的规定执行。

（二）有与其经营业务相适应的设备、设施。所配备的计量设备应当符合国家有关技术标准要求，并经法定检定机构检定合格。从事汽车维修经营业务的设备、设施的具体要求按照国家标准《汽车维修业开业条件》（GB/T 16739）相关条款的规定执行；从事其他机动车维修经营业务的设备、设施的具体要求，参照国家标准《汽车维修业开业条件》（GB/T 16739）执行，但所配备设施、设备应与其维修车型相适应。

（三）有必要的技术人员：

1. 从事一类和二类维修业务的应当各配备至少1名技术负责人员和质量检验人员。技术负责人员应当熟悉汽车或者其他机动车维修业务，并掌握汽车或者其他机动车维修及相关政策法规和技术规范；质量检验人员应当熟悉各类汽车或者其他机动车维修检测作业规范，掌握汽车或者其他机动车维修故障诊断和质量检验的相关技术，熟悉汽车或者其他机动车维修服务收费标准及相关政策法规和技术规范。技术负责人员和质量检验人员总数的60%应当经全国统一考试合格。

2. 从事一类和二类维修业务的应当各配备至少1名从事机修、电器、钣金、涂漆的维修技术人员；从事机修、电器、钣金、涂漆的维修技术人员应当熟悉所从事工种的维修技术和操作规范，并了解汽车或者其他机动车维修及相关政策法规。机修、电器、钣金、涂漆维修技术人员总数的40%应当经全国统一考试合格。

3. 从事三类维修业务的，按照其经营项目分别配备相应的机修、电器、钣金、涂漆的维修技术人员；从事发动机维修、车身维修、电气系统维修、自动变速器维修的，还应当配备技术负责人员和质量检验人员。技术负责人员、质量检验人员及机修、电器、钣金、涂漆维修技术人员总数的40%应当经全国统一考试合格。

（四）有健全的维修管理制度。包括质量管理制度、安全生产管理制度、车辆维修档案管理制度、人员培训制度、设备管理制度及配件管理制度。具体要求按照国家标准《汽车维修业开业条件》（GB/T 16739）相关条款的规定执行。

（五）有必要的环境保护措施。具体要求按照国家标准《汽车维修业开业条件》（GB/T 16739）相关条款的规定执行。

第十二条　从事危险货物运输车辆维修的汽车维修经营者，除具备汽车维修经营一类维修经营业务的开业条件外，还应当具备下列条件：

（一）有与其作业内容相适应的专用维修车间和设备、设施，并设置明显的指示性标志；

（二）有完善的突发事件应急预案，应急预案包括报告程序、应急指挥以及处置措施等内容；

（三）有相应的安全管理人员；

（四）有齐全的安全操作规程。

本规定所称危险货物运输车辆维修，是指对运输易燃、易爆、腐蚀、放射性、剧毒等性质货物的机动车维修，不包含对危险货物运输车辆罐体的维修。

第十三条　申请从事摩托车维修经营的，应当符合下列条件：

（一）有与其经营业务相适应的摩托车维修停车场和生产厂房。租用的场地应有书面的租赁合同，且租赁期限不得少于1年。停车场和生产厂房的面积按照国家标准《摩托车维修业开业条件》（GB/T 18189）相关条款的规定执行。

（二）有与其经营业务相适应的设备、设施。所配备的计量设备应符合国家有关技术标准要求，并经法定检定机构检定合格。具体要求按照国家标准《摩托车维修业开业条件》（GB/T 18189）相关条款的规定执行。

（三）有必要的技术人员：

1. 从事一类维修业务的应当至少有1名质量检验人员。质量检验人员应当熟悉各类摩托车维修检测作业规范，掌握摩托车维修故障诊断和质量检验的相关技术，熟悉摩托车维修服务收费标准及相关政策法规和技术规范。质量检验人员总数的60%应当经全国统一考试合格。

2. 按照其经营业务分别配备相应的机修、电器、钣金、涂漆的维修技术人员。机修、电器、钣金、涂漆的维修技术人员应当熟悉所从事工种的维修技术和操作规范，并了解摩托车维修及相关政策法规。机修、电器、钣金、涂漆维修技术人员总数的30%应当经全国统一考试合格。

（四）有健全的维修管理制度。包括质量管理制度、安全生产管理制度、摩托车维修档案管理制度、人员培训制度、设备管理制度及配件管理制度。具体要求按照国家标准《摩托车维修业开业条件》（GB/T 18189）相关条款的规定执行。

（五）有必要的环境保护措施。具体要求按照国家标准《摩托车维修业开业条件》（GB/T 18189）相关条款的规定执行。

第十四条　申请从事机动车维修经营的，应当向所在地的县级道路运输管理机构提出申请，并提交下列材料：

（一）《交通行政许可申请书》；

（二）经营场地、停车场面积材料、土地使用权及产权证明复印件；

（三）技术人员汇总表及相应职业资格证明；

（四）维修检测设备及计量设备检定合格证明复印件；

（五）按照汽车、其他机动车、危险货物运输车辆、摩托车维修经营，分别提供本规定第十一条、第十二条、第十三条规定条件的其他相关材料。

第十五条　道路运输管理机构应当按照《中华人民共和国道路运输条例》和《交通行政许可实施程序规定》规范的程序实施机动车维修经营的行政许可。

第十六条　道路运输管理机构对机动车维修经营申请予以受理的，应当自受理申请之日起 15 日内作出许可或者不予许可的决定。符合法定条件的，道路运输管理机构作出准予行政许可的决定，向申请人出具《交通行政许可决定书》，在 10 日内向被许可人颁发机动车维修经营许可证件，明确许可事项；不符合法定条件的，道路运输管理机构作出不予许可的决定，向申请人出具《不予交通行政许可决定书》，说明理由，并告知申请人享有依法申请行政复议或者提起行政诉讼的权利。

机动车维修经营者应当在取得工商登记执照后，向道路运输管理机构申请办理机动车维修经营许可手续。

第十七条　申请机动车维修连锁经营服务网点的，可由机动车维修连锁经营企业总部向连锁经营服务网点所在地县级道路运输管理机构提出申请，提交下列材料，并对材料真实性承担相应的法律责任：

（一）机动车维修连锁经营企业总部机动车维修经营许可证件复印件；

（二）连锁经营协议书副本；

（三）连锁经营的作业标准和管理手册；

（四）连锁经营服务网点符合机动车维修经营相应开业条件的承诺书。

道路运输管理机构在查验申请资料齐全有效后，应当场或在 5 日内予以许可，并发给相应许可证件。连锁经营服务网点的经营许可项目应当在机动车维修连锁经营企业总部许可项目的范围内。

第十八条　机动车维修经营许可证件实行有效期制。从事一、二类汽车维修业务和一类摩托车维修业务的证件有效期为 6 年；从事三类汽车维修业务、二类摩托车维修业务及其他机动车维修业务的证件有效期为 3 年。

机动车维修经营许可证件由各省、自治区、直辖市道路运输管理机构统一印制并编号，县级道路运输管理机构按照规定发放和管理。

第十九条　机动车维修经营者应当在许可证件有效期届满前 30 日到作出原许可决定的道路运输管理机构办理换证手续。

第二十条　机动车维修经营者变更许可事项的，应当按照本章有关规定办理行政许可事宜。

机动车维修经营者变更名称、法定代表人、地址等事项的，应当向作出原许可决定的道路运输管理机构备案。

机动车维修经营者需要终止经营的，应当在终止经营前 30 日告知作出原许可决定的道路运输管理机构办理注销手续。

第三章　维修经营

第二十一条　机动车维修经营者应当按照经批准的行政许可事项开展维修服务。

第二十二条　机动车维修经营者应当将机动车维修经营许可证件和《机动车维修标志牌》（见附件1）悬挂在经营场所的醒目位置。

《机动车维修标志牌》由机动车维修经营者按照统一式样和要求自行制作。

第二十三条　机动车维修经营者不得擅自改装机动车，不得承修已报废的机动车，不得利用配件拼装机动车。

托修方要改变机动车车身颜色，更换发动机、车身和车架的，应当按照有关法律、法规的规定办理相关手续，机动车维修经营者在查看相关手续后方可承修。

第二十四条　机动车维修经营者应当加强对从业人员的安全教育和职业道德教育，确保安全生产。

机动车维修从业人员应当执行机动车维修安全生产操作规程，不得违章作业。

第二十五条　机动车维修产生的废弃物，应当按照国家的有关规定进行处理。

第二十六条　机动车维修经营者应当公布机动车维修工时定额和收费标准，合理收取费用。

机动车维修工时定额可按各省机动车维修协会等行业中介组织统一制定的标准执行，也可按机动车维修经营者报所在地道路运输管理机构备案后的标准执行，也可按机动车生产厂家公布的标准执行。当上述标准不一致时，优先适用机动车维修经营者备案的标准。

机动车维修经营者应当将其执行的机动车维修工时单价标准报所在地道路运输管理机构备案。

机动车生产厂家在新车型投放市场后六个月内，有义务向社会公布其维修技术资料和工时定额。具体要求按照国家有关部门关于汽车维修技术信息公开的规定执行。

第二十七条　机动车维修经营者应当使用规定的结算票据，并向托修方交付维修结算清单。维修结算清单中，工时费与材料费应分项计算。维修结算清单标准规范格式由交通运输部制定。

机动车维修经营者不出具规定的结算票据和结算清单的，托修方有权拒绝支付费用。

第二十八条　机动车维修经营者应当按照规定，向道路运输管理机构报送统计资料。

道路运输管理机构应当为机动车维修经营者保守商业秘密。

第二十九条　机动车维修连锁经营企业总部应当按照统一采购、统一配送、统一标识、统一经营方针、统一服务规范和价格的要求，建立连锁经营的作业标准和管理手册，加强对连锁经营服务网点经营行为的监管和约束，杜绝不规范的商业行为。

第四章　质量管理

第三十条　机动车维修经营者应当按照国家、行业或者地方的维修标准和规范进行维修。尚无标准或规范的，可参照机动车生产企业提供的维修手册、使用说明书和有关技术资料进行维修。

第三十一条　机动车维修经营者不得使用假冒伪劣配件维修机动车。

机动车维修配件实行追溯制度。机动车维修经营者应当记录配件采购、使用信息，查验产品合格证等相关证明，并按规定留存配件来源凭证。

托修方、维修经营者可以使用同质配件维修机动车。同质配件是指，产品质量等同或者高于装车零部件标准要求，且具有良好装车性能的配件。

机动车维修经营者对于换下的配件、总成，应当交托修方自行处理。

机动车维修经营者应当将原厂配件、副厂配件和修复配件分别标识，明码标价，供用户选择。

第三十二条　机动车维修经营者对机动车进行二级维护、总成修理、整车修理的，应当实行维修前诊断检验、维修过程检验和竣工质量检验制度。

承担机动车维修竣工质量检验的机动车维修企业或机动车综合性能检测机构应当使用符合有关标准并在检定有效期内的设备，按照有关标准进行检测，如实提供检测结果证明，并对检测结果承担法律责任。

第三十三条　机动车维修竣工质量检验合格的，维修质量检验人员应当签发《机动车维修竣工出厂合格证》；未签发机动车维修竣工出厂合格证的机动车，不得交付使用，车主可以拒绝交费或接车。

机动车维修竣工出厂合格证由省级道路运输管理机构统一印制和编号，县级道路运输管理机构按照规定发放和管理。

禁止伪造、倒卖、转借机动车维修竣工出厂合格证。

第三十四条　机动车维修经营者应当建立机动车维修档案，并实行档案电子化管理。维修档案应当包括：维修合同（托修单）、维修项目、维修人员及维修结算清单等。对机动车进行二级维护、总成修理、整车修理的，维修档案还应当包括：质量检验单、质量检验人员、竣工出厂合格证（副本）等。

机动车维修经营者应当按照规定如实填报、及时上传承修机动车的维修电子数据记录至国家有关汽车电子健康档案系统。机动车生产厂家或者第三方开发、提供机动车维修服务管理系统的，应当向汽车电子健康档案系统开放相应数据接口。

机动车托修方有权查阅机动车维修档案。

第三十五条　道路运输管理机构应当加强对机动车维修专业技术人员的管理，严格执行专业技术人员考试和管理制度。

机动车维修专业技术人员考试及管理具体办法另行制定。

第三十六条　道路运输管理机构应当加强对机动车维修经营的质量监督和管理，采用定期检查、随机抽样检测检验的方法，对机动车维修经营者维修质量进行监督。

道路运输管理机构可以委托具有法定资格的机动车维修质量监督检验单位，对机动车维修质量进行监督检验。

第三十七条　机动车维修实行竣工出厂质量保证期制度。

汽车和危险货物运输车辆整车修理或总成修理质量保证期为车辆行驶 20000 公里或者 100 日；二级维护质量保证期为车辆行驶 5000 公里或者 30 日；一级维护、小修及专项修理质量保证期为车辆行驶 2000 公里或者 10 日。

摩托车整车修理或者总成修理质量保证期为摩托车行驶 7000 公里或者 80 日；维护、小修及专项修理质量保证期为摩托车行驶 800 公里或者 10 日。

其他机动车整车修理或者总成修理质量保证期为机动车行驶 6000 公里或者 60 日；维护、小修及专项修理质量保证期为机动车行驶 700 公里或者 7 日。

质量保证期中行驶里程和日期指标，以先达到者为准。

机动车维修质量保证期，从维修竣工出厂之日起计算。

第三十八条　在质量保证期和承诺的质量保证期内，因维修质量原因造成机动车无法正常使用，且承修方在3日内不能或者无法提供因非维修原因而造成机动车无法使用的相关证据的，机动车维修经营者应当及时无偿返修，不得故意拖延或者无理拒绝。

在质量保证期内，机动车因同一故障或维修项目经两次修理仍不能正常使用的，机动车维修经营者应当负责联系其他机动车维修经营者，并承担相应修理费用。

第三十九条　机动车维修经营者应当公示承诺的机动车维修质量保证期。所承诺的质量保证期不得低于第三十七条的规定。

第四十条　道路运输管理机构应当受理机动车维修质量投诉，积极按照维修合同约定和相关规定调解维修质量纠纷。

第四十一条　机动车维修质量纠纷双方当事人均有保护当事车辆原始状态的义务。必要时可拆检车辆有关部位，但双方当事人应同时在场，共同认可拆检情况。

第四十二条　对机动车维修质量的责任认定需要进行技术分析和鉴定，且承修方和托修方共同要求道路运输管理机构出面协调的，道路运输管理机构应当组织专家组或委托具有法定检测资格的检测机构作出技术分析和鉴定。鉴定费用由责任方承担。

第四十三条　对机动车维修经营者实行质量信誉考核制度。机动车维修质量信誉考核办法另行制定。

机动车维修质量信誉考核内容应当包括经营者基本情况、经营业绩（含奖励情况）、不良记录等。

第四十四条　道路运输管理机构应当建立机动车维修企业诚信档案。机动车维修质量信誉考核结果是机动车维修诚信档案的重要组成部分。

道路运输管理机构建立的机动车维修企业诚信信息，除涉及国家秘密、商业秘密外，应当依法公开，供公众查阅。

第五章　监督检查

第四十五条　道路运输管理机构应当加强对机动车维修经营活动的监督检查。

道路运输管理机构应当依法履行对维修经营者所取得维修经营许可的监管职责，定期核对许可登记事项和许可条件。对许可登记内容发生变化的，应当依法及时变更；对不符合法定条件的，应当责令限期改正。

道路运输管理机构的工作人员应当严格按照职责权限和程序进行监督检查，不得滥用职权、徇私舞弊，不得乱收费、乱罚款。

第四十六条　道路运输管理机构应当积极运用信息化技术手段，科学、高效地开展机动车维修管理工作。

第四十七条　道路运输管理机构的执法人员在机动车维修经营场所实施监督检查时，应当有2名以上人员参加，并向当事人出示交通部监制的交通行政执法证件。

道路运输管理机构实施监督检查时，可以采取下列措施：

（一）询问当事人或者有关人员，并要求其提供有关资料；

（二）查询、复制与违法行为有关的维修台账、票据、凭证、文件及其他资料，核对与违法行为有关的技术资料；

（三）在违法行为发现场所进行摄影、摄像取证；

（四）检查与违法行为有关的维修设备及相关机具的有关情况。

检查的情况和处理结果应当记录，并按照规定归档。当事人有权查阅监督检查记录。

第四十八条　从事机动车维修经营活动的单位和个人，应当自觉接受道路运输管理机构及其工作人员的检查，如实反映情况，提供有关资料。

第六章　法律责任

第四十九条　违反本规定，有下列行为之一，擅自从事机动车维修相关经营活动的，由县级以上道路运输管理机构责令其停止经营；有违法所得的，没收违法所得，处违法所得2倍以上10倍以下的罚款；没有违法所得或者违法所得不足1万元的，处2万元以上5万元以下的罚款；构成犯罪的，依法追究刑事责任：

（一）未取得机动车维修经营许可，非法从事机动车维修经营的；

（二）使用无效、伪造、变造机动车维修经营许可证件，非法从事机动车维修经营的；

（三）超越许可事项，非法从事机动车维修经营的。

第五十条　违反本规定，机动车维修经营者非法转让、出租机动车维修经营许可证件的，由县级以上道路运输管理机构责令停止违法行为，收缴转让、出租的有关证件，处以2000元以上1万元以下的罚款；有违法所得的，没收违法所得。

对于接受非法转让、出租的受让方，应当按照第四十九条的规定处罚。

第五十一条　违反本规定，机动车维修经营者使用假冒伪劣配件维修机动车，承修已报废的机动车或者擅自改装机动车的，由县级以上道路运输管理机构责令改正，并没收假冒伪劣配件及报废车辆；有违法所得的，没收违法所得，处违法所得2倍以上10倍以下的罚款；没有违法所得或者违法所得不足1万元的，处2万元以上5万元以下的罚款，没收假冒伪劣配件及报废车辆；情节严重的，由原许可机关吊销其经营许可；构成犯罪的，依法追究刑事责任。

第五十二条　违反本规定，机动车维修经营者签发虚假或者不签发机动车维修竣工出厂合格证的，由县级以上道路运输管理机构责令改正；有违法所得的，没收违法所得，处以违法所得2倍以上10倍以下的罚款；没有违法所得或者违法所得不足3000元的，处以5000元以上2万元以下的罚款；情节严重的，由许可机关吊销其经营许可；构成犯罪的，依法追究刑事责任。

第五十三条　违反本规定，有下列行为之一的，由县级以上道路运输管理机构责令其限期整改；限期整改不合格的，予以通报：

（一）机动车维修经营者未按照规定执行机动车维修质量保证期制度的；

（二）机动车维修经营者未按照有关技术规范进行维修作业的；

（三）伪造、转借、倒卖机动车维修竣工出厂合格证的；

（四）机动车维修经营者只收费不维修或者虚列维修作业项目的；

（五）机动车维修经营者未在经营场所醒目位置悬挂机动车维修经营许可证件和机动车维修标志牌的；

（六）机动车维修经营者未在经营场所公布收费项目、工时定额和工时单价的；

（七）机动车维修经营者超出公布的结算工时定额、结算工时单价向托修方收费的；

（八）机动车维修经营者未按规定建立电子维修档案，或者未及时上传维修电子数据记录至国家有关汽车电子健康档案系统的；

（九）违反本规定其他有关规定的。

第五十四条　违反本规定，道路运输管理机构的工作人员有下列情形之一的，由同级地方人民政府交通主管部门依法给予行政处分；构成犯罪的，依法追究刑事责任：

（一）不按照规定的条件、程序和期限实施行政许可的；

（二）参与或者变相参与机动车维修经营业务的；

（三）发现违法行为不及时查处的；

（四）索取、收受他人财物或谋取其他利益的；

（五）其他违法违纪行为。

第七章　附　　则

第五十五条　外商在中华人民共和国境内申请中外合资、中外合作、独资形式投资机动车维修经营的，应同时遵守《外商投资道路运输业管理规定》及相关法律、法规的规定。

第五十六条　机动车维修经营许可证件等相关证件工本费收费标准由省级人民政府财政部门、价格主管部门会同同级交通主管部门核定。

第五十七条　本规定自2015年8月8日起施行。经商国家发展和改革委员会、国家工商行政管理总局同意，1986年12月12日交通部、原国家经委、原国家工商行政管理局发布的《汽车维修行业管理暂行办法》，1991年4月10日交通部颁布的《汽车维修质量管理办法》，2005年8月1日交通部颁布实施的《汽车维修质量管理办法》同时废止。

附录B　汽车维修企业开业条件

根据中华人民共和国国家标准GB/T 16739.1—2014之规定，汽车整车维修企业开业应具备以下条件。

第1部分　汽车整车维修企业

1. 范围

GB/T 16739的本部分规定了汽车整车维修企业应具备的人员、组织管理、安全生产、环境保护、设施和设备等条件。

本部分适用于汽车整车维修企业（一类、二类），是道路运输管理机构对汽车整车维修企业实施行政许可和管理的依据。

2. 规范性引用文件

下列文件对于本文件的应用是必不可少的。凡是注日期的引用文件，仅注日期的版本适用于本文件。凡是不注日期的引用文件，其最新版本（包括所有修改单）适用于本文件。

GB/T 5624 汽车维修术语

GB/T 16739.2—2014 汽车维修业开业条件　第2部分：汽车综合小修及专项维修业户

GB/T 18344 汽车维护、检测、诊断技术规范

GB/T 21338 机动车维修从业人员从业资格条件

3. 术语和定义

GB/T 5624界定的以及下列术语和定义适用于本文件。

3.1　汽车整车维修企业 the enterprises for motor vehicle maintenance and repair

有能力对所维修车型的整车、各个总成及主要零部件进行各级维护、修理及更换，使汽车的技术状况和运行性能完全（或接近完全）恢复到原车的技术要求，并符合相应国家标准和行业标准规定的汽车维修企业。按规模大小分为一类汽车整车维修企业和二类汽车整车维修企业。

3.2　小型车 small vehicle

车身总长不超过6m的载客车辆和最大设计总质量不超过3500kg的载货车辆。

3.3　大中型客车 large and medium passenger vehicle

车身总长超过6m的载客车辆。

3.4　大型货车 heavy-duty goods vehicle

最大设计总质量超过3500kg的载货车辆、挂车及专用汽车的车辆部分。

4. 人员条件

4.1　应具有维修企业负责人、维修技术负责人、维修质量检验员、维修业务员、维修价格结算员、机修人员、电器维修人员、钣金（车身修复）人员和涂漆（车身涂装）人员。从业人员资格条件应符合GB/T 21338的规定，并取得行业主管部门及相关部门颁发的从业资格证书，持证上岗。

4.2　维修质量检验员数量应与其经营规模相适应，至少应配备2名维修质量检验员。

4.3　机修人员、电器维修人员、钣金人员和涂漆人员，一类企业至少应各配备2人；二类企业应至少各配备1人。

4.4　其他岗位从业人员，一类企业应至少各配备1人，不能兼职。二类企业允许一人二岗，可兼任一职。

4.5　从事燃气汽车维修的企业，至少应配备1名熟悉燃料供给系统专业技术的专职作业、检验人员，并经培训合格，持证上岗。

5. 组织管理条件

5.1　基本要求

5.1.1　应建立健全组织管理机构，设置经营、技术、业务、质量、配件、检验、档案、设备、生产和安全环保等管理部门并落实责任人。

5.1.2　应建立完善的质量管理体系。

5.1.3　应有现行有效的与汽车维修有关的法律、法规、规章和标准等文件资料。

5.2　经营管理

5.2.1　应具有规范的业务工作流程，公开业务受理程序、服务承诺和用户抱怨受理程序等，并明示经营许可证、标志牌、配件价格、工时定额和价格标准等。

5.2.2　应建立并执行价格备案及公示、汽车维修合同、汽车维修费用结算清单、汽车维修记录、统计信息报送和安全生产管理等制度。

5.2.3　维修过程、配件管理、费用结算和维修档案等应实现电子化管理。

5.3　质量管理

5.3.1　应建立并执行汽车维修质量承诺、进出厂登记、检验、竣工出厂合格证管理、汽车维修档案管理、标准和计量管理、设备管理、配件管理、文件资料有效控制和人员培训等制度。

5.3.2　汽车维修档案应包括维修合同，进厂、过程、竣工检验记录，竣工出厂合格证存根，维修结算清单，材料清单等。

5.3.3　配件管理制度应规定配件采购、检查验收、库房管理、信息追溯、配件登记及台账、索赔等要求。

5.3.4　应具有所维修车型的维修技术资料及工艺文件，确保完整有效并及时更新。

6. 安全生产条件

6.1　应建立并实施与其维修作业内容相适应的安全管理制度和安全保护措施。

6.2　应制定各类机电设备的安全操作规程，并明示在相应的工位或设备处。

6.3　使用与存储有毒、易燃、易爆物品和粉尘、腐蚀剂、污染物、压力容器等，均应具备相应的安全防护措施和设施。安全防护设施应有明显的警示、禁令标志。

6.4　生产厂房和停车场应符合安全生产、消防等各项要求，安全、消防设施的设置地点应明示管理要求和操作规程。

6.5　应具有安全生产事故的应急预案。

7. 环境保护条件

7.1　应具有废油、废液、废气、废水（以下简称“四废”）、废蓄电池、废轮胎、含石棉废料及有害垃圾等物质集中收集、有效处理和保持环境整洁的环境保护管理制度，并有效执行。有害物质存储区域应界定清楚，必要时应有隔离、控制措施。

7.2　作业环境以及按生产工艺配置的处理“四废”及采光、通风、吸尘、净化、消声等设施，均应符合环境保护的有关规定。

7.3　涂漆车间应设有专用的废水排放及处理设施，采用干打磨工艺的，应有粉尘收集装置和除尘设备，并应设有通风设备。

7.4　调试车间或调试工位应设置汽车尾气收集净化装置。

8. 设施条件

8.1　接待室（含客户休息室）

8.1..1　应设有接待室。一类企业的接待室面积不小于 80m^2，二类企业的接待室面积不小于 20m^2。

8.1.2　接待室应整洁明亮，明示各类证、照、主修车型、作业项目、工时定额及单价等，并应有供客户休息的设施。

8.2　停车场

8.2.1　应有与承修车型、经营规模相适应的合法停车场地，并保证车辆行驶通畅。一类企业的停车场面积不小于 200m^2，二类企业的停车场面积不小于 150m^2。不得占用公共用地。

8.2.2　租赁的停车场地应具有合法的书面合同书，租赁期限不得少于 1 年。

8.2.3　停车场地面应平整坚实，区域界定标志明显。

8.3　生产厂房及场地

8.3.1　生产厂房面积应能满足表 1 ~4 所列设备的工位布置、生产工艺和正常作业，并与其经营业务相适应。一类企业的生产厂房面积不小于 800m^2，二类企业的生产厂房面积不小于 200m^2。

8.3.2　生产厂房内应设有总成维修间。一类企业总成维修间面积不小于 30m^2，二类企业总成维修间面积不小于 20m^2，并设置总成维修所需的工作台、拆装工具、计量器具等。

8.3.3　生产厂房内应设有预检工位，预检工位应有相应的故障诊断、检测设备。

8.3.4　租赁的生产厂房应具有合法的书面合同书，租赁期限不得少于 1 年。

8.3.5 生产厂房地面应平整坚实。

8.3.6 从事燃气汽车维修的企业，应有专用维修厂房，厂房应为永久性建筑，不得使用易燃建筑材料，面积应与生产规模相适应。厂房内通风良好，不得堆放可能危及安全的物品。厂房周围5m 内不得有任何可能危及安全的设施。

8.3.7 从事燃气汽车维修的企业，还应设有密封性检查、卸压操作的专用场地，可以设在室外。应远离火源，应明示防明火、防静电的标志。

9. 设备条件

9.1 应配备附表B-1 ~4 要求的仪表工具、专用设备、检测设备和通用设备，其规格和数量应与其生产规模和生产工艺相适应。

9.2 从事营运车辆二级维护的企业，应配置满足GB/T 18344 规定的所有出厂检验项目的检测设备。

9.3 各种设备应能满足加工、检测精度的要求和使用要求，并应符合相关国家标准和行业标准的要求。计量器具及表3 所列检测设备应按规定检定合格。

9.4 汽车举升机、喷烤漆房及设备等涉及安全的产品应通过交通产品认证。

9.5 允许外协的设备，应具有合法的合同书，并能证明其技术状况符合9.3 和9.4 的要求。

附表B-1 仪表工具

序号	设备名称
1	万用表
2	气缸压力表
3	燃油压力表
4	液压油压力表
5	真空表
6	空调检漏设备
7	轮胎气压表
8	外径千分尺
9	内径千分尺
10	量缸表
11	游标卡尺
12	扭力扳手
13	气体压力及流量检测仪（针对燃气汽车维修企业）
14	便携式气体检漏仪（针对燃气汽车维修企业）

附表B-2 专用设备

序号	设备名称	大中型客车	大型货车	小型车	附加说明
1	废油收集设备		√		
2	齿轮油加注设备		√		
3	液压油加注设备		√		
4	制动液更换加注器		√		
5	脂类加注器		√		

（续）

序号	设备名称	大中型客车	大型货车	小型车	附加说明
6	轮胎轮辋拆装设备		√		
7	轮胎螺母拆装机	√	√	—	
8	车轮动平衡机		√		
9	四轮定位仪	—	—	√	二类允许外协
10	四轮定位仪或转向轮定位仪	√	√	—	二类允许外协
11	制动鼓和制动盘维修设备	√	√	—	
12	汽车空调冷媒回收净化加注设备		√		大货车允许外协
13	总成吊装设备或变速箱等总成顶举设备		√		
14	汽车举升设备		√		一类应不少于5个，二类应不少于2个。汽车举升机或具有安全逃生通道的地沟
15	汽车故障电脑诊断仪		√		
16	冷媒鉴别仪		√		
17	蓄电池检查、充电设备		√		
18	无损探伤设备	√	—	—	
19	车身清洗设备		√		
20	打磨抛光设备	√	—	√	
21	除尘除垢设备	√	—	√	
22	车身整形设备		√		
23	车身校正设备	—	—	√	二类允许外协
24	车架校正设备	√	√	—	二类允许外协
25	悬架试验台	—	—	√	允许外协
26	喷烤漆房及设备	√	—	√	大中型客车允许外协
27	喷油泵试验设备（针对柴油车）		√		允许外协
28	喷油器试验设备		√		
29	调漆设备	√	—	√	允许外协
30	自动变速器维修设备（见GB/T 16739.2—2014中5.5.4）		√		允许外协
31	氦气置换装置（针对燃气汽车维修企业）	√	—	√	
32	气瓶支架强度校验装置（针对燃气汽车维修企业）	√	—	√	允许外协

注：√——要求具备，——不要求具备。

附表B-3　检测设备

序　号	设备名称	附加说明
1	尾气分析仪或不透光烟度计	
2	汽车前照灯检测设备	可用手动灯光仪或投影板检测
3	侧滑试验台	可用单板侧滑台
4	制动性能检验设备	可用制动力、制动距离、制动减速度的检验设备之一

附表 B-4　通用设备

序　号	设备名称
1	计算机
2	砂轮机
3	台钻（含台钳）
4	电焊设备（大中型客车、大型货车维修）
5	气体保护焊设备
6	压床
7	空气压缩机
8	抢修服务车

根据中华人民共和国国家标准 GB/T 16739. 2—2014 之规定，汽车综合小修及专项维修业户开业应具备以下条件。

第 2 部分　汽车综合小修及专项维修业户

1. 范围

GB/T 16739 的本部分规定了汽车汽车综合小修及专项维修业户应具备的通用条件，及其经营范围、人员、设施、设备等条件。

本部分适用于汽车综合小修及专项维修业户（三类），是道路运输管理机构实施行政许可和管理的依据。

2. 规范性引用文件

下列文件对于本文件的应用是必不可少的。凡是注日期的引用文件，仅注日期的版本适用于本文件。凡是不注日期的引用文件，其最新版本（包括所有修改单）适用于本文件。

GB/T 5624　汽车维修术语

GB/T 21338　机动车维修从业人员从业资格条件

3. 术语和定义

GB/T 5624 界定的以及下列术语和定义适用于本文件。

3. 1　汽车综合小修业户 the enterprises for vehicle comprehensive current repair

从事汽车故障诊断和通过修理或更换个别零件，消除车辆在运行过程或维护过程中发生或发现的故障或隐患，恢复汽车工作能力的维修业户（三类）。

3. 2　汽车专项维修业户 the enterprises for vehicle maintenance and repair of special items

从事汽车发动机维修、车身维修、电气系统维修、自动变速器维修、轮胎动平衡及修补、四轮定位检测调整、汽车润滑与养护、喷油泵和喷油器维修、曲轴修磨、气缸镗磨、散热器维修、空调维修、汽车美容装潢、汽车玻璃安装及修复等专项维修作业的业户（三类）。

4. 通用条件

4. 1　从事综合小修或专项维修关键岗位的从业人员数量应能满足生产的需要，从业人员资格条件应符合 GB/T 21338 的规定，并取得行业主管及相关部门颁发的从业资格证书，持证上岗。

4. 2　应具有相关的法规、标准、规章等文件以及相关的维修技术资料和工艺文件等，并确保完整有效、及时更新。

4.3　应具有规范的业务工作流程，公开业务受理程序、服务承诺、用户抱怨受理程序等，并明示各类证、照、作业项目及计费工时定额等。

4.4　停车场面积应不小于30m^2。停车场地界定标志明显，不得占用道路和公共场所进行作业和停车，地面应平整坚实。

4.5　生产厂房的面积、结构及设施应满足综合小修或专项维修作业设备的工位布置、生产工艺和正常作业要求。

4.6　租赁的生产厂房、停车场地应具有合法的书面合同书，并应符合安全生产、消防等各项要求。租赁期限不得少于1年。

4.7　设备配置应与其生产作业规模及生产工艺相适应，其技术状况应完好，符合相应的产品技术条件等国家标准或行业标准的要求，并能满足加工、检测精度的要求和使用要求。检测设备及计量器具应按规定检定合格。

4.8　应设配备安全生产管理人员，熟知国家安全生产法律法规，并具有汽车维修安全生产作业知识和安全生产管理能力。应有所需工种和所配机电设备的安全操作规程，并将安全操作规程明示在相应的工位或设备处。

4.9　使用与存储有毒、易燃、易爆物品和粉尘、腐蚀剂、污染物、压力容器等均应具备相应的安全防护措施和设施。作业环境以及按生产工艺配置的处理“四废”及采光、通风、吸尘、净化、消声等设施，均应符合环境保护的有关规定。

5. 经营范围、人员、设施、设备条件

5.1　汽车综合小修

5.1.1　人员条件

5.1.1.1　应有维修企业负责人、维修技术负责人、维修质量检验员、维修业务员、维修价格结算员、机修人员和电器维修人员。

5.1.1.2　维修质量检验员应不少于1名。

5.1.1.3　主修人员应不少于2名。

5.1.2　组织管理条件

5.1.2.1　应具有健全的经营管理体系，设置技术负责、业务受理、质量检验、文件资料管理、材料管理、仪器设备管理、价格结算、安全生产等岗位并落实责任人。

5.1.2.2　应具有汽车维修质量承诺、进出厂登记、检验记录及技术档案管理、标准和计量管理、设备管理、人员技术培训等制度并严格实施。

5.1.2.3　维修过程、配件管理、费用结算、维修档案等应实现电子化管理。

5.1.3　设施条件

5.1.3.1　应设有接待室，其面积应不小于10m^2，整洁明亮，并有供客户休息的设施。

5.1.3.2　生产厂房面积应不小于100m^2。

5.1.4　主要设备

主要设备应包括：

a）压床；

b）空气压缩机；

c）汽车故障电脑诊断仪；

d）温度计、湿度计；
e）万用表；
f）气缸压力表；
g）真空表；
h）燃油压力表；
i）尾气分析仪或不透光烟度计；
j）轮胎漏气试验设备；
k）轮胎气压表；
l）千斤顶；
m）轮胎轮辋拆装、除锈设备或专用工具；
n）车轮动平衡机；
o）汽车空调冷媒回收净化加注设备；
p）空调专用检测设备；
q）空调专用检漏设备；
r）不解体油路清洗设备；
s）举升设备或地沟；
t）废油收集设备；
u）齿轮油加注设备；
v）液压油加注设备；
w）制动液更换加注器；
x）脂类加注器；
y）汽车前照灯检测设备（可用手动灯光仪或投影板检测）；
z）制动减速度检验等制动性能检验设备。

5.2　发动机维修

5.2.1　人员条件

5.2.1.1　设置岗位及从业人员条件应符合5.1.1.1的要求。

5.2.1.2　维修质量检验员应不少于2名。

5.2.1.3　发动机主修人员应不少于2名。

5.2.2　组织管理条件

企业的组织管理条件应符合5.1.2的要求。

5.2.3　设施条件

5.2.3.1　应设有接待室，其面积应不小于20m²，整洁明亮，并有供客户休息的设施。

5.2.3.2　生产厂房面积应不小于100m²。

5.2.4　主要设备

主要设备应包括：
a）压床；
b）空气压缩机；
c）发动机解体清洗设备；
d）发动机等总成吊装设备；

e）发动机翻转设备；

f）发动机诊断仪；

g）废油收集设备；

h）万用表：

i）气缸压力表；

j）真空表；

k）量缸表；

l）正时仪；

m）汽油喷油器清洗及流量测量仪；

n）燃油压力表；

o）喷油泵试验设备（允许外协）；

p）喷油器试验设备（允许外协）；

q）连杆校正器；

r）无损探伤设备；

s）立式精镗床；

t）立式珩磨机；

u）曲轴磨床；

v）曲轴校正设备；

w）凸轮轴磨床；

x）曲轴、飞轮与离合器总成动平衡机。

5.3 车身维修

5.3.1 人员条件

5.3.1.1 应有维修企业负责人、维修技术负责人、维修质量检验员、维修业务员、维修价格结算员、机修人员、钣金人员和涂漆人员。

5.3.1.2 维修质量检验员应不少于1名。

5.3.1.3 车身主修及维修涂漆人员均应不少于2名。

5.3.2 组织管理条件

企业的组织管理条件应符合5.1.2的要求。

5.3.3 设施条件

5.3.3.1 应设有接待室，其面积应不小于20m^2，整洁明亮，并有供客户休息的设施。

5.3.3.2 生产厂房面积应不小于120m^2。

5.3.4 主要设备

主要设备应包括：

a）电焊及气体保护焊设备；

b）切割设备；

c）压床；

d）空气压缩机；

e）汽车外部清洗设备；

f）打磨抛光设备；

g）除尘除垢设备；

h）型材切割机；

i）车身整形设备；

j）车身校正设备；

k）车架校正设备；

l）车身尺寸测量设备；

m）喷烤漆房及设备；

n）调漆设备；

o）砂轮机和角磨机；

p）举升设备；

q）除锈设备；

r）吸尘、采光、通风设备；

s）洗枪设备或溶剂收集设备。

5.4　电气系统维修

5.4.1　人员条件

5.4.1.1　应有维修企业负责人、维修技术负责人、维修质量检验员、维修业务员、维修价格结算员和电器维修人员。

5.4.1.2　维修质量检验员应不少于1名。

5.4.1.3　电子电器主修人员应不少于2名。

5.4.2　组织管理条件

企业的组织管理条件应符合5.1.2的要求。

5.4.3　设施条件

5.4.3.1　应设有接待室，其面积应不小于$20m^2$，整洁明亮，并有供客户休息的设施。

5.4.3.2　生产厂房面积应不小于$120m^2$。

5.4.4　主要设备

主要设备应包括：

a）空气压缩机；

b）汽车故障电脑诊断仪；

c）万用表；

d）充电机；

e）电解液比重计；

f）高频放电叉；

g）汽车前照灯检测设备；

h）电路检测设备；

i）蓄电池检测、充电设备。

5.5　自动变速器维修

5.5.1　人员条件

5.5.1.1　设置岗位及从业人员条件应符合5.1.1.1的要求。

5.5.1.2　维修质量检验员应不少于1名。

5.5.1.3　自动变速器专业主修人员应不少于 2 名。

5.5.2　组织管理条件

企业的组织管理条件应符合 5.1.2 的要求。

5.5.3　设施条件

5.5.3.1　应设有接待室，其面积应不小于 $20m^2$，整洁明亮，并有供客户休息的设施。

5.5.3.2　生产厂房面积应不小于 $200m^2$。

5.5.4　主要设备

主要设备应包括：

a）自动变速器翻转设备；

b）自动变速器拆解设备；

c）变扭器维修设备；

d）变扭器切割设备；

e）变扭器焊接设备；

f）变扭器检测（漏）设备；

g）零件清洗设备；

h）电控变速器测试仪；

i）油路总成测试机；

j）液压油压力表；

k）自动变速器总成测试机；

l）自动变速器专用测量器具；

m）空气压缩机；

n）万用表；

o）废油收集设备。

5.6　轮胎动平衡及修补

5.6.1　人员条件

至少有 1 名经过专业培训的轮胎维修人员。

5.6.2　设施条件

生产厂房面积应不小于 $15m^2$。

5.6.3　主要设备

主要设备应包括：

a）空气压缩机；

b）轮胎漏气试验设备；

c）轮胎气压表；

d）千斤顶；

e）轮胎螺母拆装机或专用拆装工具；

f）轮胎轮辋拆装、除锈设备或专用工具；

g）轮胎修补设备；

h）车轮动平衡机。

5.7　四轮定位检测调整

5.7.1 人员条件

至少有1名经过专业培训的汽车维修人员。

5.7.2 设施条件

生产厂房面积应不小于$40m^2$。

5.7.3 主要设备

主要设备应包括：

a）举升设备；

b）四轮定位仪；

c）空气压缩机；

d）轮胎气压表。

5.8 汽车润滑与养护

5.8.1 人员条件

至少有1名经过专业培训的汽车维修人员。

5.8.2 设施条件

生产厂房面积应不小于$40m^2$。

5.8.3 主要设备

主要设备应包括：

a）不解体油路清洗设备；

b）废油收集设备；

c）齿轮油加注设备；

d）液压油加注设备；

e）制动液更换加注器；

f）脂类加注器；

g）举升设备或地沟；

h）空气压缩机。

5.9 喷油泵、喷油器维修

5.9.1 人员条件

至少有1名经过专业培训的柴油机高压油泵维修人员。

5.9.2 设施条件

生产厂房面积应不小于$30m^2$。

5.9.3 主要设备

主要设备应包括：

a）喷油泵、喷油器清洗和试验设备；

b）喷油泵、喷油器密封性试验设备；

c）弹簧试验仪；

d）千分尺；

e）厚薄规。

5.9.4 附加设备

从事电控喷油泵、喷油器维修还需配备：

a）电控喷油泵、喷油器检测台；
b）电控喷油泵、喷油器专业拆装工具；
c）电控柴油机故障诊断仪；
d）超声波清洗仪；
e）专用工作台。

5.10 曲轴修磨

5.10.1 人员条件

至少有1名经过专业培训的曲轴修磨人员。

5.10.2 设施条件

生产厂房面积应不小于60m^2。

5.10.3 主要设备

主要设备应包括：
a）曲轴磨床；
b）曲轴校正设备；
c）曲轴动平衡设备；
d）平板；
e）V形块；
f）百分表及磁力表座；
g）外径千分尺；
h）无损探伤设备；
i）吊装设备。

5.11 气缸镗磨

5.11.1 人员条件

至少有1名经过专业培训的气缸镗磨人员。

5.11.2 设施条件

生产厂房面积应不小于60m^2。

5.11.3 主要设备

主要设备应包括：
a）立式精镗床；
b）立式珩磨机；
c）压床；
d）吊装起重设备；
e）气缸体水压试验设备；
f）量缸表；
g）外径千分尺；
h）厚薄规；
i）激光淬火设备（从事激光淬火必备）；
j）平板。

5.12 散热器维修

5.12.1　人员条件

至少有 1 名经过专业培训的维修人员。

5.12.2　设施条件

生产厂房面积应不小于 $30m^2$。

5.12.3　主要设备

主要设备应包括：

a）清洗及管道疏通设备；

b）气焊设备；

c）钎焊设备；

d）空气压缩机；

e）喷漆设备；

f）散热器密封试验设备。

5.13　空调维修

5.13.1　人员条件

至少有 1 名经过专业培训的空调维修人员。

5.13.2　设施条件

生产厂房面积应不小于 $40m^2$。

5.13.3　主要设备

主要设备应包括：

a）汽车空调冷媒回收净化加注设备；

b）空调电器检测设备；

c）空调专用检测设备；

d）万用表；

e）冷媒鉴别设备；

f）空调检漏设备；

g）数字式温度计；

h）汽车故障电脑诊断仪。

5.14　汽车美容装潢

5.14.1　人员条件

至少有经过专业培训的 1 名维修人员和 2 名清洁人员。

5.14.2　设施条件

生产厂房面积应不小于 $40m^2$。

5.14.3　主要设备

主要设备应包括：

a）汽车外部清洗设备；

b）吸尘设备；

c）除尘、除垢设备；

d）打蜡设备；

e）抛光设备；

f）贴膜专业工具。

5.15　汽车玻璃安装及修复

5.15.1　人员条件

至少有1名经过专业培训的维修人员。

5.15.2　设施条件

生产厂房面积应不小于30m^2。

5.15.3　主要设备

主要设备应包括：

a）工作台；

b）玻璃切割工具；

c）注胶工具；

d）玻璃固定工具；

e）直尺、弯尺；

f）玻璃拆装工具；

g）吸尘器。

参考文献

[1] 栾琪文. 汽车维修企业管理［M］. 北京：人民邮电出版社，2013.

[2] 毛峰. 汽车维修管理实务［M］. 北京：北京大学出版社，2011.

[3] 李兆崑. 实用汽车维修企业管理制度与指导［M］. 北京：机械工业出版社，2010.

[4] 栾琪文. 现代汽车维修企业管理实务［M］. 北京：机械工业出版社，2010.

[5] 晋东海. 汽车服务企业管理实务：永续发展篇［M］. 北京：机械工业出版社，2009.

[6] 王耀斌，刘宏飞. 汽车维修管理工程［M］. 北京：机械工业出版社，2007.

[7] 许平. 汽车维修企业管理基础［M］. 北京：电子工业出版社，2005.